빈곤이해의 기초

| 윤명길 저 |

THE FOUNDATION OF
POVERTY UNDERSTANDING POVERTY

양성원

서문

오늘날 한국 사회는 사회적 배제의 심화와 계층 간 소득 불평등의 확대를 경험하면서 개인의 능력과 성과에 따른 보상을 특징으로 하는 자본주의 시장경제체계에서의 소득의 불평등은 피할 수 없지만, 1997년 경제위기 이후 한국 사회에서 소득분배의 불균형과 함께 양극화 현상이 빠르게 진행되고 있다는 데 문제의 심각성이 있다.

본 저자는 다음과 같은 문제의식에서 이 글을 쓰고자 하였다. 한국 사회는 사회복지를 위한 국가 역할이 확대되었음에도 불구하고, 왜 사회 양극화 현상이 심화되며 사회통합을 위협하는 수준에 이르게 된 것일까? 저출산, 고령화 사회 진입이라는 사회 구조적 변화에 제대로 대응하지 못했기 때문이라고 본다. 사회구조적 변화에 직면하여 국가경쟁력을 강화하고 사회통합을 공고화할 수 있는 새로운 국가전략을 필요로 하며 정부는 성장과 분배의 선순환 구조를 형성할 수 있는 사회정책을 통해 지속 가능한 복지체제를 발전시켜야 할 것이다.

저자는 사회복지학을 연구하며 우리 사회의 빈곤의 사각지대에 있는 대상자들에게 관심을 갖기 시작하면서, 빈곤의 기초지식을 이해하는 데 도움이 되고자 본서의 집필을 시작하게 되었다. 본서에서는 빈곤의 개념과 측정, 빈곤의 원인에 관한 다양한 이론적 설명에 대한 포괄적인 이해를 통해 빈곤문제에 대한 전문적인 인식과 안목을 지니도록 하고, 소득, 교육, 건강, 주거, 고용 등 다양한 영역의 빈곤 문제에 대해 이해하도록 한다. 빈곤문제 대책과 관련하여 주요 정책과 실천 유형들의 내용과 특성에 대한 이해를 제고하는 데 목표를 두고자 한다. 그리고 지속 가능한 발전적 사회정책의 과제를 소득보장, 고용, 인적 자원개발, 노인복지를 중심으로 제언해 보고자 한다.

이 책이 나오기까지 많은 분들의 도움이 있었다. 우선 무명의 필자 원고를 선뜻 출간하도록 도와주신 부장님께 감사의 말씀을 드린다. 그리고 부족한 이 글들 모아 한 권의 책으로 출판할 수 있도록 배려해 주신 도서출판 양성원의 사장님을 비롯한 여러분들께 감사를 드린다.

2021년 4월

저자

차례

시작하는 글

01 다함께 생각해 봅시다.

02 혹시 매슬로우를 아세요?

03 송파 세 모녀 사건을 아시나요?

시작하는 글

1 다함께 생각해 봅시다.

질문 하나 드릴게요.

1. 당신은 부자입니까?
2. 당신은 중산층입니까?
3. 당신은 일반 서민층입니까?
4. 당신은 빈곤층이라고 생각하십니까?

2 혹시 매슬로우를 아세요?

매슬로우(Maslow)는 뉴욕 브루클린(Brooklyn)에서 태어나고 자랐다. 러시아에서 이주해 온 유대인 집안의 7남매 중 장남이었는데, 그에 대한 부모님의 교육에 대한 열정이 높았다. 어린 시절 매슬로우는 수줍음이 많고 소극적인 성격에 겁도 많았다. 선생님들과 친구들의 반유대주의 때문에 힘든 시간을 보내기도 하였다.

자기애적인 성향이 강하고 흑인에 대한 편견에 사로잡혀 있던 어머니와는 적대적인 관계였으며 친구도 별로 없었기 때문에 자연스럽게 도서관에서 책에 묻혀 지냈다. 브루클린에서 가장 명문이었던 고등학교를 졸업하고, 부모의 권유로 뉴욕 시립대학을 들어가 법학을 전공한 매슬로우는 흥미를 느끼지 못한 채 1927년 코넬 대학교로 옮겼지만 성적이 별로 좋지 않아 한 학기 만에 그만두었다. 이후 위스콘신대학교 대학원에 들어가서 심리학을 연구하였다.

1928년 첫 번째 결혼을 하고는 위스콘신대학교에서 심리학 교육을 받으면서 실험적 행동주의자가 되기로 마음먹었다. 위스콘신에서는 주로 행동과 성에 관하여 연구하였다. 1930년에 학부를 졸업한 뒤 1931년에 석사학위를 받았고, 1934년에는 박사학위까지 받았다. 졸업 후에는 뉴욕으로 돌아가서 손다이크(Thorndike)와 함께 컬럼비아에서 연구를 하였다. 그곳에서 매슬로우는 인간의 성에 대한 연구에 더욱 관심을 집중하였다. 이후 브루클린대학교의 강단에 섰고, 당시 미국으로 이주해 온 유럽의 많은 지성들, 즉 아들러(Adler), 프롬(Fromm), 호나이(Horney) 등을 만나게 되었다.

1951년부터 1969년까지는 브랜디스대학교의 심리학 부장을 맡았는데, 그때 골드스타인(Goldstein)과 만났다. 캘리포니아에서 만년을 보내다가 1970년에 심장발작으로 사망한 매슬로우는 인본주의 흐름에 앞장선 인물로 평가되고 있다.

그는 자기실현(self-actualization)이라는 개념을 앞세워서 인간의 잠재성에 집중하여 연구하고, 인간이 어떻게 하면 자신의 잠재성을 발현할 수 있는지를 탐색하였다. 인간에 대해서 전체적이고 역동적인 관점을 가지고 있었던 매슬로우의 이론은 동기화 이론과 욕구위계이론이 가장 대표적이었다. 매슬로우에 따르면 인간의 행동은 기본적 욕구에 따라 동기화되며, 이러한 욕구들은 행동을 실행하게 하는 데 두 가지 원칙이 있는데, 첫째는 '욕구가 충족되면 더 이상 행위하지 않는다'이고, 둘째는 '욕구는 위계를 가지고 있다'는 것이다. 동기화 이론에 따른 욕구위계 이론은 인간의 동기를 다섯 단계로 나누고, 가장 기초적으로는 생리적 욕구, 그다음에는 안정의 욕구, 그다음에는 사랑 및 소속의 욕구, 그다음에는 존중의 욕구, 마지막으로는 자기실현의 욕구 순으로 되어 있다. 이 욕구위계는 순서대로 일어나며, 모든 사람이 이와 같은 발달과정을 거치면서 가장 높은 단계까지 가는 것은 아니라고 한다(네이버 지식백과).

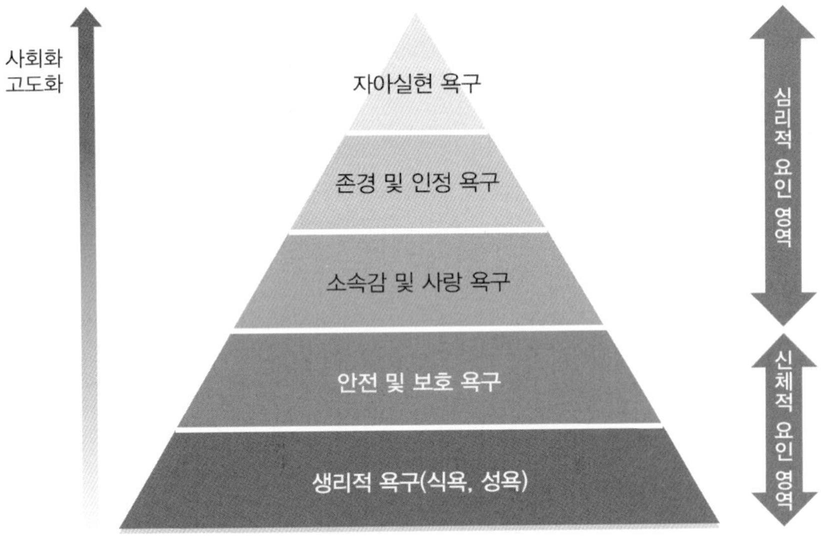

매슬로우의 욕구 5단계설(Maslow's Hierarchy of Needs)

1) 첫 번째 생각해 보기

생리적 욕구는 생존에 필요한 것들이 결핍되었을 경우에 다른 무엇보다도 생존을 유지하는 데 필요한 것들을 충족하고자 하는 것이다. 식욕, 성욕, 갈증해소, 질병으로부터 회복 등 생명을 유지하는 데 관련된 욕구들이다.

당신은 현재 만족하고 행복하십니까? 몇 점을 주실 수 있으세요?

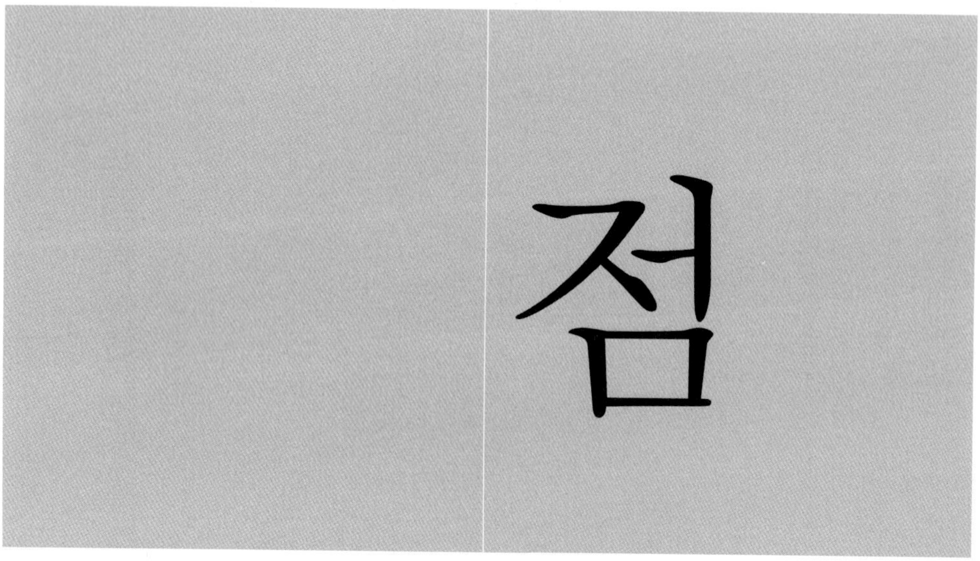

2) 두 번째 생각해 보기

두 번째는 안전의 욕구이다. 인간은 생리적 욕구가 해결되면 좀 더 안전하게 살 곳을 찾게 된다. 집, 보험, 직장, 건강 등이 인간의 안전욕구를 충족시키는 데 필요한 것들이다. 예를 들어, 아프지는 않지만 건강을 지키려고 운동을 하고, 만약을 대비해서 보험에 가입한다. 안정된 생활을 위해서 좀 더 든든한 직장을 찾고, 주거 안정을 위해서 내 집을 갖고 싶어 한다. 이러한 인간의 바람이 안전의 욕구를 충족시키고자 하는 것이다.

당신은 현재 만족하고 행복하십니까? 몇 점을 주실 수 있으세요?

점

3) 세 번째 생각해 보기

세 번째는 소속감과 사랑의 욕구이다. 인간이 생리적인 욕구를 해결하고 신체의 안정감을 느끼면 그다음에 주위를 둘러보는 여유를 가지게 된다. 이때 타인과의 관계 형성을 통해 소속감을 느끼며, 안정적인 인간관계를 갖고 싶어 한다. 특히 우리나라 사람들이 관계의 욕구가 강하다. 유독 우리나라에는 정, 사랑 등 소속감과 사랑의 욕구에 호소하는 인정 많은 민족이다.

당신은 현재 만족하고 행복하십니까? 몇 점을 주실 수 있으세요?

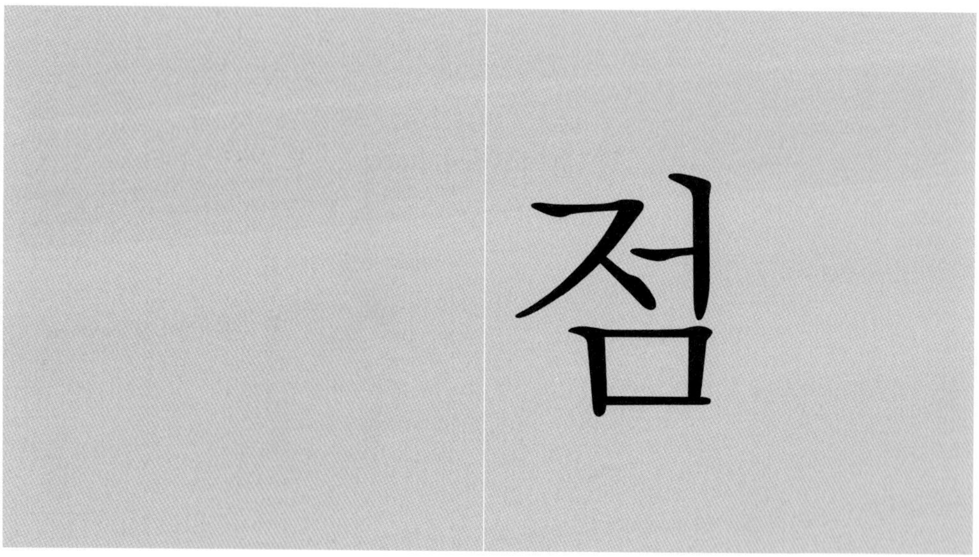

4) 네 번째 생각해 보기

네 번째는 존경과 인정의 욕구는 타인으로부터 존경과 인정을 받고 싶은 욕구를 말한다. 이것을 다른 표현으로 자존감의 욕구라고 부릅니다. 사회적으로 존경받는 지위와 명성을 추구하는 것이나, 권력을 갖고 싶어 하는 인간의 모습은 바로 자존감의 욕구를 충족시키기 위한 것들이다.

당신은 현재 만족하고 행복하십니까? 몇 점을 주실 수 있으세요?

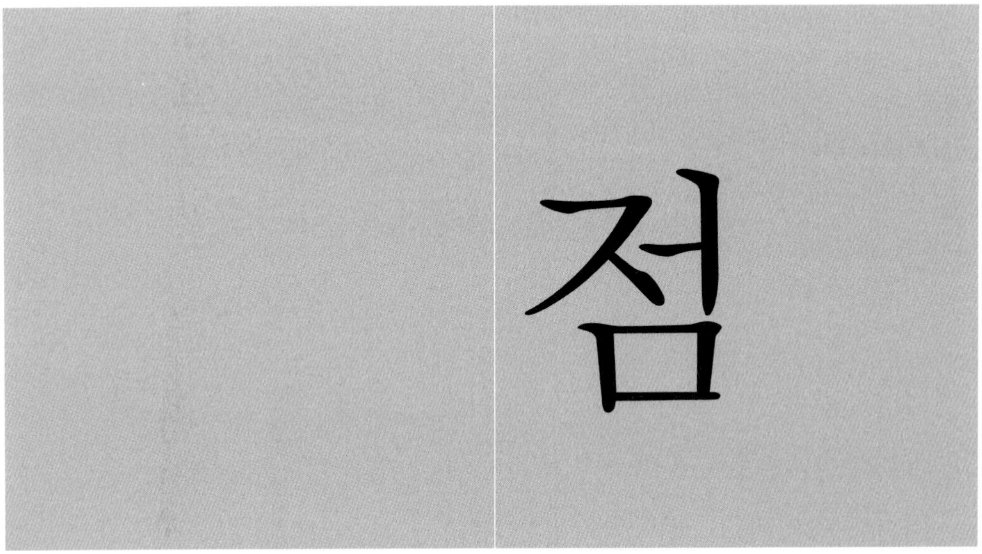

5) 다섯 번째 생각해 보기

다섯 번째는 자아실현의 욕구이다. 매슬로우는 앞서 설명한 네 가지 욕구들보다 더 상위에 있는 욕구를 자아실현의 욕구라고 보았다. 자아실현 욕구는 자기 자신의 잠재력을 최대한 실현시켜서 자신이 원하는 것을 성취하고자 하는 욕구를 말한다.

이러한 자아실현 욕구를 충족하기 위해서 타인의 인정이나 존경 따위는 굳이 필요하지 않으며, 자신의 인정, 자신의 만족이 최고의 보상이다. 즉, 자아실현의 욕구는 타인과의 비교를 통해서 만족되는 것이 아니라 자기가 만든 최고의 자기 자신과 비교를 통한 만족이라고 할 수 있다.

여러분의 꿈은 무엇이었습니까? 당신은 현재 만족하고 행복하십니까? 몇 점을 주실 수 있으세요?

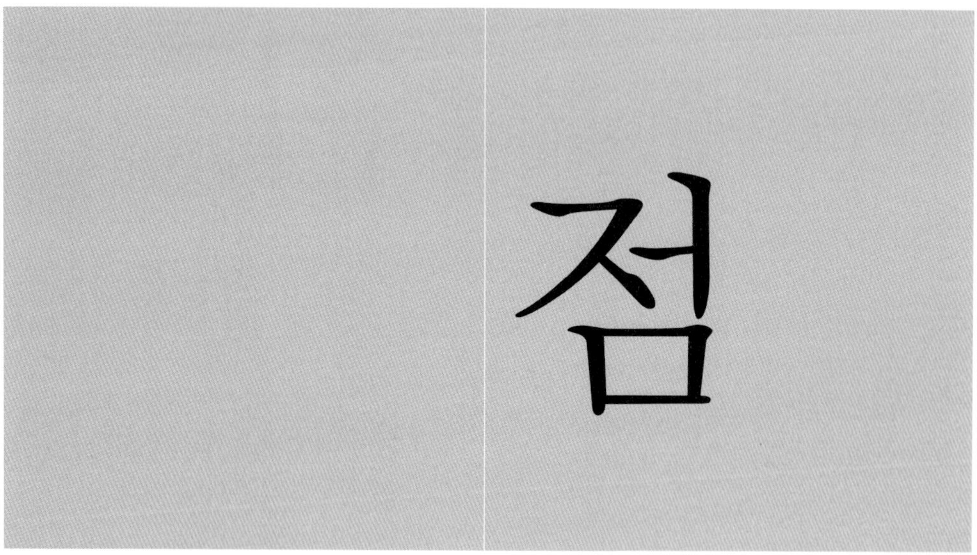

3 송파 세 모녀 사건을 아시나요?

1) 사건의 개요

하나,

2014년 2월 서울 송파구 석촌동의 단독주택 지하에 세들어 살던 모녀 일가족이 자살로 생을 마감한 사건이다.

둘,

당시 60세인 박 모 씨는 35세 큰딸 김 모 씨와 32세 작은딸 김 모 씨와 함께 살고 있었으며, 식당에서 일을 하며 생계를 잇고 있었다.

셋,

큰딸은 당뇨와 고혈압을 앓고 있었으나 비싼 병원비 때문에 치료를 제대로 받지 못했으며, 작은딸은 만화가 지망생으로 아르바이트를 하며 돈을 벌고 있었으나 빚으로 인해 신용불량자가 된 상태였다. 이렇게 된 원인은 생활비와 병원비를 신용카드로 부담했기 때문이었다.

넷,

아버지는 12년 전 방광암으로 세상을 떠났으며 어머니인 박 씨가 사실상 집안의 생계를 책임지고 있었는데, 사건 발생 1달 전 넘어져 몸을 다쳐 식당 일을 그만두게 되면서 실의에 빠진 상태였다.

다섯,

생활고로 고민하던 끝에 집세 및 공과금인 70만 원이 든 봉투와 유서를 남긴 채 번개탄을 피워 일가족이 동반 자살로 생을 마감하는 비극이 일어났다. 유서에는 '마지막 집세와 공과금입니다. 정말 죄송합니다'라고 집 주인에게 쓴 내용이 있었다.

이 사건은 대한민국 사회복지 제도의 허점을 드러낸 비극적인 사건이었으며, 사건 이후 사회보장제도 개선에 대한 많은 비판이 오갔다.

2) 왜 사회복지 혜택을 받지 못했나요?

우선 박 씨 가족은 사회복지 제도에 대한 지식 부족 때문에 기초생활수급자 신청을 하지 않은 것으로 추정된다. 또한 기초생활수급자 신청을 했다고 해도, 어머니 박 씨는 식당에서 일할 당시 월 120만 원 상당의 소득이 있었으며, 큰딸의 질병인 당뇨와 고혈압은 근로가 불가능할 정도의 병으로 인정받지 못한다고 한다. 어머니가 식당 일을 그만둔 상황에서는 가족 중에 근로 능력이 있는 사람은 작은딸이 유일하지만, 이 경우 가족 중 근로 능력이 있는 사람이 2명인 것으로 간주되어 기초생활수급자 혜택을 받지 못한다.

제도의 허점뿐만 아니라 우리나라의 복지제도 자체가 취약 계층으로 구별된 사람들만을 돕는 선별적 복지를 기본으로 하고 있다. 그리고 행정자료의 전산화가 잘 되어 있음에도 각 자료의 유기적 연결은 안 되어 있어서 복지 혜택을 받기 위해서 모든 자료들(급여 명세서, 4대 보험료 납부 증명서 등)을 수혜자 본인이 직접 준비를 해야 한다. 즉, 자신이 취약 계층임을 적극적으로 어필을 해야 혜택을 받을 수 있다.

> 가계부를 보면 세 사람이 어떻게 살아갔을지 안타까운 품목 일색이다.
>
> 라면, 소세지, 오뎅, 식빵, 프리마, 왕뚜껑, 후랑크, 소주와 같은 대체로 1~2천 원대의 저렴한 품목들로 구성되어 있다.
>
> 정말 저렴하면서 입맛을 돋구는 음식들 위주이며, 족발, 순대국 같은 것을 사기엔, "차마 높은 가격에..." 손이 떨렸을 것 같은 모습이 상상되어 안타까움을 자아낸다.

출처: 미디어오늘(2014. 05. 14.).

송파 세 모녀 사건이 발생한 지 수년이 지났음에도 빈곤의 사각지대에 있는 이들의 문제는 해결되지 않고 있다. 송파 세 모녀 등 사건이 일어나면 이야기되는 것 중 하나가 긴급복지지원제도다. 그러나 긴급복지지원제도는 전혀 긴급하게 운영되지 않는다는 게 현장 목소리다. 저자가 박사학위 논문으로 썼던 대상자 '신용불량자'나 빈곤의 최극단에 처해 있는 노숙인의 경우엔 사실상 긴급복지지원제도의 적용을 받기가 너무 어렵다.

「노숙인 등의 복지 및 자립지원에 관한 법률」에 따르면 노숙인은 긴급복지지원제도를 받을 수 있다. 그러나 법은 노숙인 시설 및 노숙인 종합지원센터 등 시설을 거쳐야만 신청할 수 있게 해 놨으며, 노숙 기간도 6개월 미만으로 제한하고 있다.

또한, 실제 노숙하는 곳이 아닌 행정상 주소지에서 신청해야 하며, 주거를 먼저 확보해야만 한다. 설령 긴급지원을 받게 된다고 해도 지원금이 늦게 입금되거나 지자체에서 주거비와 생계비 중 하나만 지원하는 점, 3개월의 긴급지원이 끝난 이후 대책이 전무한 점 등도 문제이다. 또한, 한국사회에서 신용불량자는 어떠할까? 여러분은 신용불량자의 문제에 대해서 어떻게 생각하고 있는가?

기초연금 또한 여전히 해결되지 않는 문제 중 하나다. 「국민기초생활보장법」에 따르면, '근로 능력이 있다'고 판정받은 이들은 '자활에 참여해야만 수급자격을 유지할 수 있다'고 알고 있는 데, "실제로는 근로 능력이 없는 사람들, 장애 등급 판정 문제로 등급을 받지 못한 사람들, 상담과 치료가 필요한 사람들"이 자활에 참여하고 있지는 않은가 검토되어야 한다.

"국민기초생활보장제도를 제대로 운영한다는 것은 어떤 사람에게 얼마만큼의 복지를 결정하는가와 동시에 사람의 권리를 보장하고 빈곤을 국가와 사회의 책임으로 하는 것을 의미한다."

1

CHAPTER

사회복지와 빈곤

01 빈곤이 문제이다

02 부자(富者)와 가난(家難)한 사람

1 CHAPTER 사회복지와 빈곤

저자가 태어난 1960년대에는 우리나라가 전쟁 이후 아직 배고픔을 벗어나지 못한 시절이었다.

빈곤은 사회복지학에서 언제나 중요한 주제로 다루어져 왔다. 일반적으로 빈곤은 일정한 소득이 없거나 생활필수품이 부족하여 일상생활이 곤란한 정도의 소득 상태를 말한다(고양곤, 1999). 또한, 빈곤은 배고픔을 넘어 인간이 살아가는 데 있어서 기본적인 권리보장을 박탈당하는 것으로 주거, 의료, 교육보다 우선되어야 할 것이다.

과거에는 빈곤을 개인의 탓, 빈곤탈출에 대한 의지박약이나 나태, 무 절제, 게으름, 방탕으로 여겼으나 현대사회의 빈곤은 저임금, 실업 등 사회적이고 구조적인 체제문제로, 그와 더불어 자기존중의 상실, 가족공동체의 해체, 사회공동체의 통합까지의 심각한 문제를 유발하고 있다. 특히 1990년대 외환위기 이후 우리 사회는 빈곤문제로 쉽게 회복되지 않는, 회복의 희망을 가지지 못하는 구성원을 양산하고 있다. 이러

한 빈곤은 세대 간으로 세습되며 개인의 노력을 통해 해결될 수 없는 구조라는 문제를 낳고 있다(남기철, 2006).

사회발전과 빈곤은 근대사회의 등장과 함께 출현하였으며, 근대 사회 이전에도 빈곤의 문제가 없었던 것은 아니지만, 근대 이전의 사회에서는 빈곤형성의 기제가 대부분 경제 외적 강제에서 비롯되었다고 한다면, 근대사회의 전개에 따른 빈곤의 발생은 자본주의적 생산양식의 본질적 요소인 경제적 강제와 깊은 관계를 맺고 있다는 점에서 그 이전의 것과는 지적인 차별성을 갖는다.

특히, 현재 우리 사회의 빈곤은 빈곤으로 인한 차별과 배제, 소외, 두려움, 좌절감, 패배감, 피해의식 등을 가짐으로 빈곤층의 상당수가 자신이 처한 빈곤상황을 더 이상 개선시킬 수 없다는 '자포자기' 형태를 보일 수 있다는 것이 문제이다. 이 때문에도 빈곤문제는 인간이 살아가는 데 가장 오래되고 심각한 문제이며 사회복지 분야에서도 이 문제를 해결하기 위해서 많은 연구 노력을 해야만 한다. 또한, 빈곤은 우리 사회에서 다양한 방식으로 서로 연결되어 있어 이러한 빈곤문제는 본인의 의지나 노력과는 무관하게 언젠가는 빈곤한 당사자뿐만 아니라 지역사회, 국가에도 지대한 영향을 주게 된다(김수현 외, 2009).

이에 빈곤문제에 접근하는 사회발전의 프로그램들이 빈곤의 특정한 한 측면만에 국한되어서는 빈곤문제가 갖는 연동적인 성격을 제대로 포착해 내기 힘들 것이다. 그 이유는 우리가 경제적 빈곤이라는 개념을 사용할 때, 이는 단지 소득이나 경제활동상의 물질적인 궁핍함을 나타내는 것이 아니라 경제적 사회문화적 영역으로의 참여배제 등을 아우르는 관계적 개념으로 적극 인식되어야 하기 때문이다.

이러한 인식하에 사회과학자들에 의한 빈곤연구의 출발은 1970년대부터 비롯되었다고 하여도 무방할 것이다. 그 체계적인 출발은 종속이론[1)]으로 대표되는 '라틴 아메리

1) 제2차 세계대전 후 주로 남아메리카 당시의 구체적 현실에 입각하여 남아메리카학자들이 제기하였다. 1929년 세계공황과 30년대의 세계적 대불황으로 인하여 수출경제에 타격을 입은 남아메리카는 외국자본 계열기업의 국유화 · 민족화와 함께 수입대체 공업화를 적극적으로 추진하였다. 그러나 제2차 세계대전의 종료와 함께 남아메리카의 고립성이 해제되는 한편, 수출주도형 성장론의 부활, 수입대체공업화의 부진, 국제적 · 국내적 소득격차의 확대, 다국적 기업의 세력팽창, 관료적 권위주의가 대두하게 되었다. 그때 남아메리카의 사회과학자들은 "저발전이란무엇인가? 왜 저발전이 지속되고 있는가?"에 관한 질문을 제기하기에 이르렀고, 저발전에 대한 문제의식이 종속이론으로 대두되었다. 그들은 서유럽

카적 맑시즘'에서부터이었지 않은가 생각한다. 이 이론은 중심국가 주변국가 간의 초과이윤[2]의 착취구조에 주된 강조점이 두어졌던 것이었다. 그리고 종속이론의 패러다임도 다양한 갈래를 갖고 있지만 특히 빈곤연구에 영향을 미쳤던 것은 주변화론(The Theory of marginalization)이었다.[3] 주변화론을 잘 설명하고 있는 내용으로 하나의 사례는, '민주노점상전국연합과 전국철거민연합'으로 결성된 '빈민해방실천연대에서 수석부위원장'을 겸임한 최인기의 글을 인용하면 다음과 같다.

> "가난을 정의하고 개념을 살펴보는 것은 한국사회의 성격을 규정하는 것에서부터 출발한다. 과거에는 대체로 자본의 발전이 더딘 제3세계나 개발도상국의 특수성에 맞춰 한국사회를 이해하고 도시빈민을 해석하며 문제를 설명해 나갔다. 남미 종속이론가들을 중심으로 나타난 '주변화론'이 각각 다른 배경과 관심에서 등장하였고 이러

사회의 발전이론이 남아메리카사회의 분석에는 적합하지 않다고 판단, 남아메리카에 적합한 이론적인 틀을 구축하려고 하였다. 일반적으로 종속이론의 연원은 유엔 산하 라틴아메리카카리브경제위원회(ECLAC), R. 프레비시, P. A. 바란, P. M. 스위지, A. G. 프랑크 등의 마르크스 또는 신 마르크스 사조(思潮)에서 찾을 수 있다. ECLA는 1948년 설립되어 제2차 세계대전 후수출주도형 성장론의 부활에 대항하여 수입대체 공업화의 필연성 및 이론적 정당성을 옹호하는 이론을 펼쳤고, 이들 학자들은 바로 ECLA 이론에 대한 비판에서 출발하여 60년대 후반 이래의 라틴아메리카 종속이론의 주류를 이루고 있다. 종속이론 속에는 각기 다른 분석방법을 가진 구조주의와 신 마르크스주의의 양대 계보가 혼재되어 있는 데, 종속이론으로 분류되는 연구 범위와 내용은 반드시 일치하지 않는다. 이와 같은 종속이론이 전반적으로 지니고 있는 문제점은 다음과 같다. ① 종속이론 속에는 어떤 지역이 세계자본주의 체제로 편입되면 그곳에 자본주의적인 요소가 도입되고 전자본주의적 부문이 재편성된다는 점은 인식되고 있지만, 그 속에서 이에 대항하는 민족주체를 낳는 내적 발전의 동태적(動態的) 과정의 해명이 결여되어 있다. ② 의존(dependence)은 통일국가 사이에서 외부적으로 서로 의지하는 것인 데 반하여, 종속(dependency)은 후진적이고 동질성이 덜한 사회에 병합하여 노동을 세계적으로 분화하는 데 중점을 두는, 보다 복잡한 일련의 관계를 포함하는 것이라고 구별하는 데서 종속개념은 출발하지만, 그 개념은 아직도 애매모호한 입장이다. ③ 저개발세계가 해방에 이르는 과정에서의 민족국가 형성이 지니는 의의를 과소평가하고 있다. ④ 종속성 탈피의 방향이 명확하지 않다는 것 등이다.[네이버 지식백과] 종속이론 [dependency theory, 從屬理論] (두산백과)

2) 평균이윤 이상의 이윤을 취득할 경우, 이 초과분을 초과이윤(또는 특별이윤(extra profit))이라고 한다. 그 형태에는 대체로 다음과 같은 것이 있다. ① 특별잉여가치의 전화형태로서의 초과이윤. 특별잉여가치는 이윤률의 균등화가 행하여질 경우 초과이윤이라는 새로운 형태를 가지게 된다. 즉, 동일 종류의 상품을 시장가격을 규제하는 일반적·사회적 생산가격 이하의 개별적 생산가격으로 생산할 수 있는 생산자는 양자의 차액을 초과이윤으로 취득한다. 이 경우 초과이윤은 상대적으로 높은 생산력에서 발생하지만 이 높은 생산력이 (i) 독점할 수 없는 생산요인에 의하는 것과 (ii) 독점할 수 있는 생산요인(특히 자연력)에 기인하는 것으로 구분된다. (i)의 초과이윤은 경쟁에 의하여 소멸될 것이므로 그 존재는 과도적인 것이다. (ii)의 초과이윤의 존재는 항구적이다. (ii)의 대표적인 것은 차액지대로 전화한 초과이윤이다. 그러나 그 어느 경우에도 ①은 정상적인 초과이윤(normal surplus profit)이라고 부른다. ② 초과이윤은 또 시장가격의 우연적 동요로부터 발생한다. 이 경우 시장 가격이 생산가격 이상으로 상승하는 결과가 발생한다. 이 초과이윤은 일반적인 성질의 것이다. ③ 또 마찬가지로 생산가격 이상으로 시장가격이 상승하는 결과로 초과이윤이 발생하지만 그것이(인위적 또는 자연적) 독점의 작용에 의하는 경우가 있다. 즉, 독점가격의 결과로서 독점이윤을 거두게 되는 것이다. [네이버 지식백과] 초과이윤 [超過利潤, surplus profit] (경제학사전, 2011. 3. 9., 박은태)

3) 대표적인 논의로는 Lomnitz, 1977; Germani, 1980; Scott, 1983)이 있다.

한 관점은 자본의 성장이 더디고 미흡한 상태이기에 전근대적인 생산체계인 농경제 사회로부터 파생되는 농민과 도시빈민을 하나의 '독자적 계급'으로 보는 시각이 나타난다. 그러나 80년대를 거치면서 위와 같은 견해는 수정이 되어 '비공식 부문'으로 재구성된다. 이 이론의 등장은 1971년 국제노동기구 ILO에서 K.하트가 용어를 채택하면서부터 출발한다. 비공식부문은 실물자본과 인적자본 및 기술이 제한된 상황에서 경제활동에 참여하는 사람들의 고용과 소득의 창출을 주목적으로 하는 재화와 서비스의 생산 및 분배에 관여하고 있는 소규모 단위의 부문에서 이루어진다고 본다. 그는 공식부문을 '고정된 보수를 받는 정규직 노동이 행해지는 임금취업자'로 정의하는데 비해 비공식부문을 '불안정한 자영업자와 불완전 취업자를 중심으로 보수가 고정되어 있지 않고, 여러 부문에 취업하여 생계를 유지하는 자'로 정의하고 있다.

그동안 비공식부문에 대한 논의가 개발도상국 중심으로 전개되었고 빈곤층의 증가로 이어진다고 보았지만 비공식부문이 다양하게 전개된다는 새로운 시각이 등장한다. 빈민과 주변적 계급 간에 연관성을 보이면서도 이들을 동일한 것이라고 보기 어렵다는 주장도 있다. 비공식 경제의 실제 규모를 가늠하는 것은 매우 어려우며 IMF 추정치로는 1988~2000년 동안 모두 OECD 국가, 21개 선진국 GDP의 14~16%를 차지하는 것으로 알려지고 있어 선진국에서도 비공식 경제 규모는 지속적으로 성장하고 증가시키는 것으로 알려지고 있다.

이들 가운데 일부는 일정한 소속이 없이 '비전속', '자유 계약자', '자유 기고가', '자유 활동가'로 순화되어 나타나고 있으며 컴퓨터와 인터넷 산업의 발달로 프리랜서 혹은 투잡의 이름으로 재택근무를 하거나 제한된 영역에서 고용되지 않은 채 소프트웨어 설치, 웹사이트 디자인과 같은 등록되지 않은 경제 활동이 발생한다. 이렇게 비공식 경제로 간주하는 활동 가운데 공식경제의 활동과 연결되어 있으며, 비공식적 공급망의 역할을 하거나 공식 부문에서 재택근무 노동자 하청을 맡기는 경우가 있고, 두 영역 간 중간상은 생산운영에 역할을 수행하는 등 경계가 불분명하거나 복잡하게 나타난다. 이러한 비공식 부문은 공식 산업부문에서 조세 회피, 규제 비용 감축을 위해 생산활동을 비공식화하는 경우도 있으며, 비공식적으로 업체 종사자나 장인들이 불법적으로 의류, 가구 산업 등에 고용되거나 가내수공업, 소규모 작업장, 가족경영 등을 통해 운영하는 경우가 비공식 부문의 새로운 형태로 존재하기도 한다."

출처: 현장언론 민플러스(http://www.minplusnews.com).

즉, 주변화론 역시 그 다루는 주제가 선진 독점 자본주의 국가와 제3세계 간의 구조적 불평등에서부터 단위 국가 내의 사회 불평등 현상의 설명에 이르기까지 다양하게 논의가 이루어지고 있다. 이 이론은 자본주의 국가 간의 구조적인 불평등 문제보다는 단위 국가 내의 중심과 지방 간의 격차, 이에서 비롯되는 빈곤의 문제에 논의의 관점을 보다 집중시켰다고 할 수 있다(부산여자대학교 사회과학 발전연구소, 1997).

이후 1970년대 말 소위 '민중사회론'으로 출발한 한완상 교수가 쓴 글을 통해서 보면 1970년 당시 정치적, 경제적으로 소외되고 배제되었던 민중의 범위를 노동자, 농민, 도시빈민으로 제시하여 설명하고 있다(한완상, 1979). 1980년대에 들어서는 빈민들이 생기게 된 사회구조적인 맥락으로 자본주의로 인하여 농업에 종사하던 인구계층들을 탈농화시켜 도시로 이동 및 도시로 고용부문에의 취업 또는 반자영업자로의 전직 현상을 나타나게 하였다(박현채, 1985; 1986). 특히 이 시기의 빈곤연구는 주로 대도시 무허가 정착지(squatterment) 내의 노동력의 특성이나 종사산업의 성격 등이 대종을 이루게 된다.

1990년대에 들어서면 기존의 빈곤문제 논의가 대개 이론적 차원에 머물러 있었음을 인식하면서 빈곤문제 해결을 위한 새로운 모색들이 제기된다. 이 시기의 연구들은 도시빈민의 의료 및 건강, 주거조건, 재개발문제, 가족구성원의 문제, 민중 민주주의적 변혁론으로 달라지게 된다. 또한, '신빈곤론'의 문제제기가 대두되면서(조명래, 1996), 빈곤 및 빈민창출의 재생산 과정보다는 빈민가구의 주된 노동력 성격인 노동자 계급의 빈곤 문제가 동서고금을 막론하고 어느 사회이든 간에 항상 발생하고 있다. 복지제도를 완벽하게 갖춘 스웨덴을 포함한 서방 국가에서도 항상 빈곤층이 존재하고 있다. 따라서 인간이 존재하는 한 항상 빈곤은 발생하고 있다. 1960년대 이후 우리나라는 고도경제 성장에 힘입어 경제 외적인 분야에 있어서도 괄목할 만한 발전을 거듭해 왔으며 2000년대에 이르러 정부와 시민사회는 세계화를 향하여 보다 높은 차원의 목표 추구를 위한 새로운 인식과 노력을 경주하게 되었다. 그러나 빈부의 격차로 인한 사회계층 간의 대립이 갈수록 심화되고 국민들의 사회복지에 대한 욕구는 또한 다양화되고 있는 것이 우리의 실정이다.

빈곤은 사회적으로는 질병, 비행, 범죄, 알코올 중독 등 사회병리의 원인이 되어 왔다. 특히, 빈곤아동에 대한 복지제도나 정책은 어떠한 다른 복지제도보다 훨씬 먼저 발달하였다. 그럼에도 불구하고 지금도 세계 도처의 수많은 아동들이 열악한 노동환경에서 노동착취의 대상이 되고 있거나 미성년자로서 병역을 강요당하고 있으며, 1억이 넘는 아동들이 빈곤으로 인해 생계의 위협을 받고 있다. 정책측면에서는 그동안 방치된 빈곤층과 빈곤아동이 우리 사회의 현실이며 그동안 국민기초생활보장제도는 낮은 최저생계비와 불합리한 기준으로 인해 최악의 사회 안정망이 되고 있다. 그동안 물가인상률만을 적용하여 책정된 낮은 생계비로 대다수의 빈곤층이 수급권을 보장받지 못했다. 그나마 수급권을 보장받더라도 도저히 생계를 유지할 수 없는 수준의 급여만을 지급받아 왔다. 불안정한 노동과 낮은 임금으로 인하여 일하는 빈곤층이 늘어나고, 사각지대 빈곤계층이 광범위하게 존재하고 있다. 그럼에도 정부는 빈곤층을 양산하는 불안정한 노동을 확대하고 있다. 빈곤은 더 이상 개인의 책임이 아니라 전체 사회의 책임이며, 국가의 책임이다. 노동을 하든 그렇지 않든 모든 사회구성원은 최소한의 기본생활을 영위할 권리가 있다.

1 빈곤이 문제이다

최근 우리사회에서는 부자와 가난한 자, 도시와 농촌, 대기업과 중소기업, 산업 간 양극화 등 사회 각 부문에서 중간층이 사라지고 극단적으로 양분화되는 현상이 빠른 속도로 진행되고 있다. 특히 빈부 격차가 과거 어느 때보다도 더 급속히 확대되어 사회의 불안요소가 되고 있다. 줄어드는 중산층은 대부분 서민층으로 전락하여 빈부격차가 극단적으로 나타나는 양극화 구조가 된다. 그렇다면 왜 이렇게 소득과 부의 격차가 나타나고 그 현상이 날로 심화되고 있는 것일까? 우리나라 경제는 온 세계가 부러워할 정도로 경제의 기적을 일구어 선진국 진입을 눈앞에 두고 있는 데도 그 성장의 열매가 왜 우리와 같은 서민층에게는 그림의 떡이 되었을까? 우리는 먼저 그 원인을 알아야 한다. 그보다는 빈부격차가 확대되어서는 안 되는 이유, 공평사회를 추구해야 하는 이유가 무엇인지를 생각해 보아야 한다.

즉, 빈부격차 현상을 해소하고 공평사회로 나가야 하는 것에 대해 사회적인 공감대가 형성되어야 하며 만약, 사회가 부자(富者)와 빈자(貧者)로 나누어져 소통이 없게 되면, 서로 상대방을 탓하게 될 것이다. 그것이 심각해지면 심각한 사회적 분열을 가져올 수 있으며 특히 경제 상황이 어려워지면 사회적 약자인 저소득층은 가진 자들을 원망하고, 그들 때문에 자신들이 가난하다는 생각을 많이 하게 되면서 맹목적인 적개심을 나타낼 수도 있기 때문이다. 그 사례 중 하나가 우리 사회에서 벌어지고 있는 사회를 불안하게 만드는 묻지마형 범죄가 급증하고 있다는 것이다. 이유 없이 가진 자들이 미워서 그들을 상대로 증오심을 드러내고, 지나가는 행인에게 폭행이나 끔직한 살인을 저지르기도 한다. 이러한 사회현상을 두고 사회적 안전망이 확보되지 못하면, 국제경쟁 속에서 지금까지 이룩한 경제발전이나 번영은 순식간에 물거품이 될 수 있다. 이런 흐름이 계속된다면 오직 강한 자만이 살아남는 약육강식의 세계가 펼쳐지지 않는다는 보장도 없다. 경쟁에서 이긴 사람이 그 결과물을 다 가져가는 분배구조는 자본주의의 가장 큰 장점이자 단점이 아닌가 하는 생각이 든다.

현재 우리 사회는 늘어나는 실업자와 저임금의 비정규직 근로자, 벌어지는 대기업과 중소기업의 격차, 도시와 농촌 간 그리고 중산층이 사라지고 소수의 부유층과 다수의 빈곤층으로 고착되는 사회구조 등으로 자본주의의 단점이 적나라하게 드러나고 있다. 지금 우리 사회가 시급히 치유해야 할 취약부분은 나날이 심각해지고 있는 빈부격차이다. 초유의 경제위기로 가진 층은 더욱 많은 부(富)를 얻을 수 있겠지만, 대다수 서민층은 이전보다 못한 소득수준을 절감하고 있는 게 현실이다. 이렇듯 소득이나 부(富)의 분배가 공평하지 못한 사회는 약할 수밖에 없고 새로운 어려움이 닥쳤을 때 극복할 수 있는 힘을 갖지 못하기에 우리사회의 빈곤의 사각지대를 찾아 나서야 하는 시기이다.

새로운 사회 환경과 빈곤의 문제를 살펴보기 위해서는 먼저 제시해야 할 몇 가지 전제가 있다. 첫째, 새로운 환경의 내용이 무엇이냐 하는 질문이 그것이다. 최근 우리 사회의 새롭게 변화된 사회 환경의 대표적인 것으로서 정보화, 국제화, 세계화라는 개념을 많이 듣게 된다. 그리고 가장 영향력 있게 확산되고 있는 정보화 사회라는 개념도 이미 사회적 사실이 되어 우리 사회에 구체적인 영향력을 행사하고 있다.

둘째, 정보화 사회의 성격과 빈곤의 문제를 어떻게 이해할 것인가 하는 측면에서 볼 때 지금까지 사회의 정보화에 대한 논의들에서 정보화 사회에서는 산업구조가 어떻게 변화될 것이며, 고용구조는 어떠한 비중으로 달라질 것이며 등의 정태적인 전망들만을 많이 접한 것이 사실이다.

현대 사회의 특징을 설명하는 가장 중요한 개념인 정보화는 그동안 기술 변화적 측면만 강조되다 보니 정보화가 초래한 사회와 개인의 정체성 변화와 같은 본질적인 측면을 다루는 데에는 부족했다. 이러한 문제를 해결하기 위해서는 우선 세계화 · 정보화 현상을 정치적 민주주의, 사회경제적 민주주의, 생산자 민주주의, 일상성의 민주주의와 같이 다양한 민주주의 관점에서 파악하려는 노력이 필요하다. 또, 세계화 · 정보화 사회를 이끌어 가기 위한 자질을 형성하기 위해 심의민주주의, 참여민주주의를 지향해야 할 것이며, 거버넌스형 사회의 주체적 참여자로서 자질을 형성하는 데에 주목해야 할 것이다.

셋째, 국제화, 세계화의 의미를 어떻게 파악할 것인가의 문제를 살펴볼 필요가 있다. 그 가운데 세계화는 무엇인가? 오늘날은 자본주의경제의 세계화(Globalization)가 놀라운 속도로 확대되어 나가고 있다. 이 세계화로 엄청난 규모의 상품이 세계 모든 시장에 파고 들고 있다. 자본주의경제의 세계화에 견인적인 역할을 해 온 일부 선진국들은 그들의 경제사상 유례를 찾을 수 없이 성장과 안정 그리고 복지를 구가해 왔다. 그러나 이에 아무런 준비나 대책 없이 휩쓸린 신흥시장경제국가들은 미증유의 경제적 파탄과 '죽음의 고통'을 겪고 있다. 이들 신흥시장 경제 국가들은 마치 불빛을 따라 몰려드는 불나비와 같은 처지에 있을지도 모른다.

세계화에 견인적 역할을 해 온 나라에서도 여러 가지 사회경제적 병리현상이 속출되고 있다. 한편 세계화에 휩쓸린 나라들의 비극적 죽음을 부른 충격은 말할 필요도 없다. 어느 나라에서나 자본주의 경제의 세계화는 국가 간, 기업 간, 계층 간 무한경쟁을 초래시켰다. 따라서 세계화란 도대체 무엇이며 이 세계화가 자본주의 세계경제와 인류 그리고 경제사회 각 부문에 어떤 파장을 몰고 올 것인가에 관한 연구가 최근 활발하게 진행되고 있다.

그러면 세계화(Globalization)란 무엇을 의미하는가? 그 의미는 각 국가경제의 세계경제로의 통합을 의미한다. 즉, 세계화란 국가 및 지역 간에 존재하던 상품, 서비스, 자본, 노동, 정보 등에 대한 인위적 장벽이 제거되어 세계가 일종의 거대한 단일시장으로 통합되어 나가는 추세를 말하는 것이다. 다시 말하면, 상품, 서비스, 자본 등의 국제적 이동을 촉진시키는 생산, 금융, 정보 등의 새로운 거대한 조직이라고 볼 수 있다. 세계화 속에서는 정치력, 경제력 등 힘의 이동이 한 나라 국경 내의 일정한 영역에서 세계 모든 나라의 영역으로 촉진되어 생산, 판매, 투자, 저축 등 모든 경제활동이 어느 한 나라나 한 지역의 영역에서 벗어나 세계 도처에서 이루어지게 된다.

이러한 세계화는 1993년 12월 우루과이 라운드 다자간무역협정이 체결되고 이어 1995년 1월 WTO 체제가 출범됨에 따라 그 확대속도가 가속화되기 시작하여 세계 모든 나라의 정부는 그들 국가의 모든 경제정책을 무역자유화, 서비스무역자유화, 금융자유화 등 자유화를 지향하는 세계시장경제에 부합토록 조정해 나가고 있다. 이러한 세계화의 현상이 빈곤문제에 영향을 미치는 것은 무엇일까? 이는 곧 자본의 세계화가 빈곤의 세계화를 수반한다는 것을 의미한다. 이의 구체적인 예로 우리나라를 포함해 여러 선진 독점자본주의 국가들에서 나타나는 노동력의 국제적 이동과 이에 따른 외국인 노동자의 문제에서 나타난다. 노동력의 이동은 기존 생활기반의 재편성, 가족구성의 해체, 교육과 육아문제의 열악화 등을 전제로 하기 때문에 이들의 삶은 경제적 어려움을 넘어서는 빈곤상황에 직면하게 될 개연성이 훨씬 증대되는 것이다(부산여자대학교 사회과학 발전연구소, 1997).

2 부자(富者)와 가난(家難)한 사람

우리가 살아가고 있는 이 사회 속에서 부자는 누구이고, 가난한 사람은 누구인가? 부자란 가진 자이고, 가난한 사람은 갖지 못한 자라고 생각들 하겠지만, 무엇보다도 그 기준은 무엇을 가졌는가를 기준으로 할 때 부자의 판결이 달라지지 않을까 생각한다. 일반적으로 생각할 때 부자나 가난한 자를 구별할 수 있는 기준은 부(富)를 인식하는 개인적인 입장과 객관적인 평가와 주관적인 가치평가에 따라 달라질 수 있다.

우리 사회에서 부(富)를 인식하는 객관적인 지표는 흔히 물질을 대표하는 화폐가 아닌가 생각한다. 재화와 권력이 있는 부자는 많은 사람들이 부여하는 가치에 따른 사회적 지위를 부여받는다. 개인이 사회에서 점유하는 어떤 사회적 위치상의 지위는 그가 받은 교육수준, 벌어들이는 수입, 그리고 하는 일의 위상 등에 값으로 평가된다. 그것을 나타내는 것이 곧 직업이 아닌가 생각한다. 직업을 기준으로 보면 우리 사회에서 고액의 수입이 결합되는 부자들의 직업군으로 설명할 수 있다.

저자가 어릴 적에는 내 친구 아버지들 중 사진의 모습처럼, 많은 아버지들이 이 일을 많이 하셨다.

한국인은 직업선택 시 직업의 안정성과 물질적 급여수준에 우선적 가치를 부여한다. 그런데 직업의 안정성은 수입과 밀접한 연관성이 있다고 볼 때, 고위 직업군의 부자들은 체면치레의 형식보다는 물질적인 재화가치에 더 우선적인 가치를 부여한다고 생각할 수 있다. 이러한 추세는 전통적인 유교정신에 따른 명분과 청렴결백, 가난하지만 품위를 지키는 정신적인 가치 등의 전통과 권위가 크게 약화된 실상을 나타낸다(부자학연구학회, 2011).

한편 부유층을 구분하는 주관적인 기준으로는 물질적 측면보다는 도덕성, 인간미, 시간적 여유, 개인의 주관적인 평가에 의한 생활 만족도를 생각할 수 있다. 물질적인 재화는 풍요롭지 않지만 마음이 건강하고 풍부한 부자들은 하루의 생계를 크게 염려하지 않고도 행복하고 여유로운 일상을 즐길 수 있다.

전통적인 부유층은 선대로부터 재산을 물려받고, 물려받은 재산을 개발정책에 특혜를 받는 부동산에 투자하여 부를 확대하며 세습된 부자의 위상을 유지해 왔던 것이 보편적인 추세였다. 그러나 오늘날의 부유층은 전통 부유층에 비하여 재화의 양이 부족하지만 평범한 직업생활로 출발하여 자신의 노력으로 부자가 된 사람들이다. 산업구조의 변화에 따른 새로운 기업에로의 투자, 여윳돈을 활용한 유가증권에 투자 및 부동산 투자의 결과물이라 하겠다. 이들의 생활양식은 전통적인 부유층과는 다르게 사치스럽기보다는 근검절약하는 생활양식을 보여 주며, 자신만의 생활원칙을 지키면서 인간관계의 네트워크를 중시하는 경향이 강하고, 상대적으로 젊은 연령층으로 구성되어 있다는 특징들이 있다(부자학연구학회, 2011). 결국 일반적으로 우리가 생각하는 돈 많은 사람을 부자라 칭할 수 있겠지만 '마음이 부자인 사람'을 저자는 부자라고 인정하고 싶은 마음이다.

부유한 자와 가난한 자, 가진 자와 가지지 못한 자 간에는 분명 차이가 존재한다. 또한, 부유한 나라와 가난한 나라는 그들 국민의 생각과 관습 그리고 그들이 운영하는 정치와 경제 질서가 차별화되고 그들이 영위하는 사회문화적인 생활양식의 전통과 현실의 적응이 분명 다르다. 성공하여 부자가 되는 자와 일상의 수레바퀴에서 헤어 나오지 못하는 사람 간에도 그럴 만한 타당한 인간관계가 있을 것이다.

100여 명의 알부자들을 만나 설문조사와 인터뷰를 통해 부자들의 공통점을 정리한 한상복의 저서를 인용하면, 부자들에게는 부자 마인드가 있다며 이를 '원칙을 지키는 깡', '친화력으로서의 끈', '부자상으로서의 꼴', '열정적이고 집요한 가진 자의 꿈' 등을 덕목으로 제시하였다(한상복, 2003).

돈에 대해 고민하는 사람들, 특히 샐러리맨들에게 실질적인 도움을 주기 위해 이상건이 쓴『돈 버는 사람은 분명 따로 있다』라는 책에서는 부자가 되기 위해서 돈에 대한 이중적인 태도를 버리고 돈이 좋다고 과감하게 애정 표현을 하라고 말하면서 주로 봉급생활자들이 돈을 불릴 수 있는 방법에 대해서 조언하였다. 이 글에서 돈 버는 사람들의 특징을 세 가지로 요약했는데, 첫째, 돈 버는 사람들은 돈에 대한 공부를 많이 한다. 둘째, 그들은 무엇보다 돈에 대해 우선권을 부여한다. 셋째, 돈 버는 사람은 부지런하다. 반면 돈을 벌지 못하는 사람들은 주자들과는 다른 태도를 보인다고 지적하며 부자가 되지 못하는 자들의 특성을, 첫째, 가난한 사람들은 돈에 대해 공부를 하지 않는다. 둘째, 돈 없는 사람들의 생각은 '살다 보면 빚은 필수이니 이자 몇 푼에 목숨 걸지 말자'라는 구호로 대변될 수 있다며 빚이 부자되는 길에서 최대의 걸림돌로 작용한다고 지적한다(부자학연구학회, 2011 재인용).

부자가 되는 길을 가기 위해서는 무엇이 필요할까? 실천 가능한 구체적인 목표를 설정하고 그것을 성취하려는 실질적인 동기가 있어야 하며, 희망과 의지력을 갖고 부를 이루는 것이 가능하다는 주체적인 자기 확신을 가져야 할 것이다. 무엇보다는 부자가 되는 첫 걸음은 부자가 되려는 마음가짐, 결심이 아닌가 생각한다. 부자가 된 사람들이나 공부를 잘하는 사람들이 종종 돈 버는 것만큼, 공부하는 것만큼 쉬운 게 없다고들 말하는 것을 듣곤 한다.

평범한 사람이 국가와 개인과 가족의 행복, 국민의 사회복지를 위하여 가장 필요한 것은 절약의 미덕과 정제된 생활자세가 익숙한 일상의 실천지식으로 습관화될 수 있는 노력과 국가의 철저하게 준비된 복지정책이라고 생각한다.

사람들이 삶을 영위하는 궁극적인 목적이 '행복'이라고 말들 하지만, 삶의 궁극적 의미를 터득하고 그 가치를 실현하고자 하는 인생의 길에서 부(富)는 행복을 실현하기 위한 수단이지 목적 그 자체가 될 수는 없다. 지금 위락 가난하거나 채워진 부자이든 현재 존재하는 위치와 관계없이 우리가 생존하는 목적이 참다운 의미의 행복을 실현하는 것이라면 그것에 대한 열망, 참 행복을 추구하는 그 자체는 누구나가 바라는 삶의 목표가 될 수 있을 것이다.

2
CHAPTER

빈곤문제와 사회복지서비스

CHAPTER 2

빈곤문제와 사회복지서비스

1 빈곤문제

오늘날 한국 사회는 사회적 배제의 심화와 계층 간 소득 불평등의 확대를 경험하고 있다. 개인의 능력과 성과에 따른 보상을 특징으로 하는 자본주의 시장경제체제에서 소득의 불평등은 피할 수 없지만 1997년 경제위기 이후 한국 사회에서는 소득분배의 불균형과 함께 양극화 현상이 빠르게 진행되고 있다는 데 문제의 심각성이 있다.

1970년대를 살아 온 저자의 입장에서는 소득분배의 불균형과 양극화라는 단어가 좀처럼 받아들이기 어려운 용어로 마음에 자리 잡고 있다. 왜냐하면, 저자가 자라 온 어린 시절에 우리 또래의 녀석들은 한 번쯤은 경험한 신문배달과 연탄배달 심부름, 수도가 설치되지 않아 물을 배급받으러 나간 일들, 요즘 우리 아이들은 상상도 하지 못할 생활을 경험하지 않았는가? 그 누가 물을 사먹을 줄 상상이나 했을까?

특히 사회 전체 소득 분포 차원에서 중간층이 감소하고 양극단으로 흩어지는 이른바 소득 양극화가 심화되며 사회통합의 위기를 맞이하고 있다. 그런데 한국은 1997년 경제위기 이후 심화되어 온 소득 양극화 문제에 대해서 효율적으로 대처하지 못하고 왔기 때문에, 소득 양극화라는 사회문제에 대해서 올바로 대처하기 위해서는 양극화를 유발하는 요인이 무엇인지를 밝힘으로써 사회문제를 실증적으로 규명하는 것이다. 이를 해결하기 위한 바람직한 사회적 대안을 찾을, 경제위기 이후 한국빈곤은 사회복지학 분야에서 중요한 위치를 차지하고 있다. 이에 새로운 환경의 변화에도 불구하고 빈곤문제의 본질은 이전의 경제적 또는 물질적 조건 중심의 빈곤관으로부터 새로운 빈곤론의 모색 또한 필요할 것이다. 이러한 노력이야말로 빈곤문제에 대처하는 새로운 사회발전모델이 될 수 있을 것이다. 이러한 새로운 발전모델을 구상함에 있어 가장 중요한 첫 출발은 빈곤의 개념을 보다 확장하는 것이며, 기존의 빈곤문제를 바라보는 우리의 시각을 새삼스럽게 가다듬어야 할 필요성이 있다.

일상적인 삶을 살아가는 빈민층의 욕구에 대한 논의와 관련하여 빈곤은 인간의 욕구가 충족되지 못한 모든 곳에 존재한다는 것을 생각해야 한다. 그 이유는 빈곤은 사회문제인 동시에 이 문제가 구체적으로 나타나는 곳은 집단 공동체, 가족, 종국에 있어서는 개인이기 때문이다. 빈곤문제에 대한 새로운 인식과 관련한 빈곤개념에는 다음과 같은 내용들이 포함되어야 한다. 이를 표로 나타내면 다음과 같다(Shiffman, 1995를 재구성).

〈표 2-1〉 빈곤개념의 포함되어야 할 내용

내용	구체적 설명
생계수준의 열악성	저임금, 주택문제, 식생활
보호의 결핍	사회정책적 제도의 미비와 연동되어 재생산된다는 점을 고려해야 한다. 이와 같은 제도적 장치의 부족은 건강과 의료서비스에 대한 접근의 어려움(사회복지제도의 미비)도 포함된다.
분배와 인권의 차원	자본에 의한 부당한 대우와 권위주의적 정권의 속성 또한 빈곤을 온존화 시키는 주요 배경변수로 작용한다.
이해의 부족	장애인이나 피구휼빈민의 경우, 부당하게 사회적으로 낙인을 받거나 능력 등이 제대로 평가받지 못하는 상태를 말한다.
참여의 제한	빈곤문제의 해결이 자주적인 의사결정 구조를 통해 모색되지 못하고 전시행정적인 영세민 정책 등으로 일관될 때 이러한 차원의 빈곤이 발생한다.

이상의 다섯 가지 차원이 현실의 모든 빈곤 내용을 포괄하는 것도 아니며, 반드시 그럴 필요도 없다. 무엇보다도 중요한 것은 빈곤의 제 차원을 타개하기 위한 발전의 전망을 지녀야 한다. 이를 위해 먼저 시작할 수 있는 대안으로는 공동체를 기초로 한 발전전략의 수립이 무엇보다 시급하다 할 수 있다. 이에는 빈곤의 문제를 해결하려는 공동체적 역할이 강조되어야 하며, 공동체 내의 자원을 적절히 배분하고 활용하는 것, 이를 근거로 한 연대와 실천의 전략들이 강구되어야 할 것이다.

2 사회복지서비스

사회복지서비스는 사회보험, 공공부조와 함께 사회보장제도를 구성하고 있는 하나의 영역이다. 그러나 사회복지서비스의 경우 공공부조에 비해서 명확한 개념정의가 더욱 어렵다(이현주 외, 2003). 그 이유는 사회복지서비스는 비물질적이고 사회심리적인 사회서비스로 그 영역이 느슨하고 넓으며, 늘 변화되고 있고, 일정한 경계를 가지고 있지 않아서 매우 정의하기 어려운 영역이 있기 때문이다(백종만, 1994).

개념정의가 어려운 사회복지서비스를 학자들은 다양하게 정의하고 있는 데 이를 〈표 2-2〉로 정리해 보면 다음과 같다.

〈표 2-2〉 학자들의 사회복지서비스 개념

학자 이름	개념
클라인 (Klein, 1988)	사회복지서비스를 혼자 힘으로 물질 자원이나 건강유지가 매우 곤란한 개인이나 가족들에게 일정한 서비스를 제공하는 일이다고 정의하다
드바인 (Devine, 1986)	사회복지서비스 상자를 혼자 힘으로는 정상 생활을 할 수 없는 사람, 타인의 정상 생활을 방해하는 사람들로, 빈곤한 아동, 빈곤한 노인, 병자, 정신박약자, 범죄자, 아동을 방임하는 양친을 말한다고 규정하다
레셔(Rescher, 1984)	사회복지서비스는 다차원이기 때문에 한 인간의 복지를 고려할 경우에도 공생과 의료시설, 생활환경 등의 정비가 요구된다고 하다
로마신 (Romanyshyn, 1971)	사회복지서비스가 한정적으로는 사회적 약자에 대한 재정적 원조나 서비스를 의미 하지만 동시에 국민의 보편적 욕구에 대한 공동의 책임을 강조하는 적극적 의미를 내포한다고 주장하고 있다
이봉주 외(2006)	지역사회에 거주하고 있는 장애, 질병, 또는 취약성을 가진 사람들에 한 원조의 의미로 이해되기도 한다
백만원(2006)	1. 한정 돤 개념 자선사업, 박애사업, 구빈사업, 보호사업으로 개발되는 과정에서 도출된 좁은 의미의 개념으로 취약계층을 해 일정한 서비스를 제공하는 일 2. 광의의 개념 취약계층에 한정하지 않고 모든 국민을 대상으로 공의의 모든 사회보장방식을 사회복지서비스로 보는 것 3. 복합적 개념 사회복지서비스의 한정된 개념인 구빈원칙이 아니라 예방원리(Principle of prevention)에 따라 대상자의 범위를 모든 국민으로 확대하여 다룬다는 것이다.

출처: 이상훈(2011).

1) 사회복지서비스의 분류

어떤 사회복지서비스를 어떠한 형태에서 제공하는 것이 바람직한 것인가? 이는 사회복지서비스는 그 역할과 범위가 광범위하기 때문이다. 이를 알기 위해서는 서비스제공의 형태들이 갖고 있는 특성들도 고려해서 분류해야 한다. 이에 사회복지서비스의 주요 영역인 소득보장, 건강, 주거, 고용, 대인서비스로 구분하여(김태성 외, 2009) 이를

〈표 2-3〉으로 정리하면 다음과 같다.

〈표 2-3〉 사회복지서비스의 구분

구분	특징
소득보장	1. 소득보장서비스는 여러 가지 사회복지 영역들 가운데 사회 자원을 가장 많이 사용하는 영역이다. 2. 공공재 성격이 강하다. 3. 민간부문에서는 소득보장을 하기에는 한계가 있다. 4. 최근에는 국가가 사용자에게 세제상의 혜택을 주어 다양한 기업복지 차원에서 소득보장을 이루게 하기도 한다. 5. 우리나라의 경우에는 가족 간 소득이의 방법으로 소득보장을 이루기도 한다.
건강	1. 공공재 성격이 강하다. 건강서비스는 산업사회에서 필요로 하는 노동력의 지속적인 공급을 해준다는 측면에서 민간부문에서 이루어질 수 없는 외부효과가 매우 크기 때문이다. 2. 국가주도의 사회보험이 1883년 독일의 의료보험인 것을 보면 건강서비스의 중요성이 매우 크다는 것을 알 수 있다.
주거	1. 많은 사람들이 열악한 주택에 거주해도 그것이 사회 전체에 미치는 부정적인 효과는 상대적으로 적어서 공공부문에서 이러한 서비스를 주도할 필요성은 약했다. 2. 주거서비스의 유형을 보면, 정부에 의한 공공주택제공, 민간부문서비스 제공자에 의한 보조, 소비자의 직접보조, 소비자에 대한 사제혜택 등의 방법이 있다.
고용	1. 개인 · 단체나 지역 실정에 맞는 성장과 적용 가능한 경제지원, 직업과 다른 종류의 고용기회에 접근할 수 있고 경쟁할 수 있는 고용의 평등성 확보에 목적이 있다고 할 수 있다. 2. 고용서비스가 우리나라에서 본격으로 이루어지기 시작한 것은 1995년 고용보험 시행 이후부터라고 할 수 있다. 3. 각종 고용정책의 전달체계로서 공공직업 안정망의 확충, 고용정보망의 구축이 이루어졌다. 4. 취업알선 고용보험, 직업 훈련서비스를 한 곳에서 제공할 수 있는 One –stop 서비스센터로서 고용안정센터를 설치 운영하게 되었다.
대인서비스	1. 공공재 성격이 약하기 때문에 공공부문에서 이러한 서비스를 제공할 필요성이 가장 약했다. 2. 일반적으로 현금을 지급하는 공공부조, 사회보험과는 달리 사람에게 제공되는 일반인 서비스를 말한다. 3. 사람에게 제공되는 서비스이기 때문에 사회서비스 노동자들의 열악한 노동조건이 곧바로 서비스의 질 하락으로 이어질 수도 있다.

2) 사회복지서비스의 현황

우리나라는 참여정부에 들어오면서 사회복지서비스에 대한 사회적 관심이 증가하기 시작하고, 현재까지도 사회복지지출 확대 및 사회복지서비스 확충은 지속으로 이루어지고 있다. 과거에는 사회복지서비스의 대상과 종류가 아동, 장애인, 노인 등 요보호상자 등으로 제한이었으나 오늘날에는 사회복지서비스의 대상과 종류가 다양화되어 가고 있다. 그 이유는 고령화로 인한 노인의 케어문제, 여성의 사회진출 증가로 생겨난 가정과 직장의 양립의 필요성, 그리고 변화하는 경제 · 사회 조건으로 생겨난 미숙련 노동자의 적응문제 등 신사회적 위험(new social risks)이 생겨나면서 이에 대처하는 수단으로 사회복지서비스의 중요성이 높아지고 있기 때문이다(이상훈, 2011). 또한, 사회복지서비스에 대하여 사회복지서비스를 공공부조로부터 분리하여 서비스의 기능과 범위를 확대함으로써 취약계층에 대한 보호기능을 강화하자는 주장(이현주 외, 2003)과 새로운 사회적 위험을 대응하는 정책적 수단으로 사회복지서비스를 강조하는 것과 더불어 일자리 창출의 기능을 사회복지서비스가 담당할 수 있다는 논의까지(노대명, 2006) 다양하게 전개되고 있다.

〈표 2-4〉 2021년 보건복지부 총지출

구분	'20년 본예산(A)	'21년 본예산(B)	증감 (B-A)	%
보건복지부 총지출	82.5	89.5	7.0	8.5

2021년 보건복지부 총지출 예산은 전년대비 8.5% 증가한 89조 5,766억 원(단위: 조 원, %)이다.

〈표 2-5〉 2021년 보건복지부 회계별 · 분야별 예산 (단위: 억 원)

구분	2020년 본예산(A)	2021년 본예산(B)	전년대비	
			증감 (B-A)	%
총지출(A+B)	825,269	895,766	70,497	8.5
◇ 예 산(A)	515,094	559,035	43,941	8.5
◇ 기 금(B)	310,175	336,731	26,556	8.6
◇ 사회복지①	695,619	757,778	62,159	8.9
• 기초생활보장	122,338	132,334	9,996	8.2
• 취약계층지원	33,837	37,800	3,964	11.7
• 공적연금	274,111	300,026	25,915	9.5
• 사회복지일반	13,915	13,326	△589	△4.2
• 아동 · 보육	85,094	85,568	474	0.6
• 노인	166,323	188,723	22,399	13.5
◇ 보 건②	129,650	137,988	8,338	6.4
• 보건의료	27,694	30,300	2,606	9.4
• 건강보험	101,956	107,688	5,732	5.6

사회복지서비스의 중요성은 해마다 증가되고 있는 데, 사회복지 지출예산을 보면 잘 알 수가 있다. 〈표 2-5〉에서 제시된 것과 같이 사회복지 전체 예산 가운데 노인 · 청소년과 보육 · 가족 여성 등의 사회복지서비스 영역이 차지하는 비율은 해마다 늘어서 2020년에 비해 2021년도는 노인복지 13.5%, 아동, 보육 0.6%, 사회복지일반 4.2%로 사회복지서비스 영역 비율이 높아지고 있음을 알 수 있다.

그러나 아직까지 우리나라의 사회복지서비스는 몇 가지 문제점을 안고 있다(보건복지가족부, 2009).

첫째, 경제개발 수준에 비해서 사회복지서비스에 대한 공공투자가 미흡하다는 것이다. 2007년도 기준으로 OECD 국가에서 GDP대비 0.3%로 사회복지서비스 지출 비율이 가장 낮으며, 전체 사회 지출 사회복지서비스가 차지하는 비율은 4.9%로 OECD의 평균 8.1%에도 미치지 못하는 실정이었다(강혜규, 2008). 때문에 그동안 사회복지서비스는 소득보장 심의 제도보다 상대적으로 개발이 저조했었다.

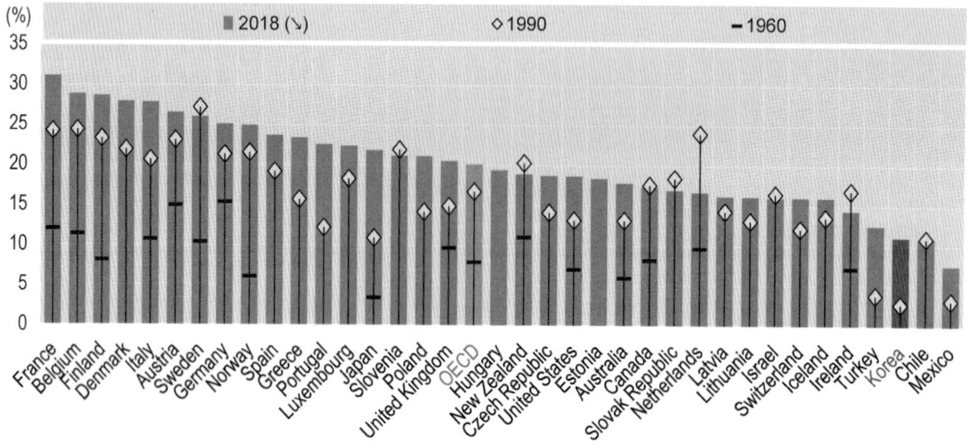

[그림 2-1] OECD 회원국 공공사회지출 비중(1960, 1990, 2018)

출처: OECD.

그러나 2019년 조사결과에서도 GDP 대비 공공사회 복지지출 규모 11.1%로 OECD 29개국 중에서 평균 20.1% 절반에 머물러 회원국 29개 나라 가운데 꼴찌였다. 한국에 이어 꼴찌에서 두 번째 자리에 있는 나라는 아일랜드로 한국보다 3.3%포인트 높은 14.4%였다. 이는 낮은 조세부담률과 국민부담률에 비춰 자연스러운 현상이다.

한국의 조세부담률은 2017년 기준 국내총생산의 18.8%로 OECD 29개국 평균 24.9%보다 6% 포인트 가까이 낮은 수준에 머물고 있다.

둘째, 사회복지서비스를 공급하는 기관이 빈곤에 취약한 노인, 아동, 장애인 가구의 사회복지서비스 욕구를 충족시키기에는 미진한 수이다. 2006년 65세 이상의 노인인구 460만 명 중 1.6%만이 노인복지시설에서 보호를 받고 있는 것을 보면 알 수 있다(보건복지부, 2006).

노인이나 장애인가구 같은 특수가구에게는 사회복지서비스의 돌봄의 사회화가 그 가구의 근로능력이 있는 가구원들을 노동시장에 참여할 가능성을 높여 줌으로써 빈곤탈출의 동기를 제공함에도 불구하고 기관이 부족하다는 것은 큰 문제가 아닐 수 없다.

셋째, 사회복지서비스 시장이 형성되지 못했다는 점을 들 수 있다. 공공의 재정지원은 사회복지서비스 공급자에 대한 인건비 등 관리운영비 보조 형태로 이루어져 있기 때문에 사회복지서비스 대상자의 욕구를 반영하기 어렵다는 문제가 있다. 이는 사회복지서비스 대상자 소득 취약계층의 경우 서비스 구매력이 크게 부족하고, 잠재수요가 큰 서민·중산층의 경우에는 그들의 경제적 부담을 덜어 줄 만한 지원체계가 미비하고, 상위소득계층의 경우는 서비스의 정보 부족 품질에 대한 신뢰가 미흡하다는 것들을 보면 알 수가 있다(최승아, 2009).

3) 사회서비스 개념 사용의 배경

현행 법률에서는 사회복지서비스가 혼용되어 사용되고 있는 바, 「사회복지사업법」 제2조 제6항에서는 "사회복지서비스"란 국가와 지방자치단체 및 민간부문이 도움이 필요한 모든 국민에게 상담, 재활, 직업 소개, 지도, 사회복지시설 등의 이용 등을 제공하여 사회생활이 가능하도록 지원하는 제도를 말한다고 규정하고 있다. 이처럼 전통적인 사회복지서비스에 대체하여 사회서비스 개념을 사용하게 된 배경은 다음과 같다.[1)]

1) 보건복지(2012).

〈표 2-6〉 사회서비스 개념을 사용하게 된 배경

첫째, 저출산 고령화 등 인구구조 변화, 핵가족화 등 가족구조의 변화, 여성의 경제활동 참여 증가로 사회서비스에 대한 수요가 지속적으로 증가해 온 것이다.

둘째, 가족과 지역사회에서 비공식적으로 담당하던 아동, 노인, 장애인에 대한 돌봄기능을 사회적으로 지원하는 돌봄의 사회화 요구이다.

셋째, 고용 없는 성장추세 속에 사회서비스 분야가 일자리 창출의 블루요션으로 등장하였다.

넷째, 사회서비스업은 고용비율이 낮아 일자리 창출의 잠재력이 큰 분야로 이에 대한 투자 필요성이 제기되고 있다.

다섯째, 단순한 소득보장을 넘어 인격자본 형성을 통한 예방적 복지의 필요성이다.

여섯째, 저출산, 고령화의 가속화로 노동력 감소가 예상되는 가운데 노동공급의 양과 질을 높이기 위해 인적자원 개발을 위한 지속적인 투자가 필요하다.

일곱째, 높아진 수요자에 욕구에 부응하고 복지재정의 효율적 활용을 위해 사회서비스 전달체계의 개선이 필요하게 되었다.

여덟째, 종래의 사회복지서비스는 공급자 지원방식으로 소비자의 선택권이 제약되고 전달 과정에서 행정, 재정, 관리비용의 수반 등 비효율이 발생함으로써 소비자의 선택권을 보장하고 관리 운영비용의 효율성과 투명성을 높이기 위하여 사회서비스 전자바우처 제공방식이 도입되게 되었다.

이와 같은 설명을 통해 사회복지서비스와 사회서비스의 개념을 더욱 명확하게 설명하면 〈표 2-7〉과 같다.

〈표 2-7〉 사회복지서비스와 사회서비스의 차이점

구분	사회복지서비스	사회서비스
대상	수급자 등 빈곤계층	서민, 중산층까지 확대
서비스 내용	기본적 생활보장 서비스	국민의 일상생활 지원, 인적자본 확충을 위한 다양한 서비스까지 포함
재정지원 방식	공급자(기관)지원	수요자 지원방식 병행
비용부담	정부지원 중심	본인 일부 부담 도입
서비스 제공방식	시설보호 중심	재가서비스까지 확대

이처럼 사회서비스는 대인적 서비스로서 개인의 신체적, 지적, 심리적 욕구, 개인의 사회적 역할과 관련된 욕구를 충족하는 영역에서 제공한다. 이러한 사회서비스는 욕구 해결에 있어 개인적 해결이나 비공식적인 해결이 아니라 사회의 집합적 노력을 통해 해결하는 특징을 지니며 개인서비스로의 서비스 제공자와 수혜자 간의 밀접한 관계적 친밀성을 특징으로 하고 있다.

이에 더 구체적으로 사회복지 개념을 언급하면, 사회복지라는 용어 자체가 국가와 학자에 따라 의견을 달리하기 때문에 하나로 통일된 정의는 없다. 용어 자체도 국가와 학자에 따라 사회복지(social welfare), 사회서비스(social service), 사회사업(social work) 등으로 통용되고 있다.

미국에서는 social welfare라는 용어로, 영국에서는 social service가 보편적 서비스의 총칭으로 사용되며, 한정된 사회복지를 말할 때는 대인적 서비스(personal social service)라는 용어를 사용한다. 일본에서는 사회복지라는 말과 함께 사회사업(social work)이라는 말을 사용하기도 하는데 그 대상으로 국가부조의 적용을 받는 자, 신체장애자, 아동, 그밖에 원조를 요하는 자로 국한하고 있다(민동기 · 김성배, 2012).

4) 사회복지서비스 전달체계

사회복지서비스 전달체계란 사회복지서비스를 구체적으로 형성하고 이를 집행하는 조직체계를 말한다. 이를 구분기준에 따라 살펴보면 〈표 2-8〉과 같다.

〈표 2-8〉 사회복지서비스 전달체계

구분기준	구분
구조적 기능중심	행정체계 서비스 전달을 기획, 관리 지원하는 기능을 수행한다.
	집행체계 소비자와 상호접촉을 가지면서 전달자가 서비스를 직접 전달한다.
	예) 기초생활보장서비스 전달체계의 경우 보건복지부–특별시–광역시–도–시 · 군 · 구 · 읍 · 면 · 동–기초생활보장대상자로 연계되는 조직체계로 되어 있다. ① 행정체계 – 보건복지부에서 시 · 군 · 구까지 체계는 기초보장서비스를 기획, 지원, 감독 업무를 한다. – 단일기관에서도 기획관리 업무를 주로하는 기관장 및 기획, 관리부 ② 집행체계 – 읍 · 면 · 동과 기초생활보호대상자 간의 체계는 구체적 서비스를 제공하는 업무를 수행한다.
운영주체	중앙정부
	지방자치단체
	민간부문

(1) 사회복지 전달체계의 원칙

사회복지서비스 전달체계는 국가와 지방자치단체 그리고 민간부문의 도움이 필요한 국민에게 폭넓은 사회복지서비스를 제공하는 공공기관과 공공기관 간, 공공기관과 민간기관 간 그리고 민간기관과 민간기관 간 수직, 수평적인 조직체계로서 상호영향을 미치는 유기적 조직을 말한다고 할 수 있다.

사회복지에 대한 욕구가 증대됨에 따라 한정된 자원을 가지고 보다 효율적으로 사회복지서비스를 전달하기 위한 합리적인 전달체계의 구축이 요구되고 있다. 이에 기본적으로 요구되는 기본원칙을 살펴보면 다음과 같다.

① 통합성의 원칙

현재 우리나라 사회복지서비스 전달체계에서 가장 요구되는 기준으로서 공급의 주체가 수요자인 대상자에게 각각의 복지서비스를 별개로 제공하는 것을 지양하고, 수요자의 형편에 가장 적합한 서비스를 맞춤식으로 제공하기 위하여 대상자 선정에서부터 서비스 제공에 이르기까지 공급주체 간의 유기적인 통합관리가 필요하다. 그러므로 통합성의 원칙이란 조직 측면에서의 통합성과 서비스 측면에서의 통합성 모두를 포함한다.

서비스의 통합성 측면에서 살펴보면, 서비스 수요자의 문제는 많은 경우 복합적이고 상호 간 연관되어 있기 때문에 문제해결을 위한 서비스들도 서로 연관시켜 통합적으로 제공해야 한다는 것이다. 서비스가 통합적으로 제공되기 위해서는 하나의 행정책임자 아래 서비스들이 제공되고 서비스의 제공 장소나 조직들이 지리적으로 서로 가깝고 서비스 프로그램 간 또는 서비스 조직 간에 상호 유기적 연계 및 협조 체계가 갖추어져 있어야 한다(최성재 외, 2008).

② 전문성의 원칙

복지서비스의 전달체계는 공급자의 입장에서만 이루어지는 일방적 전달과정이 아니라 복지수요자의 요구와 반응 속에 최적의 서비스를 만들어 내는 복잡하고도 전문적인 영역이므로 전문성을 갖은 전문가가 요구된다.

정책결정 및 집행에 있어서도 절차와 방법이 요구된다. 사회복지서비스 전달체계에 있어 복지업무는 보편적으로 대부분 전문가가 담당하고 업무의 성질상 전문성이 덜 요구되는 업무에는 준전문가와 비전문가에게 담당하게 할 수 있으며, 경우에 따라서는 자원봉사자도 활용할 수 있지만 복지업무의 일관성과 전문성은 견지되어야 한다(민동기 · 김성배, 2012).

③ 포괄성의 원칙

복지수요자의 욕구에 부응하기 위해서 다양한 복지서비스가 포괄적으로 제공되어야 한다는 것이다. 복지수요자는 사회구성원이며 인간으로서 존엄성을 지닌 주체로서 생애주기별로 돌봄 서비스가 제공되어야 한다.

서비스의 포괄성을 달성하기 위해서는 한 사람의 전문가가 여러 문제를 다루거나 각 분야별 전문가들이 한 사람의 여러 가지 문제를 다룰 수도 있고, 여러 전문가들이 한 팀이 되어 문제를 해결할 수도 있다(최성재 외, 2008).

④ 적절성의 원칙

적절성의 원칙이란 복지수요자가 필요로 하고 있는 서비스의 종류와 양이 적시에 제공됨으로써 복지서비스가 달성하고자 하는 목표를 얼마나 적절하게 이룰 수 있느냐의 원칙이다. 복지서비스 내용의 많고 적음의 문제라기보다 수요자 개개인에 적합한 맞춤식 복지를 위한 원칙이다(민동기 · 김성배, 2012).

⑤ 지속성의 원칙

복지서비스 제공이 소기의 목표를 달성하기 위해서는 복지서비스가 일회성에 그치지 말고, 투입과 산출효과를 분석하여 달성하고자 하는 목표가 이루어질 때까지 지속적인 서비스 제공이 뒷받침되어야 한다. 서비스의 종류에 따라 퍼붓기식의 복지행정을 탈피하여야 할 뿐 아니라 전달체계의 유기적인 협력 관계없이 선심성으로 행하여지는 공급주체의 즉흥적 서비스 제공도 수요자의 만족도를 저하시키고 있다. 이에 수요자의 상태를 지속적으로 파악하여 어떠한 서비스가 얼마만큼 언제까지 필요한가를 판단하고 이를 실행하는 사례관리의 방법도 활용되어야 한다(민동기 · 김성배, 2012).

⑥ 접근용이성의 원칙

사회복지서비스는 그것을 필요로 하는 수요대상자가 자신이 해당자가 될 수 있음을 용이하게 알 수 있을 뿐 아니라 일정한 절차와 요건을 갖추면 편리하게 신청하여 신속하게 혜택을 받을 수 있도록 접근용이성이 보장되어야 한다. 복지수요대상자가 서비스를 이용함에 있어서는 여러 가지 장애요인이 발생할 수 있다. 주요한 장애요인으로는 서비스에 대한 기본적인 정보와 자료의 부족과 담당기관에 접근하기 어려운 지리적 장애, 개인 신상이 공개되고 노출되는 심리적 장애부담 등이 있다. 그리고 선정절차 과정에서 중복확인 절차와 시간상의 지연 등도 접근용이성을 떨어뜨리며 애로사항을 상담하고 의논할 전문가의 부족도 장애요인이 된다.

그 밖에 시설관리 면에서도 법에서 규정하고 있는 장애인 편의시설 의무설치 수준을 뛰어넘어 수요자의 입장에서 언제나 편리하게 이용할 수 있는 권리가 보장되어야 한다(민동기 · 김성배, 2012).

⑦ 책임성의 원칙

복지사회를 구현하려는 현대 국가에 있어 사회복지서비스에 대한 1차적인 책임은 당연히 국가에 있다. 국가는 복지서비스 업무를 수행하는 지방정부 및 민간단체에 대해서도 지휘 감독의 책임이 있으며 실제로 그 업무를 담당하는 지방정부 및 민간단체와 업무담당자 역시 책임성이 요구된다.

과거 복지서비스 담당자들이 복지서비스를 제공하기 위해서 기준에 해당 유, 무에 따른 절차적인 것에 치중한 나머지 복지수혜자에 대한 실질적인 서비스 제공 효과에 대해서 평가하고 개선하는 노력이 부족하였던 것이 사실이다. 복잡한 절차와 투명하지 못한 기준 설정으로 지급내역의 임의 수정을 통한 부정소지가 빈번히 발생하기도 하였다. 이에 수혜자의 입장에서도 강한 책임성이 요구되며, 부정한 방법으로 수혜자가 되거나 중복 수급을 받는 자들로 인해 선의의 피해자가 나와서는 안 된다.

(2) 사회복지서비스 전달체계 변화의 주요변수

① 사회 · 경제적 양극화

가난과 부를 대물림하는 경제적 양극화는 빈곤의 악순환으로 사회의 불평등과 차별의 심화를 가져오면서 사회갈등을 일으키는 사회양극화까지 심각한 수준에 이르게 되었다.

국가는 경제적 양극화를 해소하기 위하여 가난한 사람들이 교육의 기회를 보장받도록 하여야 하며, 인간다운 생활을 영위할 수 있도록 국가의 생활보장 의무가 커지게 된 것이다. 사회도 부의 유무에 관계없이 이웃의 어려움을 함께 나누며 돕는 사회서비스 제공이 필요하게 된 것이다. 일자리 제공을 위한 교육기회의 보장과 사회적 약자에 대한 배려와 지원은 사회복지서비스 전달체계의 주요변수로 작용하게 되었다.

② 저출산 · 고령화

여성 1명의 출산율이 계속 낮아지고 있다. 그리고 그 변동 속도도 급격하게 이루어짐에 따라 이에 대한 대책마련이 시급하다. 여성의 늦은 결혼과 독신주의, 경제적 이유, 여성의 사회진출 참여 등 여러 가지가 있겠지만 임신과 육아로 인한 직장에서의 차별적 대우 개선과 육아에 대한 사회서비스를 확대할 필요성이 커지고 있다.

그리고 전체인구 중 노인이 차지하는 비중이 커지고 있어 노인복지에 대한 요구가 증대되었다. 또한, 빈곤노인에 대한 대책과 치매노인, 노인 만성질환에 대한 치료방안 등은 사회복지서비스의 영역을 광범위하게 넓히고 있다.

③ 지방분권화

지방자치의 부활은 주민의 지방자치에 대한 참여와 욕구의 증대와 함께 지방정부의 적극적인 관여를 가져왔다. 중앙정부의 권한을 지방에 이양하는 지방분권과 정책을 적극적으로 추진하면서 사회복지서비스 업무를 대폭 지방으로 이전하게 되었다. 점차 중앙에서 개별적으로 지원하던 지방정부에 대한 사회복지업무 보조금을 대상의 구분 없이 모두 합산하여 포괄적인 보조금 형태로 지원하는 방식으로 참여정부에 들어오면서 확대되었다.

2004년에 개정된 「사회복지사업법」은 지역사회복지체계를 구축하는 것을 주 목적으로 하고 있다. 이는 사회복지서비스의 지방이양사업과 포괄적 보조로의 전환과 함께 지방정부로 하여금 지역주민들의 복지욕구에 부응하는 서비스를 기획할 수 있는 기회를 제도적으로 보장한 것이라고 할 수 있겠다. 중앙집권적인 사회복지서비스 공급체계를 지방분권적인 사회복지서비스 공급체계로 변화시키고, 지역사회복지체계를 통하여 민관의 협력체계와 네트워크를 강화하는 동시에 지역사회 내에서 민관협력과 통합적인 서비스 네트워크를 이끌어 내는 거버넌스 체계로서 가능할 것이 요구된다(백종만, 1994).

5) 사회복지서비스와 전달체계

사회복지는 사회보장제도를 통해 구체화된다. 사회보장제도는 출산, 양육, 실업, 노령, 장애, 질병, 빈곤 및 사망 등의 사회적 위험으로부터 모든 국민을 보호하고 국민 삶의 질을 향상시키는 데 필요한 소득·서비스를 보장하는 공공 부조, 사회 보험, 사회 서비스 등을 말한다.

공공 부조는 국가와 지방자치단체의 책임하에 생활을 유지할 능력이 없거나 생활이 어려운 국민의 최저 생활을 보장하고 자립을 지원하는 제도로, 국민기초생활보장 제도와 의료급여제도 및 기초연금제도가 있다. 국민기초생활보장제도는 생활이 어려운 자에게 필요한 급여를 제공하여 이들의 최저 생활을 보장하고 자활을 조성하는 것을 목적으로 하는 제도이고, 의료급여제도는 경제적으로 생활이 곤란하여 의료비용을 내기 어려운 국민을 대상으로 국가가 의료비용을 지급하는 제도이며, 기초연금제도는 65세 이상 노인 중 가구의 소득 인정액이 선정 기준(소득 하위 70%) 이하인 사람에게 매월 연금을 지급하는 제도이다.

공공 부조는 세금을 통해 재원을 마련하여 저소득층에게 무상으로 지원하기 때문에 부유층의 소득을 빈곤층에 재분배하는 효과가 뛰어나지만, 그 재원이 부족하면 수혜 계층이 제한되는 문제가 있다. 한편, 무상 지원의 원칙이 수혜자의 도덕적 해이를 가져와 근로 의욕을 떨어뜨리는 사례도 있다.

사회 서비스란 국가 및 지방자치단체나 민간 부문의 도움이 필요한 모든 국민에게 복지, 보건 의료, 교육, 고용, 주거, 문화, 환경 등의 분야에서 인간다운 생활을 보장하고 상담, 재활, 돌봄, 정보의 제공, 관련 시설의 이용, 역량 개발, 사회 참여 지원 등을 통하여 국민의 삶의 질이 향상되도록 지원하는 제도를 말한다. 국가와 지방자치단체는 모든 국민의 인간다운 생활과 자립, 사회 참여, 자아실현 등을 지원하여 삶의 질이 향상될 수 있도록 사회 서비스에 관한 시책을 마련하여야 한다.

사회 서비스는 금전적인 지원보다 자활의 능력을 심어 주는 데 주력하므로 생활의 불안을 실질적으로 해결해 줄 수 있다는 장점이 있다. 그러나 소득 재분배 효과가 별로 크지 않고, 사회 보험 또는 공공 부조와 동시에 이루어질 때에만 효과를 볼 수 있어 보조적 사회 보장에 그친다는 지적을 받기도 한다.

그동안 우리 경제는 세계 금융위기로 국내 경제침체를 겪으며, 청년실업 증가와 빈곤층의 양산을 가져왔다. 또한, OECD 국가 중 낮은 출산율과 노인인구의 증가로 인한 고령화는 영, 유아 보육비, 노인요양비에 엄청난 증가를 가져왔다. 이처럼 복지서비스와 복지예산은 날로 증가하고 있음에도 불구하고, 복지수혜의 중복 및 누락이 발생하고 국민들이 느끼는 사회복지서비스 체감만족도는 낮은 결과가 나타나고 있으므로 복지서비스 전달체계 개선책이 요구되고 있다.

중앙정부와 지방정부 각 부처별, 지방자치단체가 추진하는 사업들에 대해서 사회복지서비스전달체계상의 비효율성을 줄이고 보다 신속하고 전문적이며 체계적인 사회복지서비스 전달체계 개선방안을 살펴보면 다음과 같다.

첫째, 각 부처가 추진하는 복지사업 상호 간의 조정과 협력을 통하여 복지급여가 개별수요자의 다양한 욕구에 대응할 수 있도록 포괄적으로 설계되고, 상호 연계되어 통합적으로 제공되어야 한다.

둘째, 사회복지 대상자에 대한 사례관리를 강화하여야 한다.

셋째, 사회복지서비스 전달주체 간의 갈등의 원인이 되고 있는 지방자치단체의 과중한 재정부담을 경감시키기 위한 지방이양사업과 국고보조사업에 대한 재원을 확대하여야 한다.

넷째, 사회복지서비스 전달체계에 있어 민간 부문의 특성화와 협력강화가 필요하다. 사회복지는 지방단체만으로 이루어질 수 없으므로 공공부문의 부족한 면을 민간부문이 보완해 주고 지원해 주는 상호협력 체제를 이루어 나가야 한다.

결국, 사회복지서비스 전달체계 개선의 궁극적인 목적은 주어진 복지재정으로 수요자가 편리하고 적절하게 서비스를 제공받게 하는 것이므로 중앙차원의 통합관리 노력과 지방자치단체의 능동적인 현장중심의 복지수행 자세가 더욱 필요하다고 본다.

3

CHAPTER

빈곤의 정의와 측정

3 CHAPTER 빈곤의 정의와 측정

빈곤은 사회구성원 누구라도 인간답게 살 수 있는 살기 좋은 사회를 만들기 위해서 반드시 해결해야 할 문제이다. 그러나 저자는 개인이 빈곤에서 헤어나지 못하는 이유가 다양하겠지만 그들이 처한 환경이 가장 큰 영향을 미친다고 생각한다. 또한 많은 국가들이 고용정책 등 경제·교육·정치적 제도화를 시행했지만, 그것이 지니는 장기적 효과가 명확하게 어떠한지 드러나는 부문에 대해 의문시되면서 결국 정치·경제적 수준보다는 문화적 수준과 더 밀접한 관련을 갖는 것이 아닌가 하는 문제의식을 갖게 되었다. 특히 최근 과학의 발달이 사회과학에도 영향을 주면서 인지과학이 발달하고, 이에 따라 인간의 가치에 개입하며 인간의 사고를 이해하고, 나아가 이를 변형할 수 있는 가능성이 높아지면서 문화적 수준에 대한 새로운 부상이 이루어지고 있다.

전통적으로 빈곤 연구는 경제적 지원과 원조가 중요했다. 그러나 이는 빈곤의 중요한 문제인 빈곤의 순환, 즉 빈곤의 덫에 빠지는 논리를 설명하기 어렵다. 복지로 경제적 지원이 이루어지더라도 다시 수혜자가 빈곤에서 벗어나는 것이 아닌 빈곤에 안주하는 경향도 생긴다.

인간이 빈곤에 대해 가지는 인식은 빈곤을 경험하는 개개인이 처한 환경과 시각에 따라 달라질 수 있다. 즉, 개인이 자신의 삶에 만족하고 있다면 아무리 남들이 자신의 삶을 동정한다고 한들 그것을 받아들이는 그들에게는 빈곤이라는 인식을 가지고 있지 않기 때문이다. 이처럼 개개인이 가지고 경험한 삶 속에서 경험한 문화는 사람들이 빈곤을 이해하고 경험하는 방식을 만들어 낸다.

정리하면, 일반적으로 빈곤이란 사람들의 기본적인 욕구가 충족되지 않아 부족함을 느끼는 상태를 일컫는 용어로 정의되고 있으며, 본 장에서는 크게 경제적 소득 측면에 따른 절대적 빈곤과 상대적 결핍감에 따른 상대적 빈곤으로 구분한다(박형선, 2008).

1 빈곤의 개념 정의와 쟁점

1) 빈곤의 정의

빈곤에 대해 정의를 내린다는 것은 그리 쉬운 일이 아니다. 그 이유는 빈곤 개념은 사회 문화 환경이나 경제발전 단계에 따라 달라지기 때문이다. 한국에서의 빈곤에 대한 개념규정의 전환과정을 살펴보면, 1960년부터 1980년에 걸쳐 경제성장기의 빈곤은 주로 국민 다수가 겪었던 물질재화의 부족에 의한 것으로서의 빈곤에 초점이 맞추어졌다.

빈곤은 인간이 인간다운 생활을 유지하는 일정한 수준 이하의 생활을 하는 것을 의미한다. 빈곤이라는 개념은 고차 수준의 것으로, 여러 이론에서 추출된 여러 개의 하위 수준 개념들로 표현된다. 추상적 개념은 하위 수준의 개념들을 이용한 조작화를 통해서만 측정될 수 있기 때문이다. 그래서 빈곤은 일반적으로 '자원 부족', '열악한 생활 상태', '빈곤에 대한 주관적인 느낌'을 조작화함으로써 측정되곤 하였다(이현주 · 정은희 · 이병희 · 주영선, 2012).

최근에는 빈곤을 단순히 물질적 욕구를 충족할 수 있는 최소한의 소득수준에 도달하지 못한 상태로만 보는 시각에서 벗어나 '삶을 영위하는 데 필요한 다양한 영역에서 불리한 조건에 처한 상태'로 더욱 넓게 해석하고 있다. 그 개념 중의 하나로서 설명하는 빈곤의 개념은 최저생계를 유지할 수 있는 수준에 미치지 못하는 소득의 결핍 현상 이상을 의미한다. 이 개념은 빈곤이 적절한 사회관계의 단절이나 교육과 같이 자기 발전을 꾀할 수 있는 기회의 박탈, 건강한 육체나 정신의 상실 등 수치화하기 어려운 여러 문제와 관련되기 때문이다(현외성 외, 2017).

또 다른 학자의 주장을 인용하면, 센(Sen, 1982; 1993)은 빈곤과 상대적 빈곤을 통합하여 개인의 삶의 구성부분인 존재기능소(functionings)와 가용능력(capability)에 초점을 맞추어 빈곤을 정의한다. 개인의 삶의 질에 의미를 갖는 존재기능소들은 재화나 소득 혹은 부 등과 같은 외부인 복지의 원천(source so f wellbeing)에서 출발하여 규정되는 것이 아니라 그것과는 독립으로 내부적인 복지의 실질 내용(nature of wellbeing)으로부터 구성된다. 센이 말하는 존재기능소는 질병이나 기타 사유로 인한 사망으로부터의 안전, 신체적으로 적절하게 영양공급이 되어 있는 상태, 사회 이동성을 갖는 것 등과 같이 아주 단순한 것도 있고 행복한 상태, 자기존중의 실현, 공동체 생활에의 참여, 남부끄럽지 않은 생활수준 등과 같이 차원이 다른 측면까지 포함하고 있다(정영숙, 2004).

2) 빈곤의 쟁점

우리 사회는 물질욕구가 어느 정도 충족되는 1990년 이후, 사회 빈곤이나 심리빈곤으로 인해 계층 간의 위화감과 박탈감이 심화될 뿐 아니라 상대적으로 삶의 질의 결핍감, 문화 재화에 대한 접근의 부족, 자아실현의 어려움 등과 같은 비물질인 결핍이 사회적 논점으로 대두되고 있다(김성천, 1997).

즉, 빈곤이란 개념을 구체적으로 정의내리고 이를 측정할 경우, 몇 가지 쟁점에 직면하게 되는데 그것은 빈곤의 정의(절대적 빈곤, 상대적 빈곤)와 빈곤의 분석 단위(가구,

개인) 그리고 측정하는 기준(소득, 지출) 등이다(Barr, 1988).

우리나라의 생애주기별 빈곤율을 살펴보면 빈곤율이 높은 연령은 65세 이상 고령층이다. 다음으로는 은퇴 연령인 50세 이상 중고령층의 빈곤율이 높은 것으로 나타난다. 이에 반해 아동 빈곤율은 상대적으로 낮으며, 65세 이상 고령층에 비해서는 빈곤의 심각성이 낮은 것으로 평가된다.

실제로 중위소득 50% 기준 아동 빈곤율을 보면 시장소득 기준으로 2013년 8.4%, 2014년 7.7%로 같은 기간 65세 이상 노인의 60.6%, 62.1%에 비해 매우 낮은 수준임을 알 수 있다(정은희 외, 2013). 따라서 현 정부의 주요 정책도 노인빈곤 완화를 위한 기초연금 급여 수준 인상이나 노인 일자리 확대 등과 같이 노인빈곤 완화를 위한 정책이 제안되고 있다(김태완 · 이주미, 2017).

우리가 살아가고 있는 사회가 인간의 기본 욕구를 충족시킴으로 인해 빈곤이 얼마간 해결되고 있다는 것을 고려한다면 이제는 사회구성원과의 비교에서 사람들이 경험하게 되는 상대적 빈곤이나 주관적 빈곤에 대한 논의가 이루어져야 한다.

빈곤한 사람은 소득, 주거, 의료 등에 대한 접근 기회가 차단되거나 크게 제약을 받아 인간으로서의 존엄을 지키기 힘들어 한다(성열관 · 김정숙, 2015). 이에 빈곤은 '부족함(Scarcity)'으로 개인에게 비효율적인 의사 결정과 해로운 행동을 초래하게 된다. 또한 가난한 사람들은 빈곤이 가져오는 심리적 스트레스로 인해 빈곤을 퇴치하는 프로그램이나 정책에 참여하고 이를 수행하는 것에 어려움을 느낀다. 이에 빈곤문제를 이해하려면 빈곤한 생활을 하고 있는 대상자들의 부족함의 심리를 이해하고, 이에 맞는 자극을 주는 것이 필요하다.

특히 개인이 지닌 주의력(attention)과 같은 인지적 자원들은 그 능력이 한정적이다. 따라서 빈곤과 같이 인지적 자원이 필요한 상황에 처한 경우 활용 가능한 자원이 줄어들면서 올바른 의사결정이나 일을 수행하는 능력에 방해를 받는다. 예를 들면, 사람들은 한 번에 많은 일을 수행하지 못하며, 제한된 만큼의 일만 동시에 할 수 있는 것이 이러한 현상을 증명한다.

가난해서 집안 갈등이나 돈에 대한 걱정을 하면 자연스럽게 직장에서 자신의 일에 집중하지 못하는 것이 바로 개인의 주의력이 모두 소진되어 일어나는 현상이다. 가난한 사람들은 이렇듯 주의력 소진으로 많은 자극을 주었을 경우 이를 수용하기 어려운 환경에 처한다. 그러므로 이들의 행동을 변화시키려면 인지부하가 걸리는 큰 자극보다는 작은 자극을 통한 행동변화가 필요하다.

현재까지 빈곤의 개념에 대해 모든 사람이 합의적으로 일치된 개념으로 정리된 정의는 내리기 쉽지 않았다. 왜냐하면 빈곤의 개념은 각 나라별 경제적, 사회적 문화의 차이로 다르게 이해되기 때문이다. 빈곤은 개개인의 가치 판단에 의해 내려지는 개념이므로 빈곤의 상태를 확인하고 문제를 해결하기 위한 방향과 방법설정에도 개개인의 가치 판단이 포함되어 있다(양정하 외, 2008). 그렇기 때문에 어떤 나라 어떤 사람들의 기준으로 보면 분명 빈곤하다고 생각되는 사람들도 어떤 나라 어떤 사람들에겐 빈곤으로 생각되지 않는 평범한 일상이 되기도 하는 것이다.

빈곤은 '기초적인 욕구가 충족되지 않은 박탈(deprivation) 상태'를 의미한다. 즉, 빈곤은 '기초적인 욕구'의 범위에 따라 다양하게 정의될 수 있지만, 객관적인 측정의 어려움 때문에 학술적 · 정책적 연구에서는 일반적으로 '경제적 자원에 대한 욕구가 충족되지 못하고 박탈당한 상태'라고 정의한다. 전술한 빈곤 개념을 사용한다고 하더라도 '경제적 자원이 어느 수준 이하인 경우를 빈곤으로 정의할 것인가'라는 문제가 남는다. 이와 관련하여 다양한 견해가 도출되고 있는 데 크게 두 가지 견해로 대별된다. 일반적으로 빈곤이란 사람들의 기본적인 욕구가 충족되지 않아 부족함을 느끼는 상태를 일컫는 용어로 정의되고 있으며, 첫째, 빈곤을 필수적인 생존 차원에서 정의할 것인가, 아니면 각각의 사회에서 느끼는 상대적 박탈감에 의해 정의할 것인가에 따라 크게 경제적 소득 측면에 따른 절대적 빈곤과 상대적 결핍감에 따른 상대적 빈곤으로 구분된다(박형선, 2008).

둘째, 개개인이 처한 상황에 대한 주관적인 판단에 기초할 것인가 아니면 객관적인 기준에 기초할 것인가에 따라 현대사회에 이르러서는 절대적 빈곤과 상대적 빈곤과 더불어 사회 · 문화 측면에서의 결핍, 박탈감 등도 포함하는 주관적 빈곤 개념으로 구분되어 설명되기도 한다(박혜영, 2012).

빈곤은 자본주의 생산체계가 구조적으로 발생시킨 사회문제 중 하나로써, 대다수 자본주의 국가는 빈곤에 대응하기 위해 공공부조를 제도화했다. 즉, 공공부조제도는 전근대에서 자본주의 체제 전환 이후 거대하게 발생된 빈곤이 개인의 귀책사유가 아닌 사회 구조적 원인으로부터 기인됐다는 점에서 빈곤에 대한 국가 책임을 제도화한 것이다.

김태성, 손병돈(2016)과 여유진 등(2012)은 이상의 빈곤 개념의 쟁점들을 종합하여 세 가지 빈곤의 개념적 형태를 도출했다. 그것은, 첫째, 빈곤은 객관적으로 정의한 최소보다 적게 가지는 것, 둘째, 빈곤은 사회의 다른 사람들보다 상대적으로 적게 가지는 것, 셋째, 빈곤은 자신이 충분히 가지고 있지 않다고 느끼는 것이다. 이 세 가지 형태들은 각각 절대적 빈곤(absolute poverty), 상대적 빈곤(relative poverty), 주관적 빈곤(subjective poverty)으로 개념화되고 측정된다. 이 세 가지 개념은 빈곤 해소를 위한 정책적 노력에서 가장 널리 활용되는 빈곤의 정의이다(김윤태 · 서재욱, 2013). 기억해야 할 것은 이 세 가지 개념은 '욕구 충족'의 수준에 있어서는 각각 상이한 기준을 제시하지만, '어떤 욕구'인지에 대한 질문에 있어서는 물질적 욕구를 바탕으로 한다는 점이다.

2 빈곤의 구분

1) 절대적 빈곤

빈곤은 인간의 생물학 생존을 유지하는 데 필요한 최소한의 물적 자원이 부족할 뿐 아니라 교육 문화 측면에서 기본적 욕구 충족이 결핍되어 있는 상태를 말한다. 빈곤은 물적 자원의 결핍을 의미하기도 하지만 교육의 기회, 의료의 기회, 사회 이동의 기회

등과 같이 가치분배 과정에서 발생하는 불평등을 포함하는 동시에 개인의 성취동기, 열망, 자아실현 등의 심리 차원과 관련된 박탈과 문화 가치로부터의 소외 등을 포함하는 개념이다. 따라서 빈곤은 특성과 주안점에 따라 절대적 빈곤과 상대적 빈곤으로 구분할 수 있다.

절대적 빈곤(Absolute Poverty)은 탈빈곤이 권리로서 보장되는 역사적 과정에서 정립되었고, 현재도 어떤 경우를 막론하고 보장되어야 할 최저생활의 수준을 정의하는 데 자주 적용된다. 또한, 최저생활과 기본적 욕구의 충족 여부를 빈곤의 기준으로 삼으며, '기초적 생필품들을 충족할 수 있는 고정된 수준의 재화가 불충분한 상태' 또는 '위생적인 음식과 물, 보건서비스, 교육서비스 등 기초적인 필요가 결여된 상태'로 정의된다(현외성 외, 2017).

고전적 개념으로 기본적 생존에 필요한 의식주 기타 생활에 필요한 자원이 결핍된 상태나 조건을 말한다. 절대적 빈곤 상태를 결정하는 기준인 빈곤선은 사람의 욕구에 따른 생활필수품이나 음식을 구입하는 데 소비되는 소득을 설정하여 빈곤을 측정하는 선으로 사용하고 있다. 이러한 빈곤선을 설정하여 개인이나 가구소득이 빈곤선 이하인 사람들을 절대 빈곤층이라고 한다(박능후, 2014).

다른 주장으로 절대적 빈곤은 절대적인 최소기준 이하를 상대빈곤은 속해 있는 사회에서 대부분의 타인들 이하의 삶으로(Lauer, 1998), 소득은 낮고, 최소한의 생활수준이 유지되기 어려운 상황으로 정의했다(De Beer & Swanepoel, 2002).

또한, 절대적 빈곤은 모든 인간이 빈곤으로부터 자유로울 권리를 확립하기 위한 수백 년간의 역사 과정에서 확립되었고, 중요한 이론적 의미를 제공하여 빈곤을 자연적 결과가 아니라 사회적 차원으로 정의했다(현외성 외, 2017).

그러나 절대적 빈곤은 최저생활과 기본욕구를 충족할 수 있는 국민최저수준 (national minimum)을 객관적인 조사를 통해 설정하고 보장한다는 측면에서 큰 의미가 있지만(김윤태 · 서재욱, 2013), 최저생활과 기본적 욕구를 규정하는 사람이 누구인지에 따라 자의적이라는 점, 국민최저수준이 실제 국민들이 체감하기에 불충분할 수 있다는 점, 빈곤선이 사회와 시대의 변화에 둔감하다는 점 등의 비판들이 제기된다.

또한, 절대적 빈곤은 최저생활을 유지할 수 없는 수준으로 최소한의 신체적 효율성을 유지하는 데 필요한 의, 식, 주를 가지지 못한 수준을 의미하며, 이에 엥겔지수가 빈곤선 측정에 활용된다. 이와 같은 빈곤선 결정의 방식으로는 최소의 필요한 영양식품 비만으로 계측되기 때문에 빈곤선이 매우 낮게 설정되고, 빈곤 규정의 탄력성을 잃게 된다. 또한 식품비와 엥겔지수만이 고려되기 때문에 식품비 이외의 기준을 찾는 데 문제가 발생할 뿐만 아니라 이로 인해 빈곤의 충분한 상태를 반영하는 것이 구조적으로 불가능하다.

라운트리(Rowntree)는 빈곤을 정도에 따라 1차 빈곤(primarypoverty)과 2차 빈곤(seconda rypoverty)으로 구분한다. 1차 빈곤은 신체 능력을 유지하기 위한 최소한의 생필품도 구입할 수 없을 정도로 소득이 부족한 생존상태를 말하는 데 비해 2차 빈곤은 주어진 소득으로 여가활동이나 음주 등과 같은 곳에 돈을 소비하지 않는 한 빈곤선 이상의 생활을 할 수 있는 상태를 말한다. 이 두 종류의 빈곤에서 1차 빈곤을 구성하는 필수품은 육체 건강을 유지할 수 있는 최소한의 식품과 의류, 주거, 난방만이 포함되고 사치품은 포함되지 않는다. 그러나 라운트리 방식은 근본으로 몇 가지 문제들을 지니고 있다. 예를 들면, 식비의 경우 필요한 영양소를 계산할 때 성별, 연령, 가족구성, 직업 등을 고려하지 않는다든가 최소한의 필수 영양소의 개념이 실제 빈곤층이 구입해서 소비하는 식품과 거리가 있고, 기본적인 필요와 욕구를 충족시키는 재화가 시대나 사회적 관습에 따라서 다르다는 것이다(정영숙, 2004). 결국, 이러한 빈곤이 가지는 어려운 점을 이해하고, 빈곤층의 실제 소비패턴을 분석하여 그 결과를 토대로 소득층의 최소한의 식비지출비율인 배수(倍數)를 구하여 빈곤선과 최저생계비를 추정하는 방안도 고려해 볼 필요가 있다.

2) 상대적 빈곤

상대적 빈곤은 사회 내 전체 구성원과의 비교에 기초하여 빈곤 여부를 판단하는 방법이다(김교성 외, 2008). 상대적 빈곤의 개념은 최저생활에 대한 합의가 절대적이지 않고 사회에 따라 달라지며, 빈곤은 사회 안에서 상대적으로 주변화되는 현상이라는 타운센트(Townsend, 1979)의 비판이 제기되면서 발전하기 시작했다(김윤태 · 서재욱, 2013).

상대적 빈곤의 개념은 단지 빈곤선의 위치가 아니라 빈곤의 기준이 되는 요소에 대한 근본적인 비판으로부터 제기되었으며, 빈곤의 기준인 최저생활과 기본적 욕구가 객관적이고 타당한지를 비판하고 있다. 상대적 빈곤은 생존 개념을 넘어 사회 내 전체 구성원과 비교하여 빈곤 여부를 규정하는 것으로, 사회 내의 다른 사람들보다 덜 가진 것으로 보는 경우이다(황청일, 1997).

빈곤은 한 사회의 경제 · 사회 · 문화적 수준과 관련 있으며(Iceland, 2005), 전체 구성원의 복지 혹은 소득수준에 비추어 봤을 때 상대적으로 어떠한 수준의 복지와 소득수준을 누리고 있는지에 따라 빈곤 혹은 비빈곤을 규정한다. 이러한 상대적 빈곤 개념에 기초한 빈곤선의 설정은 보편적으로 중위소득(혹은 평균소득)의 40% 혹은 50% 혹은 60%를 기준으로 하고 있다(김태완 외, 2017).

상대적 빈곤 개념의 경우 빈곤을 사회적 · 시대적 수준과 밀접하게 연관시켜, 최저생활을 넘어 사회적으로 통용되는 수준까지의 보장을 제공한다는 점에서 의미가 있지만, 여전히 빈곤선을 설정하는 방법에서 불가피하게 전문가의 자의적 판단이 개입된다는 한계와 상대적 빈곤 개념에 기초해 판별된 빈곤층을 실제로 빈곤하다고 할 수 있는지에 대한 비판이 제기된다.

상대적 빈곤(Relative Poverty)은 개인의 생활 충족을 위한 기본 욕구 충족에만 초점을 두기보다는 개인의 생활전반에 있어 사회적 평균 또는 일반적으로 타인과 비교했을 때 일정수준 상대방보다 부족하게 갖고 있는 상태를 말한다. 즉, 상대적 빈곤은 기본 욕구 충족을 위한 물질 충족을 넘어 교육, 문화, 소득 등의 다각적 측면에서 부족한 상태를 의미하는 것이다. 이는 생물학적이나 영향학적인 욕구충족을 넘어 사회구성원으로서 관계하고 활동하는 것에 초점을 두어야 한다는 생각을 바탕으로 하고 있다(양정하 외, 2008).

상대적 빈곤은 절대적 빈곤보다는 개인과 사회의 특성을 반영하는 보다 선진국형의 빈곤상태를 반영하는 개념이라고 할 수 있는 데, 일반적으로 상대적 빈곤을 측정하는 방식은 평균 혹은 소득이나 소득분배상 일정비율 이하로 빈곤 가구를 설정한다(김경하, 2011).

빈곤에 대한 상대적 개념은 사회 내 다른 구성원에 비해 상대적인 결핍상태에 있을 때 빈곤으로 규정하는 것이다. 현대에 들어 상대적 빈곤의 개념에 입각한 연구를 진척시킨 사람은 타운센트(1962)로서 '개인이나 가족의 자원이 그들이 살고 있는 사회에서 평균적 개인이나 가족의 자원보다 현저히 미달한 경우'를 빈곤으로 정의하였다. 즉,

그 사회의 평균소득 수준과 비교하여 상대적으로 소득이 낮은 계층을 빈곤층이라 정의함으로써 빈곤을 불평등이라는 관점에서 파악하였다. 그의 기준에 의하면 가계소득 수준이 평균소득의 50% 이하일 때는 극빈층, 80% 이하일 경우에는 빈곤층으로 정의하였다. 또한, '빈곤을 주장하는 사람들의 최소한의 생리 혹은 생존 필요라는 개념은 현대의 경제생활 속에서는 더 이상 타당성이 없는 개념'이라고 보고 그것보다는 사회적 필요나 심리적 필요가 더 중요한 역할을 한다고 간주한다(정영숙, 2004).

상대적 빈곤은 빈민의 욕구가 시기별 지역별 가족 구성별 계층별로 다양하기 때문에 사회적 불평등의 맥락에 입각한 '상대적 박탈(relative deprivation)' 개념으로 빈곤선을 파악한다. 이에 중위소득 또는 평균 소득이 빈곤선의 기준으로 설정된다.

타운센트의 정의에서 주목해야 할 부분은 사회참여이다. 결국 빈곤의 핵심은 '상대적 박탈'이며 이러한 상대적 박탈이 사회 안에서의 역할을 제한하고, 정치활동에의 참여, 관습적인 행동에서의 배제를 촉발하기 때문이다(Townsend, 1993). 따라서 상대적 빈곤은 필수품을 얻기 위한 경제적인 자원이 부족해서가 아니라 부족하다고 느끼는 상태를 말한다. 상대적 빈곤층은 일반적으로 생활이나 건강이 즉시 나빠질 정도로 빈곤하지는 않지만 그 사회의 대다수 사람들, 관습적인 생활을 영유하는 사람들에 비해 빈곤하여 기타의 사회경제적인 빈곤징후를 보이게 되는 상태를 의미한다.

또한, 상대적 빈곤의 개념은 단지 빈곤선의 위치가 아니라 빈곤의 기준이 되는 요소에 대한 근본적인 비판으로부터 제기되었으며, 빈곤의 기준인 최저생활과 기본적 욕구가 객관적이고 타당한지를 비판하면서 생존 개념을 넘어서 사회 내 전체 구성원과 비교하여 빈곤 여부를 규정하는 것으로, 사회 내의 다른 사람들보다 덜 가진 것으로 보는 경우이다(황청일, 1997).

그러나 문제는 상대적 빈곤은 구체적인 빈곤선을 결정하기가 어렵다는 것이다. 그 이유는 그 수준의 어느 정도를 빈곤선으로 정하느냐 하는 것이 인위적일 수밖에 없기 때문이다. 따라서 사람들이 느끼는 물질적 행복은 소득수준에 의존하지만, 다른 사람들과 비교한 상대적인 지위에 따라서도 크게 달라지므로 상대적 빈곤은 삶의 질에 중요한 영향을 미치는 요인이다(현외성 외, 2017).

어떤 사람이 자신은 삶의 질에서 박탈당하였다는 생각을 가지고 있다고 한다면, 상대적 박탈의 개념, 빈곤개념에 기초한 정책적 함의와 빈곤정책도 달라져야 할 것이다. 빈곤은 상대적 박탈에 의해서만 객관적으로 정의될 수 있고 일관되게 적용될 수 있다. 여기서 박탈은 빈곤에 직접적인 관련이 있다기보다 경험하는 생활상태의 수준에 관련된 개념이고 빈곤은 자원의 수준과 밀접하게 연관된 개념이다.

가족이 속한 사회에서 경험하는 생활수준이 국민 전체 또는 주거 집단과 비교해 볼 때 어떠한지를 알아보는 데 주안점을 두고 상대적 박탈을 객관적 박탈과 주관적 박탈로 구분하여 빈곤가구별로 측정되어질 수 있다. 객관적 박탈지표에는 의, 식, 주, 가구집기, 교육, 교통, 통신, 건강관리, 여가 문화생활 등이 포함되는데 비해, 주관적 박탈지표는 거주지역 및 위치, 과거와 비교한 현재의 생활수준 등으로 구성된다. 이러한 상대적 박탈을 토대로 한 지표의 범위와 항목은 선정하기가 쉽지 않고 이들 항목을 공통적인 단위로 분류·통합하기도 어려워 단순한 빈곤지수를 측정해 내는 데 많은 어려움이 있다. 또한 접근 방법이 주관적이기 때문에 현실적으로 복합지수로서의 상대적 빈곤선이나 빈곤지수로 사용하고 있지 못하다.

자원이 평균 수준 이하로 감소하면 일반적인 생활양식에의 참여가 현격히 떨어지는 자원경계선(thresholdofresources)이 생기는데 이 경계선 이하를 박탈상태라고 주장한다. 따라서 상대적 박탈은 상대적 빈곤의 개념인 자원부족뿐 아니라 자원부족에 원인을 둔 의, 식, 주, 가구집기, 환경과 거주지 등의 물질 박탈과 취업할 권리, 가족활동, 지역사회에의 통합, 사회기관에의 공식 참가, 여가, 교육 등의 사회 박탈로 구분할 수 있다. 빈곤의 구성개념은 소득, 자산, 소비이며, 박탈의 개념은 빈곤개념뿐 아니라 사회 문화 생활양식에의 참여가 포함된다(정영숙, 2004).

상대적 빈곤을 언급할 때, 상대적 빈곤율을 함께 고려해야 하는데, 소득불평등 지표로 지니계수뿐만 아니라 소득 5분위 배율이나 상대적 빈곤율도 자주 사용된다. 상대적 빈곤율은 중위소득의 50% 이하에 해당하는 가구의 비율을 말하는데, 이는 곧 빈곤가구의 규모를 나타낸다.

통계청 「가계금융복지조사」 자료로 계산한 상대적 빈곤율은 2019년 16.3%로 지난

2011년의 18.6%에서 크게 개선되지 않고 있다. OECD 자료로 보면, 2018년 기준 한국의 상대적 빈곤율(16.7%)은 미국(17.8%)에 비해 낮지만 영국(11.7%), 독일(10.4%), 프랑스(8.5%) 등에 비해서는 높다.

3) 주관적 빈곤

사회정책의 핵심 연구 분야라 할 수 있는 빈곤연구에서도 주관적 지표를 활용한 빈곤의 개념화와 측정이 1970년대부터 일련의 학자들에 의해 이루어졌다(Kilpatrick, 1974; Goedhart, Halberstadt, Kapteyn, & Van Praag, 1977; Van Praag, Goedhart, & Kapteyn, 1980). 주관적 빈곤의 기본적인 개념은 '개인 자신이 느끼고 인식하는 빈곤의 정도나 상태에 대한 정보를 기반으로 빈곤 여부를 판별'하는 것이다.

주관적 빈곤을 개념화하고 측정방법을 발전시킨 학자들의 기본적인 주장은 빈곤은 느낌(feeling)이며 생활상황에 대한 만족도나 최저소득에 대한 질문을 통해 관찰할 수 있다는 것이다(Van Praag & Ferrer-i-Carbonell, 2008).

1970년대에 등장한 이 '대안적 접근'은 기존에 통용되던, 그리고 지금도 가장 널리 사용되고 있는 절대적 · 상대적 빈곤 등의 객관적 빈곤과 비교했을 때 여러 장점을 가진다. 주관적 빈곤 개념의 규범적 · 실질적 유용성은 다음과 같다. 첫째, 비교적 간단한 절차와 적은 양의 데이터로 측정 가능하기 때문에 간편성이 보장되며(Gustafsson et al., 2004). 둘째, 빈곤은 느낌이기 때문에 심리적 요인에 주목할 필요가 있는 데(Van Praag & Ferrer-i-Carbonell, 2008), 주관적 빈곤은 개인의 생활수준에 대한 느낌을 반영하고, 셋째, 객관적 방식은 전문가들의 편향된 가치판단과 자의성의 개입으로 인해 측정의 정확성이 훼손될 가능성이 있지만, 주관적 방식은 이러한 오류로부터 자유롭기 때문에 덜 불완전한(less imperfect) 측정 방식이라 할 수 있다(Kingdon & Knight, 2006). 마지막으로, 자신의 상황에 대한 평가를 스스로 내리는 주관적 빈곤의 개념이 다른 객관적 방식보다 민주적이다(Gustafsson, Shi, & Sato, 2004).

주관적 빈곤은 객관적인 접근법이 제공할 수 없는 정보들을 제공한다(Ravallion, 2012). 주관적 빈곤은 빈곤 여부를 가장 잘 판단할 수 있는 사람은 자기 자신이라는 전제에서 출발하며, 생존에 필요한 기준을 스스로 설정하고 이를 통해 빈곤을 규명한다(김교성 외, 2008).

주관적 빈곤은 다양한 욕구에 대한 인정의 의미를 내포한다. 단일한 객관적인 빈곤선은 다양한 욕구를 포착하기에 과도하게 획일적이지만, 주관적 빈곤의 개념은 개인의 빈곤선 혹은 최저수준을 스스로 설정하는 것이기 때문에 개인이 가진 다양한 욕구와 특성이 고려된다. 빈곤은 하나의 정의가 아니라 다양한 정의가 존재할 수 있어야 하며, 이때 빈곤(poverty)은 빈곤들(poverties)로 전환된다(김교성 · 노혜진, 2011).

다른 측면에서 주관적 빈곤의 개념을 살펴보면, 다른 객관적 방식보다 민주적이라 할 수 있다(Gustafsson et al., 2004). 자신의 상황에 대한 평가를 스스로 내리기 때문에 빈곤 여부를 판단하는 기준이 관료나 전문가에게 있는 객관적 측정 방식의 가부장적 속성으로부터도 자유롭다(Van Praag & Ferrer-i-Carbonell, 2008).

민주주의 사회에서 모든 국민에게 동등한 정치적 권리와 기본적인 인권이 보장되듯, 주관적 빈곤 개념은 일반 국민도 사회적으로 용인돼선 안 되는 빈곤의 정도에 대한 의견을 제시할 수 있어야 하며 빈곤층도 자신이 필요로 하는 자원과 보장의 정도를 주장할 수 있어야 한다는 이념을 내재하고 있다(김윤태 · 서재욱, 2013). 둘째, 주관적 빈곤 개념이 빈곤의 본질과 보다 가까운 개념일 수 있다. 빈곤은 느낌(feeling)이며 그렇기 때문에 심리적 요인들에 주목할 필요가 있는 것이다(Van Praag & Ferrer-i-Carbonell, 2008). 빈곤이란 사람들의 욕구충족에 관한 것이므로 빈곤을 판별함에 있어 개인의 생활수준에 대한 느낌이 매우 중요할 수밖에 없다(이윤정, 2017). 주관적인 측정은 개인이나 가계가 최종적으로 누리는 심리적 만족 그 자체에 접근하는 것이므로, 객관적 측정보다 빈곤의 본질적인 측면인 느낌(빈곤감)을 포착하는 데 적합하다고 볼 수 있다. 셋째는 측정의 정확성과 관련한 부분이다. 빈곤을 정의하고 측정하려는 시도는 무엇이 결핍이 있는 삶이고 그렇지 않은 삶인지에 대한 가치 판단을 내포한다. 객관적 접근법의 경우 그것이 절대적 방식이든 상대적 방식이든 빈곤과 비빈곤의 기준은 전문가들에 의해 결정된다. 전문가들에 의해 결정되는 빈곤과 비빈곤의 기준은 두 가지 측면에 있어 측정의 정확성을 훼손한다. 하나는, 대부분의 전문가들은 빈곤을 경험하지 않았기 때문에 그들의 빈곤에 대한 가치판단(인식)은 심각하게 편향되어 있을 수 있다(Goedhart et al., 1977). 다른 하나는 빈곤과 비빈곤을 구분하는 전문가들의 기준 자체가 자의적일 수 있다(김윤태 · 서재욱, 2013).

주관적 빈곤은 과학적이고 객관적 기준으로 빈곤선을 설정하는 것이 아닌 사람들이 빈곤으로 간주되는 수준에서 결정되는 것이다. 이는 사회적 현실을 반영하는 방법으로, 여론조사로 최소 비용을 설문하여 평균을 산출하는 방법과 주관적 판단으로 최소 소득과 실제 소득과의 통계분석을 통해 빈곤선을 측정하는 방법이 있다(이소희 외, 2011).

절대적 빈곤은 빈곤선 설정에 포함되는 품목의 선정 등에 있어 자의성이 발생할 여지가 있다는 점에서, 상대적 빈곤의 경우에는 중위소득 혹은 평균소득의 몇 % 수준이라는 기준을 설정하는 데 있어 자의성이 존재한다는 것이다. 이에 따라 자의성을 해소할 수 있는 빈곤개념으로 주관적 빈곤개념을 제안하고 있다. 주관적 빈곤은 사회구성원 스스로가 빈곤선이라고 느끼는 소득 혹은 소비 수준 이하를 빈곤으로 규정하는 것이다. 주관적 빈곤개념은 실제 적용 시 일관된 결과를 얻기 어렵다는 문제점을 갖고 있다. 질문의 내용이나 방법에 따라 대답이 달라질 수 있다. 뿐만 아니라, 조사에 응한 모든 응답자가 '최소한의 생계비', '빈곤선' 등에 대해 객관적이고 동일한 개념을 갖고 있어야 하는데 그렇지 않다는 문제점을 갖고 있다.

빈곤한 상태에서는 소득이나 재화의 양이 절대적으로 필요하므로 중요성을 갖는다. 그러나 생존 수준 이상이 되면 양은 그것이 삶의 질에 기여하는 한도 내에서만 사람들에게 의미를 가진다. 이렇게 본다면 필요욕구를 충족시키는 수단도 삶의 질과 관련시킬 때에는 그 양적 수준에 따라 상이한 가치가 주어져야 한다. 따라서 기초적 필요욕구를 다룰 때에는 수단적인 소득 서비스와 같은 양적인 측면을 규정해야 한다. 사실은 기초적 필요욕구뿐만 아니라 거의 모든 필요욕구가 그 실현을 위해서는 외부 수단이 필요하다. 따라서 양자는 반드시 함께 거론되어야 한다. 사회구성원이 주관적으로 생각하는 빈곤선이나 빈곤층 자신이 생각하는 주관적 빈곤선을 조사하여 상대적 빈곤선, 더 나아가서 절대적 빈곤선을 정할 수 있다(정영숙, 2004).

결론적으로 주관적 빈곤의 개념은 시민의 체감을 직접적으로 포착하고 고려한다는 의미를 가지며, 단일한 '빈곤선'이 주는 획일성이 아닌 여러 고유한 '빈곤선들'의 설정으로 인해 다양한 욕구에 대한 인정을 내재하는 개념이다. 본 연구를 통해 객관적 방식에 의한 빈곤의 측정과 더불어 주관적 방식에 의한 빈곤의 측정 결과도 보조적이며 보완적인 수단으로 활용되어지길 기대한다(구정진, 2019).

4) 사회적 배제

(1) 사회적 배제의 정의

1980년대 후반까지 빈곤에 대한 연구 특히, 유럽 내 국가 간 연구가 일반적이었으며 이것은 유럽연합 내의 전체적 빈곤율을 판단하는 기초가 되었다(홍석표, 2009). 사회적 배제라는 용어는 복지권에 접근할 수 없는 개인들을 언급하기 위해 1970년대 프랑스에서 최초로 사용되었으며 1990년대 유럽공동체 내에 있는 국가들이 경험하는 사회적 불평등에 대한 이해를 위한 분석적 개념으로써 그리고 일련의 반빈곤 전략을 위한 약칭으로서 효율적으로 사용되기 시작하였고(Arthurson & Jacobs, 2009), 사회정책의 유럽화의 결과로 점점 그 사용이 증가되어 왔다(Levitas, 1996). 그러나 이 용어에 붙여진 의미 속에, 배제된 것으로 간주되어지는 사회적 집단 속에, 사회적 정치적 문제로서 사회적 배제의 구성(construction) 속에, 그리고 그 문제를 이해하고 설명하기 위한 정치적 학술적 접근 속에는 상당한 차이들이 존재한다(Somerville, 1998). 그래서 사회적 배제는 사회보험 밖으로 떨어진 사람들 혹은 제한된 시민권을 가진 사람들을 지칭하는 데 사용되기도 하고, 빈곤을 영구적이거나 반영구적인 상태로 유지시키는 과정으로 표현되기도 한다(Lee & Murie, 1998).

일반적으로 널리 퍼져 있는 사회적 배제의 의미는 두 가지가 있는 데, 첫 번째는 선진자본주의 국가의 노동시장으로부터의 배제와 관련되어 있고 나머지 하나는 특정 사회집단의 사회적 시민권 지위의 부정과 관련되어 있다. 이 두 가지 의미 각각은 더 많은 설명을 필요로 하는데, 첫 번째 의미는 노동의 사회적 분배(division)와 관련이 있고 두 번째 의미는 복지의 사회적 분배와 관련이 있다(Titmuss, 1958, Somerville, 1998 재인용).

윌리엄스(Williams, 2001)는 개인 혹은 집단이 한 개인을 무시하거나 배척하는 행동들이 배제이며, 작업장, 학교 등 우리의 일상생활 장면에서 어떠한 형태로든 잠재되어 있다고 주장하였다. 이러한 사회적 배제에 사람들은 매우 민감하게 반응하게 되는데 사회적 배제 상황에서 친밀감, 사회적 상황에 대한 통제감, 자존감, 의미 있는 존재로 인식하고자 하는 인간의 네 가지 기본 욕구를 위협받기 때문이다(Williams, 2002).

사회적 배제를 경험한 개인은 낮은 기분과 위협받는 기분을 보고하였고, 생리적 반응으로까지 나타났다. 이는 자신이 내집단의 구성원인지 외집단의 구성원인지에 관계없이 나타났고, 심지어 자신의 상대가 사람이 아닌 컴퓨터임을 인지한 상태에서도 동일하게 나타났다(Williams, 2005).

몇몇 사회적 배제의 정의는 '평범한 시민' 또는 다수의 시민들에게 '정상적'이거나 이용 가능한 활동을 배제하는 것을 의미하고 있다. 이것은 사회적 규범과 관련되어 있으며, 활동의 '문제'에 대한 판단을 포함하며, 기대와 기회가 변함에 따라, 시간이 지남에 따라 변할 수 있음을 의미한다. 또한, 사회적 배제 과정의 요인들은 위험요소이기도 하고, 결과이기도 하여 구분이 절대적이지 않고, 다양한 요인들이 상호작용하여 사회적 배제를 강화시키기도 한다.

이상에서 사회적 배제에 대해서 언급했지만, 사회적 배제를 정의하기 어려운 이유는 이처럼 사회적 배제라는 현상자체가 가지고 있는 다차원적이고 역동적인 성격 때문인데 그 이유는, 첫째, 사회적 배제 현상 자체가 원인이자 결과로 작용하고 있으며, 둘째, 사회적 배제가 사회의 핵심적이고 중심적인 집단으로부터 멀리 떨어진 주변부 집단을 총칭하는 하나의 상징 개념이나 실상 주변부 집단은 서로 상이하고 이질적인 존재라는 점이다. 마지막으로 사회적 배제가 개인, 가족, 지역사회, 국가, 그리고 세계 등 다양한 층위에서 중첩적으로 발생하기 때문에 논리적으로 완결적인 개념으로 규정한다는 것은 불가능한 일이다(문진영, 2010).

그럼에도 불구하고 여러 학자의 정의를 통해 사회적 배제 개념 규정의 몇 가지 핵심적 요인을 발견할 수 있는 데, 우선 사회적 배제의 원인이 사회적 구조에 있다는 것이며, 둘째로, 사회적 배제는 배제당하는 당사자의 참여 기회가 박탈되거나 부정되는 상황을 가리킨다는 것이며, 셋째로, 사회적 배제로 인한 빈곤 상황이 단일 차원의 문제가 아니라 보다 다양한 차원에서의 박탈과 결핍, 불이익을 뜻한다는 것이다. 네 번째로 배제된 사람들이 주류 사회로 진입할 수 있는 가능성, 즉 이동성(mobility)이 거의 없다는 것이다.

사회적 배제의 이러한 구성요소들을 감안할 때, 사회적 배제는 '사회구조적 원인으로 다양한 영역에서 박탈과 결핍, 불이익을 경험하며, 사회 경제 정치 활동에 제대로 참여할 수 없고, 이러한 상태의 변화를 기대할 수 없는 상황'이라고 규정할 수 있다.

정리하면, 사회 배제의 개념 특성은 불이익의 경제, 사회, 정치 양상들과 같은 다측면인 영역들에 대해서 관심을 가지며, 불이익을 가져오는 메커니즘이 무엇인지를 중요하게 고려하며, 사회 경계성을 강조함으로써 사람들이 박탈되어지는 과정을 강조한다.

(2) 사회적 배제 특징

① 역동성(dynamic)

사회적 배제는 경제적 박탈이나 사회적 고립을 통해 사회로부터 주변화(marginalization)된 개인이 경험하는 상황이나 과정을 의미함과 동시에 사회적 응집의 붕괴, 새로운 양극화의 발생, 사회적 관계의 파편화 등과 같이 사회 안에서 벌어지는 상황이나 과정을 의미하기 때문에 역동적인 성격을 띤다(강신욱 외, 2005 재인용).

② 다차원성

사회적 배제는 다차원적이고, 복합적 개념으로 빈곤이 기본적 욕구충족을 위한 재화 중심의 개념이라면, 사회적 배제는 경제, 정치, 사회, 문화 등 다양한 영역에 관심을 갖는다. 즉, 사회적 배제는 개인, 가족, 지역사회 및 거시정책 등 다양한 차원에서 규정되고 발생하며, 재화 및 서비스 부족뿐만 아니라 사회보장제도, 사회정의, 대표성, 시민권 등에 대한 배제를 포함한다(이소원 · 왕영민, 2019).

③ 관계 중심성

빈곤이 자원과 인간 간의 관계에서 발생하는 현상이라면, 사회적 배제는 인간과 인간, 인간과 사회, 인간과 정치권력 등의 관계적 이슈를 중심으로 불충분한 사회참여 및 사회통합, 권력 부족 등의 관계적 문제에서 발생하는 현상 혹은 문제에 집중한다(김동기 · 이웅, 2012).

(3) 사회적 배제가 정서에 미치는 영향

사회적 배제경험이 정서에 미치는 영향에 대한 선행연구를 살펴보면, 사회적 배제로 인해 나타나는 감정으로 부정적인 정서(Marcus & Nazneen, 1999), 불안(Baumeister & Tice, 1990)이 있다. 또한 자신에게 중요한 개인이나 사회적 집단으로부터의 실제적인 배제경험은 불안, 우울, 질투, 상처 입은 느낌을 유발하며(Baumeister & Tice, 1990), 사회적 배제경험은 분노와 공격성의 결정적인 변인이 될 수 있다(Leary, Twenge, & Quinlivan, 2006). 이처럼 사회적 배제를 경험한 개인이 심리적 어려움을 겪을 수 있음을 시사한 연구가 많으나, 이러한 사회적 배제로 유발된 부정적인 정서를 감소시키는 방법에 대한 실증적인 연구는 부족한 실정이다(Lau, Moulds, & Richardson, 2009).

그리고 또 다른 여러 연구들에서는 경계선 성격장애가 있는 사람들이 특히 사회적 거절, 배제의 맥락에 있을 때 건강한 사람들보다 더 강한 정서적 반응성을 보인다고 제안하였다(Champman, 2014).

(4) 청년층과 사회적 배제

청년층이 사회적으로 배제되어 있어, 취업 · 실업 · 비정규직 등에 있어서 차별을 받고 있으며, 높은 사회적 관심에도 불구하고 실효성 있는 정책 대안이 나오지 않고 있다고 판단되어, 사회 · 경제적으로 약자인 청년층을 노동시장에 적극적 참여를 유도할 수 방안들을 모색하기 위하여 많은 연구를 시작하고 있다.

청년층의 실업 · 고용 · 비정규직 현황 분석에 있어서, 우리나라 청년 실업문제는 경기가 회복되면 해결되는 경기순환상의 문제와 중 · 장기적 측면에서 지속적으로 대두될 수 있는 구조적인 문제가 복합적으로 작용하여 청년고용 부진이 심각한 상황으로 전개되고 있다고 진단하였다. 고용 문제에 있어서도 글로벌 금융위기에 따라 청년층 노동시장에 영향을 미치면서 고용창출 여력이 많이 약화된 측면도 있지만, 예상되는 경기부진에 대한 적극적 대응책을 마련하지 못해 청년 계층의 일자리가 줄어드는 측면도 존재하여 고용창출 여력이 매우 부족하다는 것이다.

청년층의 노동시장에서의 불안정한 지위는 기존 연구들을 통해 밝혀진 것처럼 빈곤에 영향을 미치는 요인일 뿐만 아니라, 사회적 참여 등의 영역을 모두 포괄하는 사회적 배제의 정도를 심화시키는 주요 요인이 아닐 수 없다.

이에 저자는 청년층의 실업 · 고용 · 비정규직 문제를 해결하기 위한 과제로서 청년층의 사회적 배제 극복을 위한 하나의 국가 정책 목표로 설정하는 것과 사회조합의 활성화를 통한 청년층의 실업문제를 극복하고, 사회에서 일탈된 청년층을 조직 사회 내로 포함시킬 수 있는 프로그램 실시와 노사정 내에서 청년층 실업문제 해결을 위한 노사정의 역할 및 실천과제가 필요하다고 본다.

(5) 장애인과 사회적 배제

장애인은 사회적 약자들 중 사회적으로 배제된 집단으로 또는 사회로부터 배제되어 격리화되거나 주변화되고, 차별화되고 다양한 사회적 배제를 경험한 계층이라 할 수 있다. 즉, 장애인은 일상생활에서 사회의 물리적, 법적, 재정적, 태도적 장벽으로 인해 사회적 배제 위험이 높다. 장애와 사회적 배제와의 관계는 어떠한가? 장애와 사회적 배제 간의 관계를 살펴보는 데 장애인의 개인적인 건강적 측면과 사회 환경적 측면 간의 관계는 장애와 배제의 다차원적인 측면을 포착하는 데 중요하다.

사회적 배제는 '시민은 건강적인 측면뿐만 아니라 고용, 주택, 교육 등과 같은 사회의 핵심 기능에 참여하고, 기본생활을 할 권리'를 가지고 있다는 점에서 관점을 보면, 장애인의 사회적 배제는 다차원적인 영역에서 불이익을 당하고, 이러한 권리를 확보할 수 없을 때 발생한다.

특히, 건강과 장애는 사회적 배제의 산물일 수 있다. 예를 들면, 직업 선택의 접근성, 소득 활동, 지역사회의 참여(편견, 참여할 수 없는 구조) 등에서의 사회적 배제는 모든 사람들에게 장애를 낳으며, 비장애인에 비해 장애인은 더 가중될 수 있다.

이러한 예상은 소득으로부터 획득 가능한 기회를 감소시켜, 빈곤에서 만성빈곤으로 가게 된다. 이러한 빈곤한 상태는 이들을 더욱 사회적으로 배제를 심화시켜 다시 장애를 얻게 하는 악순환 구조에 놓이게 된다. 결국 사회적 배제를 경험하지 않도록 「장애인차별금지법」이 강화되고 이를 위한 각 영역들에서 제도적 장치가 제대로 작동된다면 빈곤의 나락으로 떨어지지 않을 수 있음을 예상할 수 있다.

(6) 노인과 사회적 배제

우리 사회의 중추적인 역할을 해 오신 우리 부모님 세대, 그분들이 이제 은퇴 후 노년기의 삶을 살아가고 있다. 우리 부모님의 세대, 노인의 심리 안녕감에 있어서 무엇이 가장 중요한 요인으로 작용할 것인가? 무엇보다도 은퇴 후 경험하는 경제활동의 배제가 아닌가 생각한다. 이러한 노인들이 경험하는 경제활동 능력에 대한 차별 피해 경험은 노인의 자아 정체감에 부정적인 영향을 미칠 수 있을 것으로 예상된다.

이 같은 맥락에서 사회적 배제의 개념을 함께 적용해 본다면, 노년기 경제적 배제에 대해서 경제활동의 제한으로, 근로배제에 대해서는 취업활동의 제한으로 건강배제로 노인의 삶의 전반적인 영향을 미치며, 사회활동 참여의 제한 등이 문제로 대두될 것으로 본다.

이는 빈곤이 단순히 경제 결핍뿐 아니라 다양한 지역사회활동과 관련하여 고립과 차별, 서비스 기반의 부족, 등 노인의 삶에 영향을 미치기 때문이라고 볼 수 있다.

저자가 많은 문헌들을 조사해 본 결과 노인의 근로 관련 배제는 정년과 관련이 있어, 직장생활을 한 노인은 근로배제를 공통으로 경험하고 있는 것으로 나타났다(강신욱 외, 2005). 이 같은 이유는 노인에게 있어 근로활동은 안정된 소득의 확보, 건강유지 효과, 사회 소외 방지와 더불어 참여 과정에서 새로운 삶의 의미를 창출할 수 있는 기회를 갖게 되는 등 삶의 만족에 기여를 하기 때문으로 보여진다.

건강관련 배제와 관련하여 노년기에 접어들게 되면 질병의 발병율이 증가하고, 신체적인 기능이 악화되어 결국 심리 안녕감도 크게 약화된다(서홍란 · 김희년, 2014 재인용). 주거관련 배제의 경우, 주거는 사람들에게 생활형태보다는 삶의 만족도의 원천으로서 더욱 중요한 의미를 가지며, 주거의 안정을 가진 환경에서 사는 노인들이 그렇지 못한 노인들보다 생활만족도가 높게 나타나(박성복, 2011 재인용) 심리 안녕감도 높은 것으로 볼 수 있다(전병주 · 최은영, 2015).

(7) 주거와 사회적 배제

특정지역에 거주하는 것이 고용 기회와 시민권 혜택(citizenship benefit)에 대한 접근 보장의 어려움을 강화할 수 있다는 점에서 사회적 배제 논의에 가치를 더하는 것이 '주택을 통한 배제' 과정을 연구하는 것이다(Murie, 1996).

주택과정이 자신의 삶에 대한 통제를 부정하고 보다 큰 시민권적 권리에 접근하는 것을 감소시키는 곳에서 주택을 통한 사회적 배제가 발생한다고 본 서머빌(Somerville,

1998)은 주택공급, 주택소유형태, 공간적 배제와 가정(home)의 네 가지로 주택을 통한 사회적 배제를 설명하고 있다. 주택공급은 주택공급 부족, 좋지 않은 주거상태의 지속, 과다한 주거비 부담의 경우를 주택을 통한 사회적 배제가 발생하는 것으로 보는 것으로, 각각의 경우에 처한 개인들은 다른 인구 집단에 비해 다양한 기회들이 조직적으로 줄어드는 것을 경험하게 된다. 두 번째로 자가 소유와 공공주택이라는 주택점유형태에 따라 사회적 배제가 달리 발생하는데 소득과 부에 기반한 자가 소유의 경우 주택구입 능력이 없는 다수가 배제되고, 욕구와 대기(waiting) 가능성에 기반한 공공주택의 경우 1인 가구와 같은 특정 집단과 대기의 여유가 없는 사람들을 배제한다고 보고 있다.

주거와 사회적 배제(social exclusion)는 밀접한 관련을 가진다. 부적절한 주거는 교육기회나 일자리 등에 대한 접근성을 제약하여 사회적 배제를 유발하며, 또한 낮은 소득과 낮은 교육수준 등은 부적절한 주거로 나타난다. 즉, 주거 빈곤은 사회적 원인이자 또한 결과일 수 있다는 것이다. 주거는 배제의 주요한 영역으로서, 저소득 상태에 있거나 가용자원이 부족한 사람들은 적절한 주거를 획득하기 어렵고, 이들 요인으로 인해 주거는 사회적 배제의 결과인 한편, 열악한 주거는 적절한 고용 건강 교육 등에 대한 접근성과 연결되어 있어 사회적 배제를 창출하는 원인이 될 수도 있다(진명숙, 2005, 재인용).

(8) 가정폭력 피해여성과 사회적 배제

가정폭력의 결과는 신체적, 정신적 손상이라는 단면적 문제뿐만 아니라, 피해여성의 전반적인 삶에 나쁜 변화를 초래하게 된다는 점에서 매우 역동적이다. 또한 가정폭력의 발생원인 역시 매우 다양하며, 대체로 장기간 지속되고 있다는 점에서 다각적이고 입체적인 접근이 요구된다.

가정폭력이 성, 권력, 빈곤, 실업 등과 같은 각종 구조적 요인과 결합되어 있는 점을 고려한다면(Denzin, 1984), 가정폭력 피해여성이 겪고 있는 문제 역시 단순히 개인적 차원에서 고려될 수 없는 사회구조적 요인을 가지고 있다고 보아야 할 것이다

(Rodriguez et al., 2001). 즉, 우울, 자아 존중감의 저하와 같은 개인적인 문제와 더불어 사회지지체계의 감소, 빈곤 등이 동시에 일어나는 만큼, 이러한 것이 피해여성에게 미치는 영향에 대해 유의하여야 한다(Dutton, 1992). 이런 점에서 가정폭력이 진행된다는 것은 그 피해당사자들을 둘러싼 각 종 사회적 관계가 해체될 뿐만 아니라 이러한 위험이 방치 · 지속될 가능성이 높다는 점에서, 개인이 사회와의 건강한 상호작용을 하지 못한 채 더욱 배제가 가속화될 수 있다는 것과 연결하여 생각해 볼 수 있다.

또한 가정폭력은 피해여성의 경제, 사회, 문화적 관계망 및 지지체계를 서서히 약화 혹은 단절시키게 되는데, 당사자가 이를 미처 깨닫지 못한 채 사회적 배제로 이어지기 때문에 더욱 심각하다고 보여진다.

특히 가정폭력은 노동자로서 여성의 건강한 구직활동에 장애로 작용하게 되어 기존 고용을 유지하지 못하게끔 작용하여 결국, 여성의 경제적 어려움으로 인해 가정 내 경제적 어려움을 벗어나지 못하게 함으로서, 폭력이 야기한 기존 노동시장으로부터의 단절과 경제적 빈곤에 따른 건강한 자립의 어려움이라는 배제를 경험하게 한다. 이런 면에서 가정폭력이라는 현상의 전, 후로 여성에게 작용되는 사회적 배제는 외상적 치유와는 별개로 미해결 과제로 잔존하게 될 수 있는 것이다. 정리하면, 가정폭력과 사회적 배제의 관계를 고려할 때 유의하여야 할 점은, 사회적 배제는 가정폭력이라는 문제의 결과로도 나타나지만, 피해자인 여성은 이미 사회적 배제의 위험요인을 갖고 있다는 점이다. 여성은 가족 내 권력관계로 인하여 원가족에서부터 자원의 형성과 배분과정에서 배제를 경험하기 시작하며, 이는 사회체계에서의 성 차별과 맞물리면서 여성의 사회적 배제는 더욱 심화된다고 보아야 한다(노혜진 · 김교성, 2008).

4

CHAPTER

빈곤(불평등) 원인

4 CHAPTER 빈곤(불평등) 원인

1 빈곤의 원인

본 장에서는 빈곤(poverty)의 원인과 해결에 관한 주요 이론들을 조망하고 빈곤과정의 변화 흐름을 소개하는 것을 목적으로 한다. 빈곤 퇴치는 개발도상국의 발전이나 경제성장에 관심을 두고 있는 모든 사람들에게 가장 핵심적인 고려대상이 되고 있다. 빈곤이란 무엇인가? 저자는 빈곤을 개념적으로 어떻게 정의할 것인가에 따라 그 해소의 방법과 정책이 변화되기 때문에 빈곤의 연구가 중요하다고 본다.

예를 들어, 빈곤을 소득의 부재 또는 결핍으로 정의한다면 소득 증대를 위한 정책을, 빈곤의 원인을 불평등에서 찾는다면 사회의 분배구조를 개혁하는 정책을 수립해야 하는 등 해법을 찾는 과정이 정의에 따라 상이하기 때문이다. 그리고 빈곤의 정의에 따라 다른 방식의 정책이 수립될 수 있고 이러한 정책의 효과성을 모니터링하고 평가할 수 있는 측정방식이 달라져야 하기 때문이다. 따라서 빈곤에 대한 해결책을 논하기에 앞서 우리는 빈곤의 개념과 정의, 원인에 대한 논의와 사회적 합의가 선행되어야 한다.

새로운 시대에 맞는 새로운 개발의제가 논의되고 있는 시점에서 빈곤에 대한 원인과 다양한 관점과 측정방법 등을 재조명해 봄으로서 빈곤의 정책 방향성을 제고할 수 있는 기회로 삼고자 한다.

1) 빈곤에 대한 태도

빈곤의 양상과 그것이 지니는 사회 경제적 의미는 시대에 따라, 그리고 그 국가의 정치 · 경제 · 사회체제에 따라 상이하게 규정되어진다(백정재, 1996).

빈곤에 대한 태도(attitudes toward the poor & poverty)는 빈민과 빈곤에 대한 태도를 의미하는 것으로, 빈민은 타락한 사람들이라 간주하고 빈곤을 경멸하는 사회태도는 매우 오래된 것 같다.

빈곤 원인에 대한 태도는 빈곤에 대한 태도의 하위항목으로, 빈곤의 원인에 대한 보수 성향은 빈곤의 원인을 근로의욕의 미흡함이나, 가족의 무책임성 등 개인적 요인에 둠으로써 국가의 책임을 최소화 시켜야 된다고 주장하며 자유시장의 분배기제를 옹호한 반면, 진보 성향은 빈곤의 원인을 불평등을 초래하는 자본주의의 경제 · 사회구조적 측면에 둠으로써 소득재분배에 있어서가 국가의 적극적 개입을 요구하는 것으로 나타난다(박경숙, 1994).

알스턴과 딘(Alston & Dean, 1972)의 연구에서 일반인들에 대한 빈곤에 대한 견해는 부정적이었으며, 빈곤 원인에 대한 견해가 빈곤한 사람들에 대한 태도에 영향이 있다고 하였다(김진아, 2012).

빈민에 대한 부정적인 견해와 빈곤을 사회적 문제로 인식하는 경향에 대하여 바게트(Baggett, 1994)는 빈곤에 대한 태도가 사회마다 빈곤층을 다루는 개입방식 속에 꾸준하게 반영되어 왔으며, 특히 사회복지 전문직에 빈곤에 대한 인식은 국가의 정책에 영향을 주게 됨을 강조한다(김신영, 1999).

빈민을 보는 사회적 시각을 빈곤정책의 사회적 동기로 사용하기도 하였는데, 빈민에게 공적 부조를 제공하는 이유와 보호 범위를 제공하는 것이 빈민에 대한 가치나 빈곤에 대한 태도와 밀접한 관계가 있기 때문이다. 이를 통해 빈곤을 어떻게 규정하고 그 원인과 책임을 어디에 두느냐에 따라 빈곤 문제 해결을 위한 대응방식이 달라졌음을 알 수 있으며, 사회 구성원들이 빈곤에 대한 태도가 빈곤해결과 빈민들을 위한 사회복지 정책과 서비스 결정에 큰 영향을 행사하고 보여 주는 것이라 할 수 있다(안유경, 2004).

빈곤의 원인을 개인주의적 가치관[1]에 입각할 경우 빈곤의 원인을 개인적 특성에서 인식하고 있으며, 집합주의적[2] 가치관에 기초할 경우에는 구조주의적[3] 특성에서 빈곤의 원인을 바라보고 있다는 점에 근거한다. 따라서 빈곤의 원인에 대한 이러한 인식 차이는 결국 사회적으로 공유되거나 학습된 가치를 반영한 결과이며, 가치차원으로서 복지의식의 구성요소라 할 수 있다(최균 · 류진석, 2000: 237).

2) 빈곤의 원인에 대한 태도에 영향을 미치는 변수

이민영(1998)은 빈곤에 대한 태도에 영향을 주는 요인들을 사회적 가치 변수, 경제적 수준 관련 변수, 사회복지 교육 관련 변수, 인구사회학적 특정 변수로 분류하여 제시하였다. 사회적 가치변수로는 사회관, 정치적 성향 등이 있으며, 경제적 수준 관련 변수로는 주관적 계층 판단, 소득수준 등이 있다. 그리고 인구사회학적 특수 변수로는 나이, 종교, 성장지역 등이 있다.

1) 사회에 모든 제도에 있어서 개인의 가치를 존중하는 태도로 국가나 사회에 대하여 개인의 우월한 가치를 인정하는 사상(국립국어원).
2) 집합적으로 이루어지는 기획, 행위, 통제에 대한 이론(국립국어원).
3) 어떤 사회 현상에서 각각의 요소들보다 서로 얽혀서 기능적 연관을 이루는 하나의 얼개를 우위에 두고 파악하는 사회학(국립국어원).

(1) 경제적 수준 관련 변수

빈곤연구에 관해서는 여러 연구가 있는 데 부모의 사회 경제적 수준이 높을수록 빈곤에 대한 보수적 태도가 높게 나타난 연구결과(Grimm & Orten, 1973)도 있고, 아동의 빈부에 대한 개념에서 아버지의 직업에 따라 가난한 사람에 대한 개념, 가난의 원인에 대한 개념에서 유의미한 차이를 나타내지 않은 경우(한형원, 1987)도 있다.

최일섭(1979)은 사회사업가를 대상으로 복지의식을 분석하였는데, 한국 사회사업가들은 전반적으로 거시적인 경향이 있음을 밝혔다. 그리고 이러한 경향에 영향을 미치는 요소들은 성별, 연령, 가정의 사회경제적 지위(부모의 직업, 수입, 교육정도) 등의 변수로서 상당한 정도의 상관성이 있음을 보여 주었다.

김상균(1985)은 대학생을 대상으로 복지의식을 분석하였는데, 한국의 대학생은 중도우에 가까운 중도 좌의 복지의식을 가지고 있으며, 학년, 전공, 성별, 부의 생활수준, 부의 교육 수준에 따라 복지의식이 상이하다고 하였다(김경옥, 2002).

한형원(1987)의 연구에서 아동은 빈부에 대한 개념에서 아버지의 직업에 따라 가난한 사람에 대한 개념, 가난의 원인에 대한 개념에서는 유의미한 차이를 나타내지 않았다.

그림과 오튼(Grimm & Orten, 1973)은 사회경제적 특성이 빈곤에 대한 태도에 미치는 영향에 대한 연구를 통해, 조사대상자의 성장기 때의 사회경제적 수준이 빈곤의 태도에 중요한 영향을 준다고 하면서, 부모의 사회경제적 수준이 높을수록 빈곤에 대한 부정적 태도가 높게 나타났다고 하였다(이민영, 1998).

(2) 인구학적 특성변수

인구사회학적 특성 변수와 관련된 선행연구 결과에 의하면 빈곤의 원인에 대한 태도에 영향을 미치는 변수로는 성별, 학교, 성적, 거주지, 연령, 근무지역, 경력 및 직급 정도가 확인되었다. 성별의 경우 대부분의 연구에서 여성보다 남성이 빈곤문제의 발생 원인을 개인에게 돌리는 것으로 나타났지만, 연구에 따라 빈곤의 원인에 대한 태도에 영향을 미치지 않은 것으로 분석되기도 하였다. 그리고 청소년의 경우 학년이 저학년일수록, 성적은 낮을수록, 거주지역이 소도시일수록, 빈곤의 원인을 개인의 책임으로 인식하였다(김진아, 2012).

학자들의 연구를 살펴보면, 김명림(2000)은 서울지역에 거주하는 만 20세 이상의 불교신자들을 대상으로 사회복지 태도를 연구하였는데, 연구결과 여자보다는 남자가 빈곤 문제의 책임소재를 정부나 사회보다 개인에게 묻는 경향이 강하게 나타났다. 마찬가지로 김경옥(2002)의 연구에서는 대전지역 중 · 고등학생을 대상으로 청소년의 사회복지의식과 태도를 연구한 결과, 남성이 여성보다 빈곤의 원인을 개인에게 돌리는 경향이 있다고 하였다.

(3) 사회적 가치 관련변수

사회관과 관련된 연구로 루빈, 페플라우(Rubin & Peplau, 1973)와 반 소에스트(Van Soest, 1996)는 사회관과 빈곤의 태도의 관계성과 관련된 연구로부터 사회의 정의(부의 불공정한 분배와 기회에 대한 차별과 불평등에 대한 신뢰정도 포함)에 대해 부정적인 태도를 가진 사람은 사회적인 불평등을 인정하였다고 하였다. 또한 사회에 대해 정의롭지 않다고 생각하는 사람일수록 불우계층에 대한 부정적인 감정의 정도가 낮게 나타난다고 하였다(이민영, 1998).

3) 사회구조

(1) 경제적 기준 빈곤(Monetary Approach)

빈곤에 대해 일반적인 개념들은 화폐적 혹은 소득/소비 접근법이다. 립톤(Lipton, 1997)은 소득/소비 접근법을 개인은 특정 시기에 관계없이 자원에 대한 접근성이 충분하지 못할 때 가난하며, 기초 필요를 충족시키기 위한 필수품이 있어야 한다고 정의하고 있다. 이런 연장선상에서 경제적 기준의 빈곤은 소득이나 소비를 만족시킬 수 있는 자원과 연관성을 갖게 된다. 소득과 소비 기준에서 '빈곤층'이란 소득이나 소비가 빈곤선 이하인 사람들을 지칭한다. 빈곤선은 최소한의 소비와 개인(가계)이 생존에 필수적인 것들을 파악하기 위해 설정되며, '빈곤층'이란 소득이나 소비역량이 최소한의 필요로 정한 빈곤선 이하의 삶을 영위하는 사람들을 일컫게 된다. 이러한 접근법에서는 생존에 필요한 최소한의 가치를 평가하는 데 초점을 두면서 소비를 측정하게 된다(Ravallion, 2012).

이러한 경제적 접근법은 정책 분석에 유용하게 활용되는데, 이는 모든 가구들이 기본적인 필요가 채워질 때까지 지속적으로 노력할 뿐만 아니라, 이를 위해 자원을 획득하고 사용함을 전제하기 때문에, 정책입안자들은 사회의 빈곤을 지속적으로 관찰하고 평가할 수 있다. 또한 광범위한 국가에 걸쳐 국가적 차원의 빈곤 발생과 그에 따른 대책을 모색할 수 있다는 장점이 있다(Klugman, 2002). 그러나 경제적 접근법의 결함도 간과할 수 없다. 측정방법상의 한계와 함께 빈곤이라는 것이 경제적 현상만이 아니며, 경제적인 관점만으로 사회적 불균형을 파악하기는 불충분하다는 한계를 내포하고 있다. 다시 말해, 경제적 빈곤은 빈곤의 한 단면이며, 빈곤의 원인과 결과물들도 고려해야 한다. 또한 빈곤층이 아닌 사람들이 만들어 낸 기준에 따라 측정되기 때문에 빈곤층의 현실적인 필요를 반영하지 못할 수도 있다는 한계가 지적되기도 한다.

(2) 역량 기준 빈곤(Capability Approach)

아마르티아 센(Amartya Sen)을 필두로 역량기준 또는 인간개발(human development, HD) 패러다임은 사회경제적 이슈에 대해 전체주의적 접근을 시도하였다. HD 패러다임에서는 소득의 부족과 이로 인한 소비결핍이 빈곤의 한 원인이지만, 보다 근본적으로는 구조적인 빈곤을 야기하는 사회체계에 주목한다. 사회간접자본의 부족 그리고 성 평등, 사회시스템의 불완전성, 그리고 일자리의 부족 또한 빈곤의 원인이다.

센은 빈곤은 낮은 소득을 의미하는 것은 아니며 "기본적인 역량의 박탈(the deprivation of basic capabilities)"이고, "개인의 소유한 역량이란 가치 있는 삶을 영위하기 위해 누리는 실질적인 자유"라고 주장했다(Sen, 1983). 따라서 빈곤은 육체적이거나 물리적인 기초자원이 부족하다는 것 이외에도 사회경제적 활동을 위한 도구(tool)와 능력(capacity)의 부족을 의미한다. 여기에서의 기본역량이란 "결정적으로 중요한 요소들을 최소한의 수준까지 만족시킬 수 있는 능력"으로 정의되고(Sen, 1999), 국가와 정책의 역할은 이러한 기본적인 역량을 개인이 배양할 수 있도록 기회를 제공하고 기초적인 자원에 대한 접근성을 강화하는 것으로 제안하고 있다.

역량 접근법은 경제적 접근에서 다루고 있는 기초 필수품뿐만 아니라 그것을 유지하고 이를 생산적인 역량으로 발전시킬 수 있는 능력을 빈곤의 정의로 보면서, 이와 함께 빈곤으로의 회귀에 대한 대응도 고려하고 있다. 또한 역량(capability)을 빈곤의 화폐적인 측면뿐만 아니라 사회적 · 정치적 측면에 주목했다는 데에 의의가 있다.

빈곤의 개념이 빈곤으로 인해 발생하는 문제(결과물)와 사회개발을 포함하는 것은 매우 의미 있는 일이며, 측정에 있어서도 개인의 전반적인 복지에 집중하게 되므로 이러한 정의에 의해 빈곤 완화의 결과가 소득의 증대, 건강뿐만이 아니라, Human Capital 개발을 위한 제도 확립의 중요성을 강조한다는 점에서도 의미를 찾을 수 있다.

그러나 빈곤을 분석하기 위해 역량 접근법을 사용하는 데에 있어 많은 주의가 필요한 것도 사실이다. 역량 접근법이 빈곤의 재정적인 측면을 분석하는 데 그치지 않고, 만족을 이끌어 낼 수 있는 역량에 주목하는 것은 그 의미가 크긴 하지만, "기초적인 역량"을 무엇으로 정의할 수 있는지가 또 하나의 논쟁거리를 만들어 내고 있다.

또한 역량 접근법에서는 사회를 평가하는 데 있어 삶의 질에 영향을 미치는 물질적인 조건들은 배제되고, 사람들의 심리적 성향이 중요한 역할을 감당하게 된다. 그 결과 건강하고 수입이 좋은 사람들이 그들의 상황에 만족하지 못 할 수도 있으며, 반대로 건강치 못하거나 기술이 부족한 사람들이 자신들의 삶에 만족할 수 있는 상황을 추적하지 못하는 등 역량을 근거로 빈곤을 측정하는 것은 도전적인 시도이기는 하나 더 많은 검증을 필요로 한다.

2 빈곤의 대물림과 자녀의 영향

1) 교육 불평등과 사회 불평등

1990년대 이후 한국 사회의 빈곤 양상은 이전과는 다른 변화를 보이기 시작하였으며 빈곤의 대물림에서 빈곤은 독립적이기보다는 복합적으로 발생한다고 설명한다. 빈곤한 부모는 노동 지위가 낮아 저임금, 불안정 노동의 굴레에서 실업과 비실업을 반복하면서 가족 내의 빈곤과 함께 청소년의 성장에 부정적인 영향을 미친다. 그 가운데 특히 자녀를 위한 교육의 문제는 부모의 소득격차로 인한 교육의 양극화를 보여 준다.

그럼, 평등하고 균등한 교육을 위해서는 무엇인 우선되어야 하는가? 교육 평등에서 '무엇'을 평등하게 할 것인가에 대해서는 이념 스펙트럼에 따라 많은 차이가 존재한다. 교육기회의 평등은 능력 이외의 요인에 의해서 교육기회가 결정되어서는 안 된다는 것을 과제로 한 평등으로서 기본으로 능력에 기초한 평등이라 할 수 있다.

교육조건의 평등은 교육기회뿐 아니라 학교의 시설, 교사의 자질, 교육과정 등 교육의 여건과 과정에 있어서 학교 간 차이가 없어야 한다는 것이다.

산업화 초기에는 교육받을 기회의 차이를 줄이는 데 주력하지만, 의무교육이 확대되어 취학기회의 격차가 크게 해소되면서, 학교의 시설, 교사의 질과 같은 제반 교육여건의 차이를 줄이는 일이 주요 현안으로 오늘날에는 부각되고 있다.

저자가 빈곤 불평등과 관련해서 교육에 주목하는 이유는 교육이 사회 불평등의 원인으로 작용할 뿐만 아니라 사회 불평등의 결과로써 교육 불평등이 초래되기 때문이다.

학교 서열화와 사교육 열풍, 고등교육 팽창은 학연, 지연 등 연줄 위주의 관계망을 형성하고, 명문 졸업자에 대한 프리미엄을 강화시키는 결과를 가져왔으며, 이러한 결과는 다시 명문대학 진학을 위한 경쟁을 가열시키는 악순환을 초래하였다. 그 결과 조기유학 열풍은 명문 대학 입학을 둘러싼 입시경쟁이 치열하게 벌어지게 되었으며 이 과정에서 사교육 시장이 급격하게 팽창하게 되었다.

교육기회가 실질적으로 확대되었다고는 하나 OECD 국가 중 공교육에 대한 사교육비 부담율이 가장 높은 현실에서 저소득층이 고등교육의 혜택을 받는 데는 어려움이 따른다는 것이다. 이는 결국, 치열한 입시경쟁과 그 과정에서의 사교육비 팽창은 이를 부담할 수 있는 계층과 그렇지 못한 계층 간의 격차를 유발할 수 있다.

이와 같이, 사회 · 경제 계층별로 사교육비 지출액은 큰 차이를 나타내며, 이러한 사교육비 차이는 여러 가지 다른 요인들과 어우러져 실질적인 학력격차로 나타날 수 있으며, 결국, 한국교육재정의 특징이라 할 수 있는 교육비의 민간 부담 사교육비의 불평등은 교육비 부담능력에 따른 계층 간 교육 불평등을 야기하고 결과적으로 사회경제 불평등을 재생산하고 있는 것이다.

2) 아동의 건강

아동의 건강은 부모에 의해 지대한 영향을 받으며, 아동의 지적 능력, 의사소통 및 언어 능력, 사회적 · 감정적 기술, 신체적 건강은 부모가 얼마나 안전하고 건강한 환경을 제공하느냐에 따라 달라질 수 있다. 빈곤아동의 부모들은 경제적 어려움으로 인해 스트레스에 취약하고, 높은 양육 스트레스와 우울을 경험하며(곽금주 · 김정미, 2007), 낮은 자존감과 자기 효능감, 자녀에 대해 공격적이며 비판적인 태도와 통제적인 양육 태도를 갖는 경우가 많다고 보고되었다(김현미, 2003).

이와 같은 부정적 의사소통과 비지지적인 양육으로 인해 빈곤 가정의 아동은 우울, 불안, 자존감 저하 등 정서문제와 공격성, 주의력 결핍, 과잉행동장애, 반사회적 행동과 같은 심리사회적 발달 문제를 야기할 수 있다(김혜경 · 현성민 · 권은주 · 김희철, 2008). 또한 행동에서는 적절한 생활습관의 부재, 폭력, 공격적인 행동, 주의력 결핍과 과잉행동, 도벽 등의 문제행동을 보인다고 지적하고 있다(모선영 · 홍백의 · 이자영 · 최은성, 2007). 빈곤으로 인한 가족의 경제적 압박감은 아동 및 청소년의 학교 생활행동에 부정적인 영향을 미치는 요인인 것으로 밝혀졌으며(구인회, 2003), 아동의 지적

능력뿐 아니라 친구관계, 학교에서 품행문제, 자아존중감에 영향을 주고, 빈곤 기간이 길수록 문제의 심각성이 증가한다고 보고되고 있다(박현선, 1998).

아동기의 건강은 평생 건강에 영향을 미치며 임신기간 동안 영양결핍 상태를 경험한 여성은 저체중아 출산 확률이 높고 저체중출생아는 신체 기능 미숙 및 면역력 약화로 질병 이환 및 후유증으로 인해 사회적 부담이 크다.

영유아기는 건강의 기초가 되는 중요한 시기일 뿐 아니라 건강관리에 매우 취약한 시기이기도 하다. 빈곤 아동은 의식주에 소요되는 필수적인 생활비 압박으로 인한 영양결핍이나, 의료서비스에 대한 접근의 어려움, 열악한 물리적 환경으로 인한 사고 및 질환 위험 등을 겪게 되고 이는 아동의 건강 악화로 이어질 수 있다. 또한 빈곤가구 아동의 사망률이 비빈곤 아동의 사망률보다 높고, 단기입원 경험 가능성 또한 빈곤아동에게서 상대적으로 높게 나타나는 등 빈곤가구에 속한 아동들의 건강상태가 일반아동들에 비해 좋지 않다는 연구결과를 볼 수 있다(Malat, Oh & Hamilton, 2005 재인용).

국내 건강실태 조사에서도 빈곤층 아동이 비빈곤층 아동들보다 피부질환이나 만성질환 발병율이 현저히 높은 것으로 나타나는데, 경제적인 이유로 적절한 치료 혜택을 받지 못했다는 응답 또한 빈곤아동이 9배 이상 높게 나타나 빈곤아동의 건강에 관한 특별한 관심이 필요함을 알 수 있다(모상현 외, 2009 재인용).

초록우산 어린이재단의 주거 빈곤아동 보고서에 따르면, 건물이 오래되고 주거 면적이 작은 최저 주거기준에 미달하는 집에 거주하는 아동의 경우 뇌수막염, 소화기 질환, 호흡기 질환에 크게 노출되어 있는 것으로 나타났다. 그 밖에도 취약계층가구 아동의 아토피와 충치 문제도 심각한 것으로 나타났다(신인순, 2010 재인용).

3 구조적인 원인

'송파 세 모녀'의 안타까운 죽음 이후 사회복지사각지대에 대한 관심이 증폭되었고, 정부의 복지사각지대 일제조사 및 복지서비스에 대한 홍보가 강화되었다. 기초생활보장제도의 사각지대 발생 원인은 절대빈곤선에 기인된 비현실적인 최저생계비와 부양의무자 기준에 근거한다.

그러나 국민기초생활보장의 수급자는 자신의 생활 유지 및 향상을 위해 최대한 노력하는 것을 전제로 수급자의 노력이 부족한 부분만을 보충 발전시키는 정도로 국가 책임을 규정하는 급여원칙의 제도적 한계가 존재하였다.

기초생활보장제도의 사각지대 해소를 위해서는 빈곤에 대한 사적 부양원리를 공적 부양원리로 전환해야 하고, 이를 위해 절대빈곤을 뛰어넘는 법제화된 상대빈곤선을 설정하고, 그 결과로서 대상자의 포괄성 및 급여수준 제고, 수급자 선정기준에서 부양의무자 기준을 폐지, 사회복지 통합 관리망 운영 목적의 근본적 전환이 필요하다.

1) 근로빈곤에 영향을 미치는 사회구조

근로빈곤에 영향을 미치는 사회구조적 요인에는 경제성장, 경제의 세계화, 산업화 같은 거시경제 환경, 고용 수준, 노동시장 유연화 등의 노동시장의 영향, 소득분배, 복지제도 등 분배제도의 영향이 있다.

(1) 경제 성장

자유경제이론은 오랫동안 빈곤을 규명하는 지배적인 설명(dominant explanation)으로 자리 잡아 왔다(Brady, 2006). 이 이론에는 자유시장 자본주의에 의한 경제성장과 산업화·근대화는 노동생산성 증대와 수요 및 공급 확대에 의한 조화로운 진보(harmonious progress)를 낳고 빈곤을 퇴치시킬 것이라는 믿음이 자리 잡고 있다(Mill, 1963).

경제성장은 동태적인 경제 저량(stock)인 생산과 소득의 증가를 의미하기 때문에 평균적인 시장소득의 증가와 밀접한 관련이 있다. 한계생산성 이론에 의하면, 완전경쟁 상태에서 노동은 한계생산력과 임금률이 일치하는 점까지 고용되고, 노동과 자본에 대한 분배분의 총계는 국민소득과 일치하게 된다. 다른 조건이 변화하지 않는다면, 모든 생산요소 투입의 가치는 한계생산물의 가치로 측정되고, 생산물의 분배 몫은 생산에 기여한 만큼 주어지게 된다.

(2) 경제의 세계화

경제의 세계화가 경제영역과 근로빈곤에 미치는 영향은 무엇인가? 경제의 세계화는 국가의 경제적 조절능력을 침식할 정도로 심각한가? 이에 대해서 비관론에 의하면, 규제되지 않은 시장에서의 자본의 유동성 증가는 경제에 대한 국가의 조절능력을 심각하게 약화시키고, 경쟁국가로의 전환을 불가피하게 한다(Mishra, 2002). 반면, 경제의 세계화에도 불구하고 재정정책, 통화정책, 산업정책 등에 대한 국가의 조절능력은 약화되지 않는다는 주장도 있다(Notermans, 1995).

(3) 탈산업화

경제의 세계화가 제 영역에 미치는 영향에 대한 평가는 일관되지 않다. 경제의 세계화가 경제영역과 시장소득의 불평등에 미치는 부정적인 영향은 실재하는 것으로 판단된다. 산업혁명 이후, 제조업은 노동집약적인 농업에 비해 기술진보에 기반을 두고 있기 때문에, 산업화는 노동생산성 증가로 이어졌다. 제조업 부문은 서비스 부문보다 상대적으로 적은 노동력을 투입해도 무방한 현상이 발생하고, 제조업에서 서비스업으로의 노동이동을 초래하게 된다(Rowthorn & Wells, 1987).

서비스업과 제조업의 생산성 격차는 노동투입량 대비 부가가치액의 양적인 기준과 서비스업의 질적인 기준을 고려했을 때 1960년부터 1997년까지 1인당 노동생산성 증가율은 제조업 3.6%, 서비스업 1.6%로 제조업이 월등히 높았다. 1960년대(전반기)와 1970년대 이후(후반기)에는 각각 4.6%, 3.1%와 3.0%, 1.1%로 서비스업의 노동생산성 감소폭이 더 컸다. 결국, 전반기와 후반기의 제조업과 서비스업 성장률은 각각 6.3%, 2.5%와 5.3%, 3.3%로 제조업의 둔화와 서비스업의 확대가 진행되어 고용이 전체적인 고용 확대의 원동력이 됐다.

이에 서비스 경제화가 빈곤에 미치는 영향은, 첫째, 서비스산업의 생산성 정체(stagnantservice provision)의 추세가 1970년대 이후 현저해지고 있다. 서비스산업화는 노동생산성의 둔화와 국가경제의 저성장의 주요 원인 중의 하나이다(Pierson, 2001a: 83).

둘째, 제조업 고용의 축소에도 불구하고 서비스업에서는 눈에 띄는 고용확대가 이루어지지 않아 고용성장률이 약화된다(Krugman, 1996). 제조업에서 이탈하는 노동력이 서비스 부문에서 완벽하게 흡수되지 못하기 때문에 고실업이 지속된다(Rowthorn & Ramaswamy, 1997).

셋째, 서비스 부문은 제조업에 비해 상대적으로 이질적인 직종과 노동형태로 이루어져 있을 뿐 아니라 저숙련 노동자들로 채워지는 단순서비스업의 비중이 높기 때문에, 불완전 고용 등 고용의 질이 낮고 임금 수준의 양극화가 현저하다. 이는 소득불평등과 전반적인 임금수준의 악화를 낳는다(Myles & Pierson, 2001).

넷째, 서비스경제화는 소득분배 악화와 유의한 관계가 있다. 제조업과 서비스업의 생산성 격차는, 상대적으로 균일적이고 높은 임금 부문으로 이루어진 제조업과, 높은 기술수준과 고임금, 낮은 기술수준과 저임금으로 양극화돼 있어 불평등하고 전반적으로 질이 낮은 서비스 부문으로의 분절을 야기함으로써, 소득분배를 악화시킨다(Alderson, 1999). 또한 서비스경제화는 실업자와 저기술 수준의 근로자 상호 간의 경쟁을 가중시켜 실업을 확대시키고, 소득분배를 악화시킨다(Moller et al., 2001).

다섯째, 한부모가구 증가, 단독가구의 증가 등은 소득분배를 악화시킨다. 가구구성의 변화는 해당 가구의 소득 수준을 낮춘다(Blau & Robins, 1989). 가족 규모의 변화나 작은 가족 규모에도 불구하고 돌봄 노동에 대한 수요는 양부모 가족과 다를 바 없다. 따라서, 보육서비스가 완전히 공공화되지 않는 한, 주간보호, 유급육아휴직 같은 제도들이 적절히 통합적으로 운영되지 않는 한, 한부모가구나 단독가구는 양부모가구에 비해 부담이 크다. 실제로, 아동을 양육하는 모자가정의 경우, 정규직에 채용돼 있더라도 그렇지 않은 가구보다 빈곤율이 현격히 높다. 나아가, 대체적으로 여성들은 고용형태 · 근무조건 · 임금수준 면에서 성차별 구조 속에 있다(Cancian & Reed, 2001).

4 빈곤의 측정과 지표

절대적 빈곤 개념의 측정은 일반으로 욕구 소득비에 기초하여 측정한다. 이는 절대적 빈곤 측정을 현실적인 객관성을 높이기 위한 소득 측정방식으로 사용되었으며 월평균 가계소득을 가구 규모별 최저 생계비로 나눈 값으로 측정한다(김경하, 2010).

현재 우리나라에서도 최저생계비 계측을 국민기생활수급자 등과 같은 사회복지 대상자와 공공부조 지급 기준으로 활용된다. 이는 빈곤 측정방식으로 최근 학계에서는 이러한 빈곤 측정방식과 이를 활용한 빈곤 정책에 대한 검토와 논의가 꾸준히 이루어지고 있다. 이러한 이유는 IMF 경제위기 이후 빈곤층이 늘어나고 빈부격차로 인한 불평등이 급격히 심화되었으며, 특히 상대적 빈곤감의 심화로 중산층이 줄어들고 근로빈곤층까지 증가되고 있기 때문이다. 또한 공공부조의 제도 변화로 통합급여에서 개별급여로 전환되고 있으며 이에 따라 절대적 빈곤 개념의 빈곤 해결에서 대상별 특성에 맞는 상대적 빈곤 기준의 빈곤 해결로 정책적 관심이 옮겨 가고 있기 때문이다(보건사회 연구원, 2013 재인용). 무엇보다도 절대적 빈곤은 사람마다 다르게 느끼는 기본적 욕구를 반영하지 못하는 어려움이 있다. 따라서 빈곤 해결을 위한 빈곤 정책은 사회적 현실성을 고려해 결정할 필요성이 있으며 이러한 정책방향은 꾸준히 검토되고 논의되어 실질적 빈곤 해결을 위한 방안이 수립되어야 할 것이다.

1) 빈곤 측정 방법과 쟁점

(1) 빈곤선

빈곤의 개념을 정의한 후 중요한 문제는 특정 가구 혹은 개인이 주어진 빈곤 개념하에서 빈곤층이라고 볼 수 있는지 여부를 판별하는 것이다. 바로 빈곤선을 측정하는 문제이다. 즉, 빈곤은 통상 구체적 기준에 따른 기준선을 정하여 판단하며 이 기준으로 산출된 기준선을 빈곤선(poverty line, poverty thereshold)이라고 한다. 또한, 빈곤선을 측정하는 구체적인 기준은 소득, 소득의 분포비율, 기본욕구, 식품비율, 조사자료, 상대적 박탈, 법적기준 등 다양하다(김영모, 2010).

클러그먼(Klugman, 2002)은 빈곤을 정의하기 위해서는 어떤 사회에 적용해도 빈곤계층을 정의할 수 있는 최소한의 기준이 필요하다고 주장하기도 했다. 이러한 최소기준은, 즉 빈곤선(poverty line)은 최저생활에 근거하여 책정되었으며, "물리적으로 인간의 삶을 유지하기 위한 물질적인 자원이 없다면 그 사람들은 빈곤상태이다(Haralambos, Holborn & Heald, 1991: 191)."라는 단순한 가정에 의해 수립되었다. 현재의 빈곤과 빈곤선의 정의도 이러한 연장선상에서 합당한 사회적 기준 또는 한계선(threshold) 이하의 삶으로 정의되고 있다고 볼 수 있다(Klugman, 2002).

소득과 소비빈곤에 관해 신뢰할 수 있는 분석을 얻기 위해 빈곤선을 사용하는 것은 대단히 효과적이다. 기본적으로 빈곤선이 결정이 되면 빈곤선 아래의 인구에 대한 정책을 입안하고 구현하기가 용이해진다. 따라서 많은 학자들과 연구자들은 소득과 소비수준을 금전적으로 지표를 만들기 위해 노력해 왔다.

가장 대표적인 절대빈곤선은 세계은행의 절대빈곤선이다. 세계은행의 빈곤선은

1990년 하루소득 1.01 달러로 처음 도입되었다. 1985년의 PPP 자료를 근거로 한 것으로 이후 2008년 빈곤선이 1.25달러로 상향조정되었다(김지현, 2015).

지금까지 빈곤을 측정하는 다양한 방법이 제시되어 왔다. 이들 방법은 크게 소비를 기준으로 하는 방법과 소득을 추정하는 방법, 그리고 생계비 수준에 대한 질문을 이용하는 방법 등으로 나눌 수 있는 데, 각각의 방법은 앞서 설명한 빈곤개념과 밀접하게 연관되어 있다.

센은 빈곤선 설정에 있어서 사회구성원이 주관적으로 생각하는 빈곤선과 빈곤층 자신이 생각하는 빈곤선의 두 개념 이외에 빈곤층 사이의 분배 불평등 정도를 더불어 고려하여 빈곤지수를 측정하는 방법을 제안하고 있다(정영숙, 2004).

다른 주장 중에는 우선 개인이나 가계의 소비수준을 빈곤을 측정하는 기준으로 삼아야 한다는 주장이 존재한다(Ghez & Becker, 1975; Orchansky, 1965). 이는 빈곤과 관련하여 소득이 가치가 있는 것은 소비의 잠재 능력을 대변하기 때문이며, 소비는 소득보다 실제 생활을 더 잘 측정할 수 있게 된다.

(2) 소비기준접근법

최저 생존 수준에 해당하는 최저생계비를 계측할 때 사용되며, 기본욕구에 의한 접근법이다. 전문가가 필수품 가격 등을 고려하여 이론적으로 빈곤선을 계산하는 방법으로 기본욕구를 위해 필요한 필수품을 어떻게 정의하냐에 따라 전 물량방식 혹은 반물량방식으로 구분된다.

① 전 물량방식

첫째, 전 물량방식은 생활필수품에 대한 최저수준을 설정하고 이를 화폐단위로 하여 합하는 방식으로, Rowntree 방식이라고도 한다.

둘째, 최저 생활수준을 유지하기 위해 필요한 생활필수품의 품목을 산정한 후, 이들을 보유하기 위해 필요한 자원의 화폐가치를 구하는 방식이다.

셋째, 인간이 생활하는 데 필요한 필수품의 최저수준을 정하고 이를 화폐가치로 환산한 총합(각 필수품의 가격 X 최저소비량)을 절대적 빈곤선으로 정하는 방식이다.

넷째, 전 물량방식은 사치품과 고가품을 배제하고 필수품만을 마켓바스켓에 포함할 수 있는 장점이 있으나 마켓바스켓 구성에 있어서 자의성이 개입될 수 있다는 단점이 있다.

다섯째, 의료, 교육 등 현물급여를 고려한 보충급여기준액 산정과 장애인 노인 등의 가구에 대한 복지서비스 선정기준 및 부가급여 수준을 결정하는 데 매우 유용한 방식이다(김미곤 외, 2003).

② 반 물량방식

전 물량방식을 단순화하여 제시한 것으로, 최저 생존을 위해 필요한 식료품의 화폐가치를 구한 후 여기에다가 사회평균적인 소득대비 식료품비 비중의 역수를 곱하여 빈곤선을 구하는 방식이다. 반 물량방식은 미국 농무성의 오샨스키(Orshansky)가 1965년에 미국의 빈곤선을 계산하면서 처음 사용되었다. 오샨스키는 최소한의 식료품비에 '3'을 곱한 화폐액을 빈곤선으로 정했는데, 이는 당시 평균적인 미국 가구의 세후소득대비 식료품비 비중이 약 30%였기 때문이다. 현재 미국의 빈곤선은 오샨스키가 구한 빈곤선에 물가상승률 등을 고려하여 정하고 있다. 그리고 최저 생활의, 즉 인간이 생활하는데 필요한 필수품의 최저수준을 정하고 이를 화폐가치로 환산한 총합(각 필수품의 가격×최저소비량)을 절대적 빈곤선으로 정하는 방식이다.

반 물량방식은 최저생활의 필요한 음식비만을 구하여 여기에 일정한 값을 곱하여 산출하는 방식인데, 식료품비용이 소비에서 차지하는 비중이 일정 수준을 넘으면 빈곤층으로 보는 방식이다. 그러나 반 물량방식은 품목 기준에서 객관성을 보장할 수 있고 계측이 간편하다는 장점이 있으나 어떤 비율을 빈곤의 기준으로 삼을지에 대한 과학적 근거가 결여되어 있다는 단점이 있다.

(3) 식료품비 비중에 의한 대표적 접근 방법

엥겔방식은 소득대비 식료품비의 비율을 기초로 한 빈곤선을 추계하는 방식으로 와트(Watte, 1967)에 의해 제안되었다. 엥겔법칙에 따르면 일반적으로 소득이 증가함에 따라 소득대비 식료품 지출비는 감소하게 된다. 따라서 각각의 소득수준에 따라 엥겔계수는 다르게 나타나게 된다. 엥겔방식은 이러한 점에 주목하여 최저생활수준에 해당하는 사람들의 엥겔계수를 구한 후, 소득대비 식료품 지출비가 이보다 적은 개인 혹은 가구를 빈곤으로 규정하고 있다. 이 방법은 빈곤선 설정이 간편하다는 장점이 있지만, 빈곤선 선택에 있어 자의성이 개입될 여지가 많다는 점에서 문제가 있다.

(4) 기타

① Head Count Ratio/Index(HCR)

HCR은 빈곤을 측정하는 데 있어 가장 많이 쓰이는 방법으로, 전체 인구에서 빈곤선 아래의 생활을 하는 인구의 수 또는 비율을 측정하는 방법이다. 수식은 다음과 같다.

$$H = \frac{q}{n}$$

여기서 H는 빈곤율, q는 빈곤선 이하 개인(가구)수를, n은 전체 인구(가구)수를 말한다. 이 방법에서는 우선 특정 사회의 최저생계비를 추정, 즉 빈곤선을 추정한 뒤 소득이 그 수준에 미달하는 인구를 빈곤층으로 정의하고 전체 인구 중 어느 정도가 빈곤층인지를 측정하게 된다.

이는 간단하게 얼마만큼의 인구가 빈곤, 최 빈곤의 상태에 놓여 있는지 파악할 수 있는 측정방법으로 빈곤의 발생정도를 의미한다(Klugman, 2002). 측정방법이 단순한 만큼 빈곤층의 비율 이외의 빈곤의 정도, 즉 측정하려고 하는 빈곤선 이하의 인구구성에 대해서는 전혀 정보를 주지 못하는 한계를 가지고 있다.

② Poverty Gap Ratio/Index(PGR)와 The Poverty Gap Squared

흔히 사용되는 빈곤의 지표로서 빈곤 갭(Poverty Gap, PG)이 있다. PG은 빈곤선 이하 인구의 소득을 빈곤선까지 증대시키기 위해 국민(또는 국내) 총 생산의 몇 %의 소득이 필요한가를 보여 주는 지표이다. 이는 정책적으로 빈곤감소 정책에 소요되는 비용을 산정할 때 이론적인 기초자료로 사용될 수 있다는 장점에도 불구하고, 실제 프로젝트나 정책이 완전효율의 상태를 보일 수 없기 때문에 산출된 금액보다 훨씬 많은 비용이 소요됨은 당연시된다.

또한 같은 방식을 사용하여 빈곤층을 따로 선정하지 않고 소득의 분포를 반영하지 않은 상태로 빈곤선 이하의 인구 모두에게 똑같이 지원해서 빈곤을 제거하는 빈곤퇴치를 위한 최대한의 비용도 구할 수 있다. 이때 최대비용대비 최소비용이 빈곤 갭지수(Poverty Gap Index, PGI)이다. 즉, 빈곤감소 또는 퇴치를 위한 최소한의 비용을 산출함으로서 빈곤의 깊이(depth)를 보여 주는 측정법이라 할 수 있다. 그러나 PG와 PGI 모두 head count와 마찬가지로 SIDs 빈곤층 내에서의 소득격차를 보여 줄 수 없는 한계를 내포하고 있다(Klugman, 2002).

③ Sen지수

1990년대 이후 많이 인용되고 있는 Sen의 빈곤지수는 위의 전통적인 측정방법이 가진 난점을 보완하기 위해 하나의 대안으로 제시되었다. Sen의 빈곤지표 P는 빈곤선 이하의 인구(head count)와 빈곤 갭(poverty gap), 그리고 빈곤층 사이의 상대적 불평등의 3가지 측면을 모두 포함하고 있다. Sen의 지수를 수식으로 표현하면 아래와 같다.

$$P = H[I + (1 - I) \times Gp]$$

H = 빈곤율, I = income gap 비율, GP = 저소득층 Gini coefficient

Sen지수는 0에서 1까지 나타낼 수 있으며, 0에 가까워질수록 빈곤하지 않다는 것을 의미한다. Sen지수의 특징은 세 가지 변수, 즉 빈곤율, 소득 갭, 불평등의 변화에 민감하게 반응한다는 점이며, 3가지 변수 중 하나의 변수 혹은 그 이상의 변수가 변화하게 되면 Sen지수도 같은 방향으로 변화한다. 결국 현실적으로는 이러한 방향의 변화를 정책에 반영할 수 있다는 점이 특징이며, 이론적으로 빈곤연구를 진일보시킨 업적으로 평가받고 있다(Klugman, 2002).

5
CHAPTER

빈곤의 다양한 영역과 그 영향

01 소득

02 건강과 복지

03 교육

04 고용

05 주거

5 CHAPTER 빈곤의 다양한 영역과 그 영향

지난 몇 년간 우리 사회의 가장 뜨거운 쟁점은 단연 양극화였다. 그러나 양극화의 의미는 명확한 개념정의가 제대로 이루어지지 않은 채 논란이 되었다. 학문적으로는 양극화를 양극화지수로 측정한다. 양극화지수는 극에서의 극이란 극단의 의미라기보다는 축(軸)의 의미에 가깝다.

빈곤 문제를 해결하고자 하는 노력은 비록 그 양상과 정도는 다를지라도 어느 시대, 어느 사회에서나 지속되어 왔다. 빈곤과 함께 또 다른 주요 개념인 불평등의 문제는 한동안 빈곤문제만큼 사회문제로 인식되지 못하였다. 최근 우리는 신문이나 방송에서 과거 어느 때보다도 '빈곤', '불평등', '양극화' 등의 단어들을 많이 접하게 된다. 이들 개념들은 한 사회의 고통 정도를 보여 준다는 점에서는 비슷한 측면이 있다. 빈곤은 생존권의 훼손이므로 고통과 직접 관련이 된다. 불평등도 고통과 관련되어 있음을 학자들은 지적하고 있다.

이에 본 장에서는 통계청 2020년 사회조사결과(가족 · 교육과 훈련 · 건강 · 범죄와 안전 · 생활환경)를 기초로 하여 빈곤이 영향을 미치는 다양한 영역을 소득, 교육, 건강, 고용, 주거의 5개 영역으로 구분하여 설명하고자 한다.

1 소득

한 사회에서 만들어지는 생산물들은 그 크기 못지않게 생산에 참여한 구성원들에게 얼마나 잘 분배되는가가 중요하다. 사회발전이라는 관점에서 중요한 것은 경제성장의 과정이 분배의 개선을 가져올 수 있는가 하는 문제로 요약된다.

이러한 분배구조가 개선되지 못했다는 것은 경제의 성장에도 불구하고 사회구성원 중 상당수는 여전히 절대적인 빈곤에서 조차 헤어나지 못하는 경우가 있음을 시사한다.

오늘날 우리가 이렇게 편리하고 윤택한 생활이 가능하게 된 원동력은 산업혁명 그리고 공업문명이 가져다준 생산성 향상으로, 물질적 욕구충족은 많은 부분 충족되어져 가고 있다고 할 수 있다. 그러나 이것으로 소비자의 경제문제가 해결되기보다는 생산자들의 홍보로 소비자들이 개인적으로 생산된 물품을 취득하지 못할 때에 대한 욕구불만과 상대적 빈곤감을 가지게 되는 현상이 반복된다.

결국, 인간은 자신이 필요로 하는 물품을 획득하기 위해서는 자신의 노동력을 판매함으로서 얻어지는 임금 소득을 통해 생산물을 구매하게 된다. 그런데 자본주의 체제에서의 자신의 노동력 판매, 즉, 고용은 매우 불안한 모습으로 나타난다. 호황기에는 취업 기회가 늘어나고 노동의 교섭력도 증가하는 것은 사실이지만 불황기에는 그 반대가 된다. 또 하나, 노동 시장에서 성별 차별이다. 남녀 간에 교육이나 경력 등에서 차이가 없음에도 불구하고 여성들은 임금이나 근로조건 면에서 유리한 직종에 고용되는 비율이 낮다. 그러다 보니 저임금의 열악한 환경의 하위직종에서 여성 노동자들 간의 경쟁이 심화되고 동일 직장 내에서도 기능이나 숙련도가 낮은 일은 주로 여성이 담당하는 경향이 있다.

이와 같은 개념을 토대로 본 장에서는 지역 내 총생산 및 기타 생산과 관련하여 통계청 조사결과 내용을 정리해 보고자 한다.

1) 지역소득조사

(1) 지역 내 총생산

국민총소득(GNI)은 국민이 벌어들인 총소득으로서 한 국가 국민의 소비와 후생에 절대적인 영향을 미친다는 점에서 웰빙의 경제적 기초를 포괄적으로 보여 주는 지표이다. GNI를 총인구로 나눈 1인당 GNI는 국민의 평균적인 소득수준을 나타내며 소득수준의 국가 간 비교에 활용된다.

물가상승을 감안한 구매력 기준의 1인당 실질 GNI는 2000년 1,972만 원에서 2019년 3,521만 원으로 78.5% 증가하였고, 이 기간 중 연평균 3.1% 증가하였다. 1인당 명목 GNI는 같은 기간 연평균 5.4% 성장하였다.

한국의 1인당 GNI[1)]는 2000년과 2017년 사이 미국 대비 50.1%에서 67.6%로 증가하였고, 2017년 현재 OECD 평균 대비 94.1% 수준에 와 있다.

다음으로는 2019년과 2020년 통계청 지역소득(잠정) 조사를 [그림 5-1]과 같이 비교 설명해 보고자 한다.

---

1) 관련용어
- 명목국민총소득(GNI): 1인당 국민소득, 국가경제규모 등을 파악하는 데 이용되는 지표로 우리나라 국민이 국내는 물론 해외에서 생산 활동에 참여한 대가로 벌어들인 명목총소득을 의미하므로 명목 GDP에 명목 국외 순수취 요소 소득을 더하여 산출.
- 실질국민총소득(GNI): 우리나라 국민이 국내는 물론 국외에서 벌어들인 소득의 실질구매력을 나타내는 지표로 실질 GDP에서 외국인이 국내에서 벌어 간 실질소득은 차감하고 우리 국민이 국외에서 벌어들인 실질소득은 더하여 산출.
- 국외 순수 취요소 소득: 국외 순수취 요소 소득은 한 나라의 국민이 국외에서 노동, 자본 등의 생산요소를 제공한 대가로 받은 국외수취요소 소득에서 국내의 외국인이 생산 활동에 참여함으로써 발생한 국외지급요소소득을 차감한 것으로, 국외 순수취 기업 및 재산소득과 피용자보수를 더하여 산출함. 즉, 국외 순수취 요소 소득은 국내에서의 모든 경제주체가 생산 활동에 참여한 결과 발생한 국내총생산과 한 나라의 국민이 생산 활동에 참여한 결과인 국민총소득의 차이를 의미.
- 구매력평가(PPP: purchasing power parity): 국가 간 화폐의 구매력을 동일하게 해 주는 통화 교환비율을 계산한 것으로, PPP 환율은 동일한 재화와 서비스의 구매에 대해 각국 통화로 표현되는 상대가격비율임.

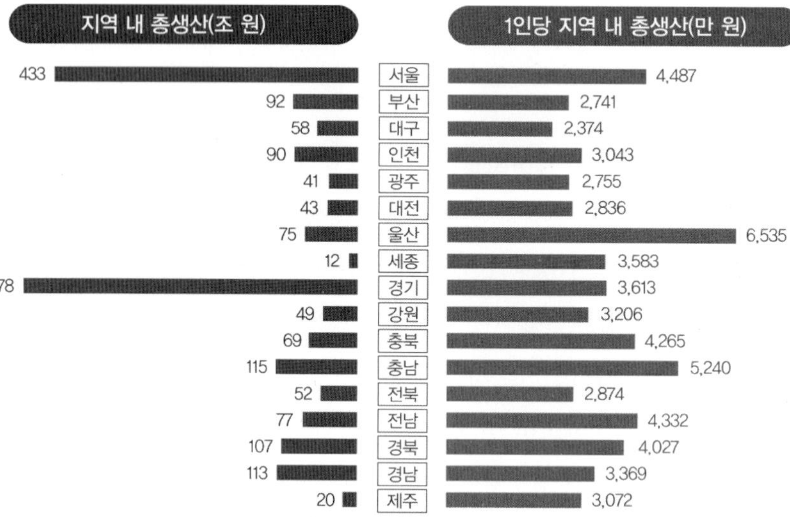

[그림 5-1] 지역 내 총생산 및 1인당 지역 내 총생산

우선 2019년도 조사를 살펴보면, 전국 지역 내 총생산은 1,924조 원으로 전년보다 21조 원(1.1%) 증가하였다.

그 결과 경기(478조 원), 서울, 충남 순으로 크게 나타났으며, 세종(12조 원), 제주, 광주 순으로 작게 나타났으며, 수도권(서울, 경기, 인천)은 1,001조 원으로 전국 대비 52.0%를 차지하였다.

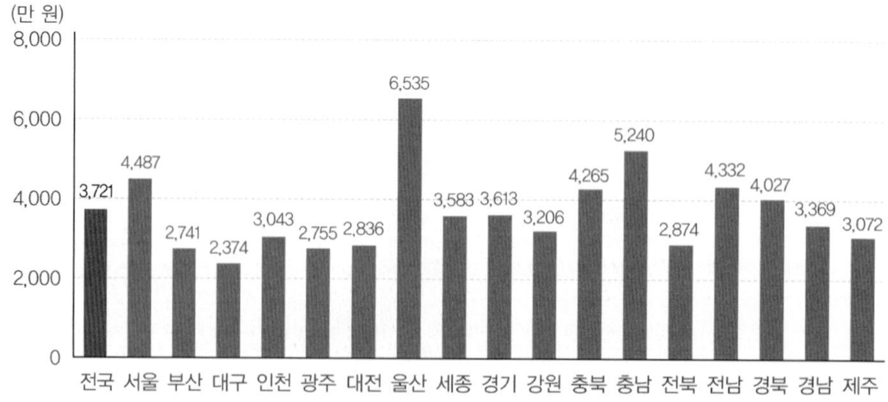

[그림 5-2] 2019년 1인당 지역 내 총생산(명목)

명목 1인당 전국 1인당 지역 내 총생산은 3,721만 원으로 전년보다 34만 원(0.9%) 증가하였고, 울산, 충남, 서울 등은 전국평균(3,721만 원)을 상회하였으며, 대구, 부산, 광주 등은 전국평균을 하회하였다.

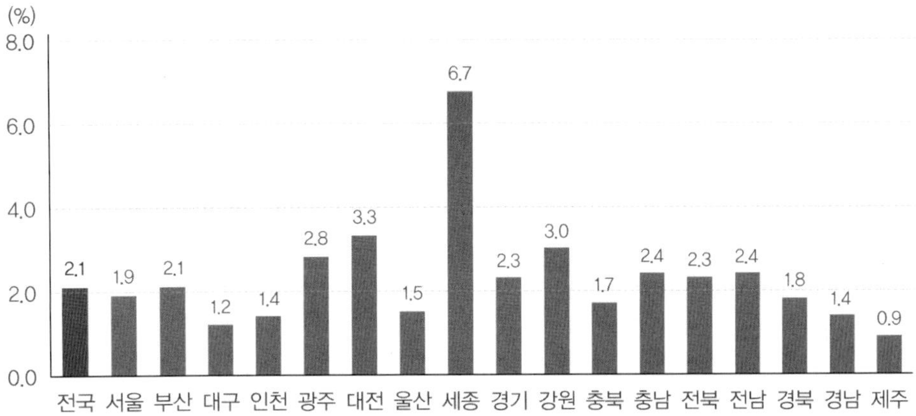

[그림 5-3] 2019년 지역 내 총생산 증감률(실질)

실질 증감률은 전국 지역 내 총생산은 제조업, 금융·보험업, 공공행정 및 보건·사회복지업 등의 생산이 늘어 전년대비 2.1% 증가하였고, 세종(6.7%), 대전(3.3%)은 공공행정, 보건·사회복지가 늘어 전국평균보다 높게 증가, 제주(0.9%), 대구(1.2%)는 건설업, 제조업이 줄어 전국평균보다 낮게 증가하였다.

(2) 지역 내 총생산에 대한 지출(소비, 투자)

지역 내 총생산에 대한 지출(소비, 투자)을 살펴보면, [그림 5-4]와 같다.

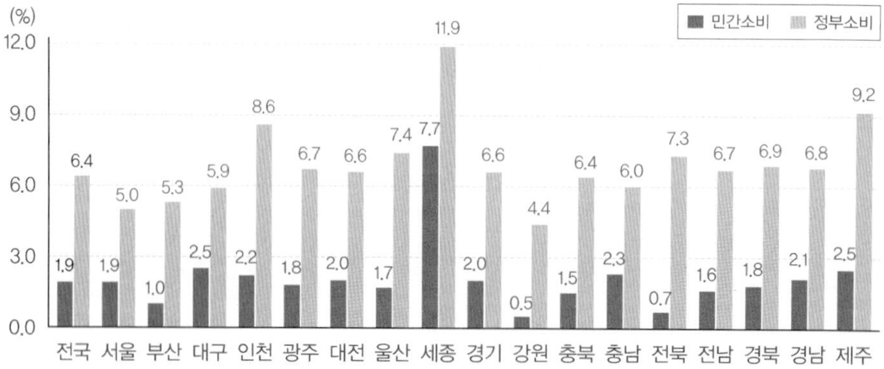

[그림 5-4] 2019년 민간소비 및 정부소비증감률(실질)

(명목 규모) 전국 최종소비는 1,257조 원으로 전년보다 43조 원(3.6%) 증가하였으며, 총 고정자본형성은 583조 원으로 전년보다 1조 원(0.3%) 증가하였으며, 최종소비는 경기, 서울, 경남 순으로 크게 나타났으며, 총 고정자본형성은 경기, 서울, 충남 순으로 크게 나타났다.

(실질 소비) 전국 민간소비는 전년대비 1.9% 증가, 정부소비는 6.4% 증가하였고, 민간소비는 세종(7.7%), 제주(2.5%), 대구(2.5%) 등은 전국평균보다 높게 증가하였으며, 강원(0.5%), 전북(0.7%) 등은 전국평균보다 낮게 증가하였다. 또한, 정부소비는 세종(11.9%), 제주(9.2%), 인천(8.6%) 등은 전국평균보다 높게 증가하였으며, 강원(4.4%), 서울(5.0%) 등은 전국평균보다 낮게 증가하였다.

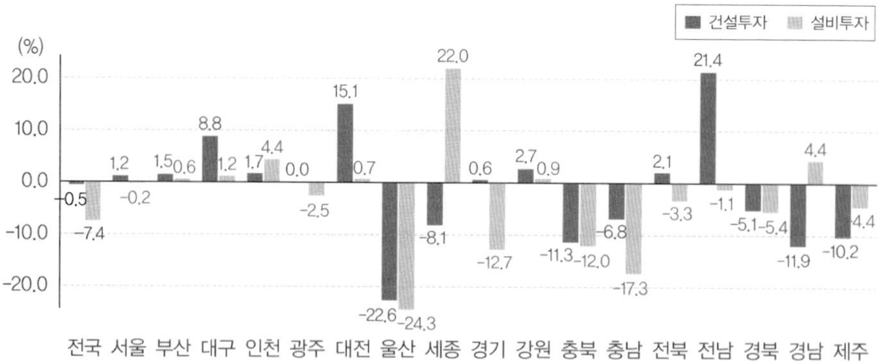

[그림 5-5] 2019년 건설투자 및 설비투자 증감률(실질)

다음으로 지역총소득 규모를 살펴보면, [그림 5-6]과 같다. 전국은 1,941조 원으로 전년보다 30조 원(1.6%) 증가하였으며, 그중 경기(509조 원), 서울, 경남 순으로 크게 나타났으며, 세종(12조 원), 제주, 강원 순으로 작게 나타났다.

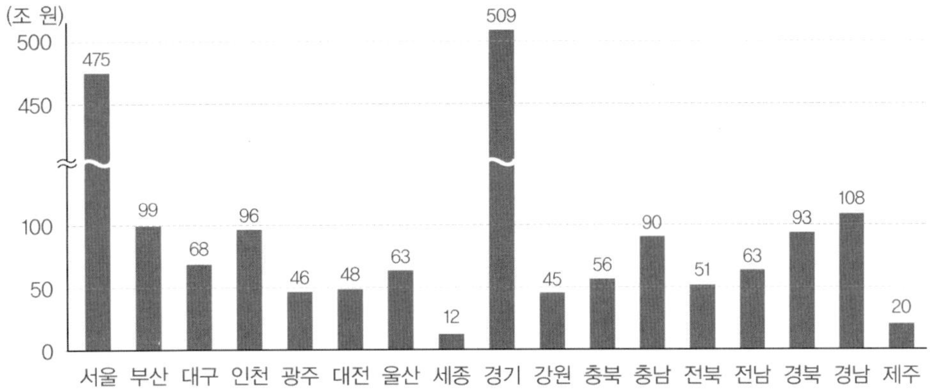

[그림 5-6] 2019년 지역총소득 규모(명목)

2) 소득

(1) 개인/가구소득

1인당 개인소득을 살펴보면, [그림 5-7]과 같다. 전국평균 개인소득(가계 총 처분가능 소득)은 2,040만 원으로 서울(2,344만 원), 울산(2,255만 원), 광주(2,053만 원) 순으로 나타났다.

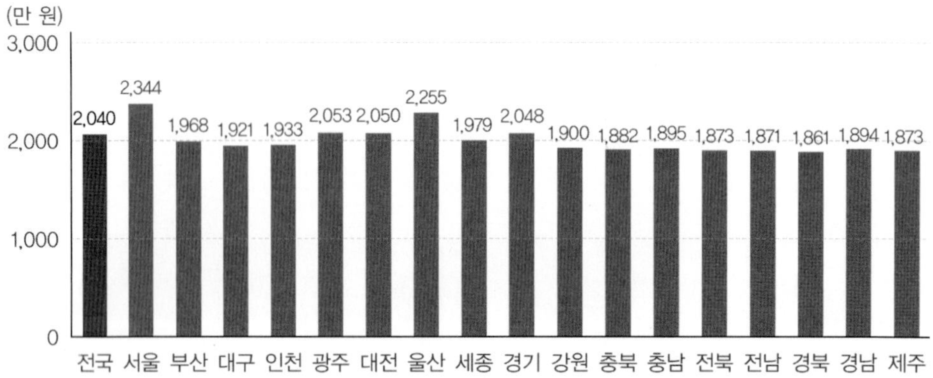

[그림 5-7] 2019년 1인당 개인소득(명목)

다음으로 2018년 1인 가구의 연소득을 살펴보면 [그림 5-8]과 같다.

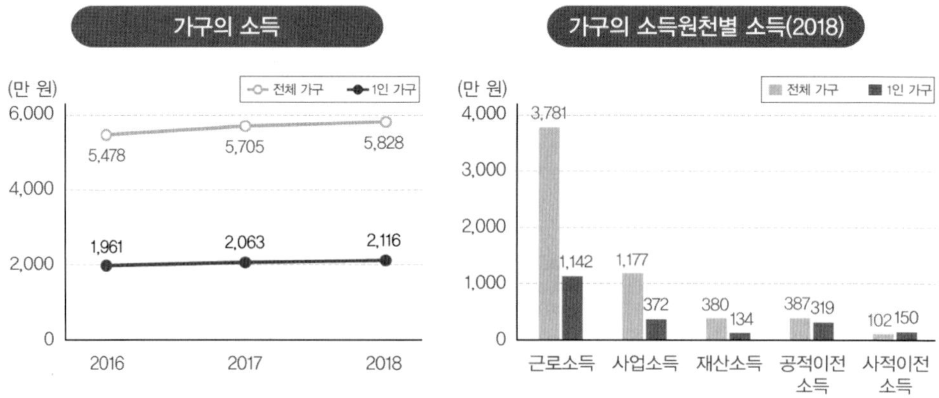

[그림 5-8] 2018년 1인 가구의 연소득

2018년 1인 가구의 연소득은 전년대비 2.6% 증가한 2,116만 원으로 전체 가구보다 0.4%p 더 많이 증가하였으나, 여전히 전체 가구의 36.3% 수준을 보였고, 전체 가구와 1인 가구 모두 전년대비 사업소득과 재산소득을 제외한 모든 소득이 증가하였다. 그리고 1인 가구의 이전소득(공적 · 사적) 비중은 22.2%로 전체 가구(8.4%) 대비 약 2.6배 수준이었다.

다음으로 1인 가구의 소득분포를 살펴보면 [그림 5-9]와 같다.

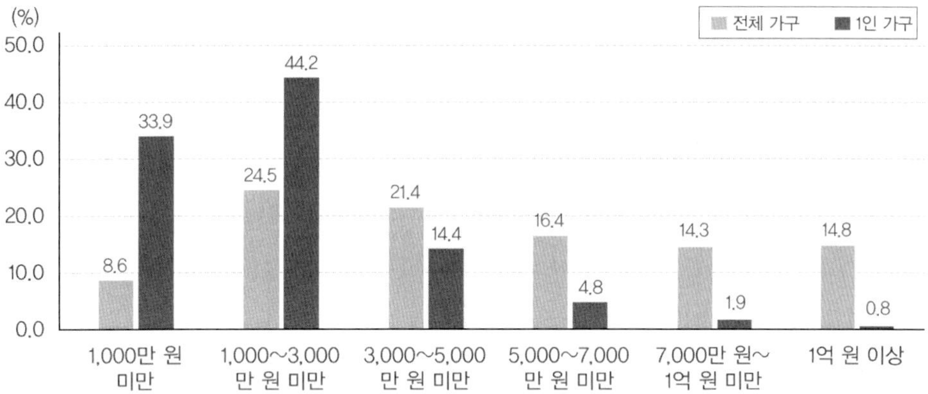

[그림 5-9] 1인 가구의 소득분포(2018)

〈표 5-1〉 가구의 소득 분포

(단위: %, %p)

	전체 가구							1인 가구						
	계	1,000만 원 미만	1,000~3,000만 원 미만	3,000~5,000만 원 미만	5,000~7,000만 원 미만	7,000~1억 원 미만	1억 원 이상	계	1,000만 원 미만	1,000~3,000만 원 미만	3,000~5,000만 원 미만	5,000~7,000만 원 미만	7,000~1억 원 미만	1억 원 이상
2016	100.0	10.0	25.1	22.0	16.2	14.0	12.7	100.0	39.8	40.5	13.2	4.1	1.7	0.8
2017	100.0	9.3	24.5	22.0	15.9	14.4	13.9	100.0	36.7	42.2	13.7	4.4	2.1	0.9
2018	100.0	8.6	24.5	21.4	16.4	14.3	14.8	100.0	33.9	44.2	14.4	4.8	1.9	0.8
증감	–	–0.7	0.0	–0.6	0.5	–0.1	0.9	–	–2.8	2.0	0.7	0.4	–0.2	–0.1
증감률	–	–7.5	0.0	–2.7	3.1	–0.7	6.5	–	–7.6	4.7	5.1	9.1	–9.5	–11.1

출처: 통계청 · 금융감독원 · 한국은행(2019).

위의 결과를 살펴보면, 2018년 기준 1인 가구 10가구 중 약 8가구는 연 소득이 3,000만 원 미만이며, 2018년 가구소득 3,000만 원 미만 비중은 1인 가구가 78.1%로, 전체 가구(33.1%)의 약 2.4배 수준이다. 또한, 1인 가구 소득은 1,000~3,000만 원 미만(44.2%), 1,000만 원 미만(33.9%), 3,000~5,000만 원 미만(14.4%) 순으로 비중이 높으며,

1,000만 원 미만 소득 비중은 1인 가구(33.9%)가 전체 가구(8.6%)의 약 4배 수준이다. 그리고 전년대비 전체 가구는 1억 원 이상 소득 비중이 가장 크게 증가(6.5%)하였으나, 1인 가구는 1억 원 이상 소득 비중이 가장 크게 감소(-11.1%)하였다.

(2) 소비지출과 부채

1인 가구 월 평균 소비지출을 살펴보면 [그림 5-10]과 같다.

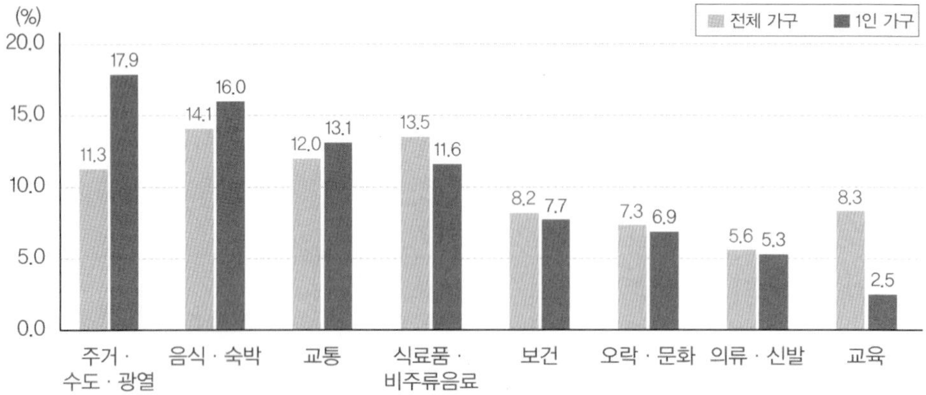

[그림 5-10] 1인 가구 월 평균 소비지출(2019)

〈표 5-2〉 가구 월 평균 소비지출(2019) (단위: 천 원, %)

	계	식료품·비주류음료	주류·담배	의류·신발	주거·수도·광열	가정용품·가사서비스	보건	교통	통신	오락·문화	교육	음식·숙박	기타상품서비스
전체 가구	2,457 (100.0)	333 (13.5)	36 (1.5)	138 (5.6)	277 (11.3)	115 (4.7)	202 (8.2)	296 (12.0)	123 (5.0)	180 (7.3)	205 (8.3)	346 (14.1)	206 (8.4)
1인 가구	1,426 (100.0)	165 (11.6)	32 (2.3)	76 (5.3)	255 (17.9)	60 (4.2)	110 (7.7)	187 (13.1)	62 (4.3)	99 (6.9)	35 (2.5)	229 (16.0)	117 (8.2)

출처: 통계청(2020).

2019년 기준 1인 가구 월 평균 소비지출은 142만 6천 원으로 전체 가구의 58.0% 수준이며, 2019년 1인 가구 월 평균 소비지출은 142만 6천 원으로 전체 가구의 245만 7천 원 대비 58.0% 수준이다. 그리고 전체 가구는 음식 · 숙박(14.1%), 식료품 · 비주류 음료(13.5%), 교통(12.0%) 순으로, 1인 가구는 주거 · 수도 · 광열(17.9%), 음식 · 숙박(16.0%), 교통(13.1%) 순으로 비중이 높았으며, 비목별로 보면 1인 가구는 전체 가구 대비 상대적으로 주거 · 수도 · 광열과 주류 · 담배의 지출 비중이 높게 나타났다.

다음으로 1인 가구 자산 · 부채에 대해 설명하면 [그림 5-11]과 같다.

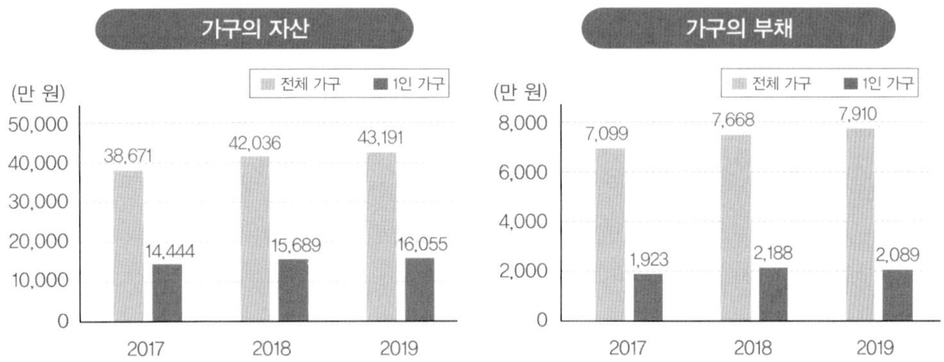

[그림 5-11] 1인 가구 자산 · 부채

〈표 5-3〉 가구의 자산 · 부채[1)]

(단위: 만 원, %)

	전체 가구						1인 가구					
	자산[2)]	금융 자산	실물 자산	부채	금융 부채	임대 보증금	자산[2)]	금융 자산	실물 자산	부채	금융 부채	임대 보증금
2017	38,671	9,722	28,950	7,099	5,041	2,058	14,444	4,136	10,308	1,923	1,260	663
2018	42,036	10,346	31,689	7,668	5,539	2,129	15,689	4,480	11,209	2,188	1,485	703
2019	43,191	10,570	32,621	7,910	5,755	2,155	16,055	4,642	11,414	2,089	1,433	656
증감	1,155	224	932	242	216	26	366	162	205	−99	−52	−47
증감률	2.7	2.2	2.9	3.2	3.9	1.2	2.3	3.6	1.8	−4.5	−3.5	−6.7

출처: 통계청 · 한국은행 · 금융감독원(2020).
주: 1) 연도는 조사실시연도이며, 자산 · 부채는 조사연도 3월말 기준
2) 부채를 포함한 자산임

2019년 기준 '1인 가구 자산'은 약 1억 6천만 원으로 전체 가구의 37.2% 수준이며 2019년 전체 가구는 전년대비 자산과 부채가 모두 증가한 반면, 1인 가구는 자산은 증가하고 부채는 감소하였다. 그리고 전체 가구 대비 1인 가구의 자산은 37.2%, 부채는 26.4% 수준이었다. 전년대비 전체 가구는 금융 부채가 가장 크게 증가(3.9%)한 반면, 1인 가구는 금융 자산(3.6%)이 가장 크게 증가하였다.

문제는 왜 이렇게 부채 위기가 주기적으로 발생하는가이다.

시장 중심의 경제에서는 신용의 수축과 확장으로 경제가 운용된다. 큰 관점에서 본다면 이런 현상은 일정한 패턴을 가지게 된다. 주의할 점은 패턴이 일정하다고 해서 원인도 같다는 말은 아니다. 일정하고 규칙적인 흐름을 이해하면 경제 흐름을 더 쉽게 파악할 수 있게 된다. 사실상 돈이란 빌리는 순간부터 부채 사이클이 시작된다. 그러나 그 누가 돈을 빌리고 싶어 할까? 생활하다 보니 금전적 여유가 없음에도 물건을 구입해야 하고, 버는 수입 이상의 지출이 발생하게 된다. 너무나 살아가는 데 힘든 구조이다.

살다 보면, 왜 이리 단순히 부채가 생기는 것 이상으로, 어느 시점에서는 반드시 수입보다 적은 지출을 해야 하는지, 그런 시기가 올 때는 경제 성장이 둔화되고 기존에 만들었던 부채들이 부메랑이 되어 돌아오게 된다. 또한, 부채는 갚아야 하는 순간이 반드시 온다.

만약 은행에서 예금과 대출을 본격적으로 시작하게 되면, 현금을 가진 사람들은 예금을 통해 이득을 얻기 위해 은행에 현금을 입금하기 시작한다. 여기에 현금이 많아진 은행은 대출의 규모를 늘려 주고, 대출자들은 많은 부채를 만들고, 결국은 부채가 많아지는 형태로 바뀌게 된다. 각종 대출과 규제 완화는 실제 보유한 현금 이상으로 부채를 만들게 되고, 적절한 규제가 없다면 감당하기 힘들 정도로 빚이 많아지기 시작한다. 이런 상황이 오게 되면 어느 시점에서 금융권은 규제와 대출을 축소하게 된다. 다시 설명하면, 많은 카드 회사들이 카드대출과 현금서비스를 이용하도록 많은 홍보를 하게 되고, 사람들은 카드대출과 현금서비스를 이용하여 급한 위기 상황을 막아 낸다. 그러나 문제는 카드사용한도 1천만 원과 카드 현금서비스 사용한도 500만 원이라고 가정하면, 이 현금서비스 한도금액을 200~300만 원 이하로 축소한다는 것이다. 즉, 다음 달에도 카드 한도를 예상하고 돌려 막기를 예상한 소비자를 위기에 당면하게 만드는 것이다. 이후 자금지급을 이 카드대출 또는 감당이 불가능할 정도의 대출을 받은 사람들은 나빠진 경제 상황으로 또 다른 높은 이율을 지급하는 제2금융권 또는 사채를 사용하다가 파산을 맞게 된다.

이에 정부는 적정한 제한을 두기 위해 수많은 경제 정책을 만들어 경제를 보호해야만 한다.

대부분의 사람들이 단기적 이익만 따르기 때문에 부채를 대수롭지 않게 생각하는 사람들이 많다. 부채보다는 '내일 당장의 이득을 가져올 것이다'라는 생각을 가지며, 자신은 절대 손해를 보지 않는다고 생각하기 때문이다.

예를 들어, 아파트 붐이 일어날 때에는 주거 목적이 아닌 투기 목적으로 너도나도 대출을 받아 고가의 아파트를 구입을 한다. 그러나 정작 실제로 거주해야 하는 사람들은 아파트 가격 상승으로 구입조차 힘든 상황이 되었으며, 고액의 대출을 받은 사람들은 이자를 감당하기 위해 고통받는 삶을 살아간다. 경제는 절대 무한정 오르지 않는다.

부채는 반드시 갚아야 하는 시기가 온다. 특히 부채로 조달된 자금에 의존하여 투기한 부분은 가계부채의 위기를 가져오게 되며 결국에는 감당할 수 없는 치명적 위기를 맞이하게 된다.

한국은행이 발표한 2020년 금융시장 동향에 따르면 작년말 은행의 가계대출, 기업대출 잔액은 1,965조 2,000억으로 2019년 말보다 207조 9,000억 원이 늘었다고 보고되었다. 이는 2019년 증가폭 105조 6,000억 원의 두 배이다.

〈표 5-4〉 가계신용 동향

		2019	2019 3/4	2019 4/4	2020 1/4	2020 2/4	2020 3/4
가계신용	금액	1,600.1	1,572.5	1,600.3	1,611.4	1,637.3	1,682.1
	전년동기증감액	63.4	58.7	63.6	71.5	80.5	109.6
	전년동기증감율(%)	4.1	3.9	4.1	4.6	5.2	7.0
가계대출	금액	1,504.4	1,481.4	1,504.6	1,521.8	1,546.0	1,585.5
	전년동기증감액	57.8	54.3	57.9	70.1	78.0	104.1
	전년동기증감율(%)	4.0	3.8	4.0	4.8	5.3	7.0
판매신용	금액	95.7	91.1	95.7	89.6	91.2	96.6
	전년동기증감액	5.6	4.4	5.6	1.4	2.5	5.5
	전년동기증감율(%)	6.2	5.1	6.3	1.6	2.8	6.0

출처: 한국은행(2020).

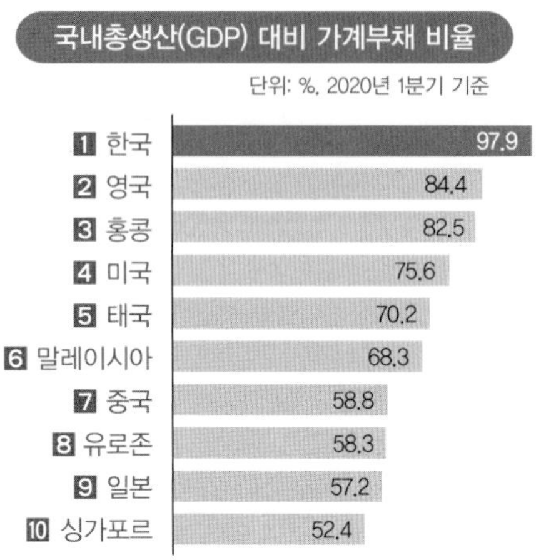

출처: 국제금융협회(IIF).

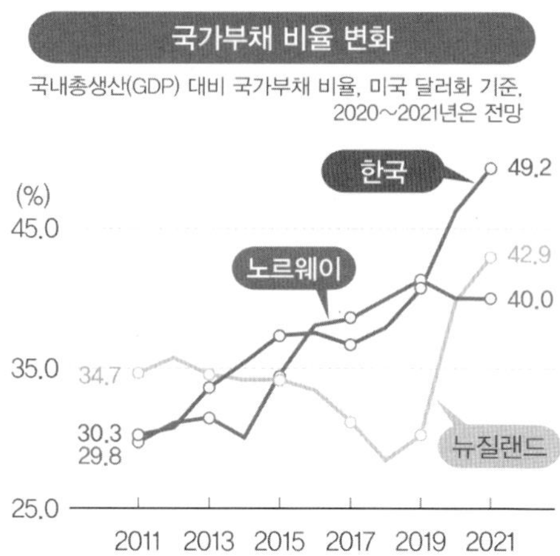

출처: 국제통화기금(IMF).

그리고 한국의 국내 총생산 대비 가계부채 비율이 세계 39개 주요국 가운데 1위를 기록했다는 기사가 2020년 5월에 보고되었다. 그리고 빚이 불어나는 속도도 역시 세계 3위로 최상위권에 있어, 가계 대출뿐만 아니라 기업부채 규모도 상당하여 한국 비금융 기업 부채의 GDP 대비 비율은 104%로 홍콩, 중국 등에 이어 7위였다. 또한, 2020년

1월 1일자 연합뉴스 기사에서는, 국가채무 945조, 적자국채 발행 90조로 재정 건전성에 빨간불이 켜졌다고 보도하였다. 이는 곧 총수입 증가율－총지출 증가율 최대를 의미하며 이 상황에 대해서 많은 외국 금융권에서 한국은 급격한 부채 확대에 대해서 부정적인 시각이며, 국가신용등급 전망을 안정적에서 부정적으로 하향 조정했으며, 현재 우리나라 국가채무비율이 30% 후반에서 불과 5년 만에 50% 후반으로 증가하는 건 속도가 정말 빠르다고 비판하고 있다.

2 건강과 복지

우리나라의 의료문제를 논하기 위해서는 우선 우리나라 사회보장의 성격을 이해하는 일이 필요하다. 왜냐하면, 의료보호는 이른바 5대 사회복지제도 중의 하나이며, 따라서 의료보호의 성격 역시 우리나라 사회복지 정책의 틀 안에서 규정되어질 수밖에 없기 때문이다. 구체적으로는 의료보호대상자의 대부분이 생활보호대상자이므로 생활보호정책, 대상자의 책정기준에 의해 의료보호의 내용이 결정되어진다.

그러나 우리나라 의료보호의 문제점은 내용적으로는 의료보호정책의 기본방향 및 관리체계 문제와 의료보호 수준 및 내용의 문제로 나누어 검토할 수 있다.

1) 의료보호 관리체계 문제

(1) 현재 의료보호 대상자는 대부분이 생활보호대상자

생활보호대상자의 선정기준은 정부가 발표한 최저생계비의 절반에도 미치지 못하는 아주 낮은 수준이다. 또한 의료보호대상자의 선정과정에서는 행정기관의 조사인력 부족과 전문성의 결여로 체계적이고 전문적인 자산조사가 이루어지지 못하고 있다. 신청방법 역시 신고제로 되어 있어 상대적으로 정보에 접하기 어렵고, 거동이 불편한 의료보호대상자들의 상당수가 신청에서 누락되는 현실이 큰 문제 중의 하나이다.

(2) 접근성의 저하문제

의료보호 적용 의료기관의 제한과 지역적 의료자원의 불균형은 의료보호대상자들의 접근도를 떨어뜨리는 기본 요인이 된다. 또한, 현행 제도는 의료보호대상자들의 인구학적 특성과 질병양상에 필요한 중간의료시설, 지역사회 정신보건센터, 방문보건사업 등의 의료서비스의 상대적인 부족은 이른바 보이지 않는 접근성 저하의 주요인이다.

(3) 관리조직상의 문제

현행 의료보호제도는 자격확인, 진료비 심사, 지급기관이 모두 달라 업무의 비효율성이 계속되고 있다. 구체적으로 대상자 책정은 읍, 면, 동에서 진료비 지급은 시, 군, 구에서 대상자 전산관리 및 정액진료비 처리는 의료보험 관리공단에서 하고 있으며, 행위별 수가 진료비심사는 의료보험연합회에서 하고 있다. 따라서 진료비 지급내역에 관한 문의와 심사에 관해서는 연합회에, 자격에 대해서는 의료보험 관리공단에, 지급에 관한 사항은 시, 군, 구에 물어봐야 하는 불편을 겪고 있다. 또 다른 부분은 의료보호의 수준과 내용이 미흡하다는 것이다. 이에 의료보호대상자의 인구 사회학적 특성과 질병특성에 맞는 보건의료 프로그램 운영과 의료보호 대상자들의 건강문제를 전달할 조직을 구성할 필요가 있다.

다음은 우리나라의 1인 가구 및 연간 의료비 현황을 알아보고자 한다.

2) 1인 가구 의료비

(1) 연간의료비

1인 가구 의료비에 대한 결과는 [그림 5-12]와 같다.

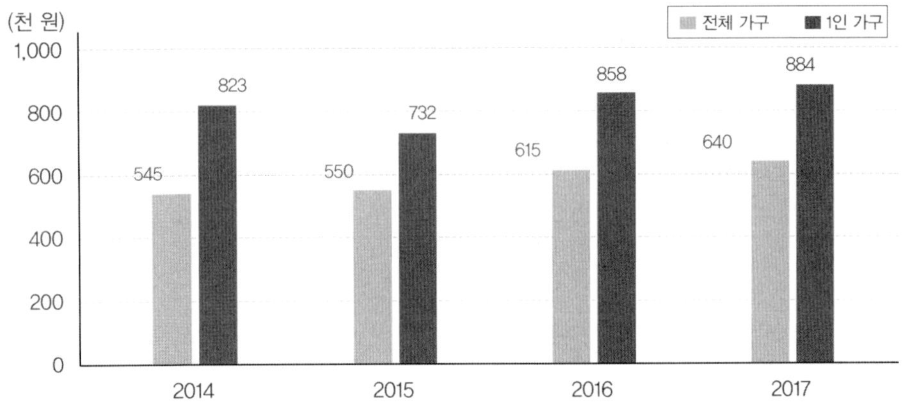

[그림 5-12] 연간의료비

〈표 5-5〉 연간 의료비[1]

(단위: 천 원, %)

	전체[2](A)	증감	증감률	1인 가구(B)	증감	증감률	차이(B-A)
2014	545	–	–	823	–	–	278
2015	550	5	1.1	732	-90	-11.0	182
2016	615	65	11.8	858	126	17.2	243
2017	640	25	4.1	884	26	3.0	244

출처: 한국보건사회연구원 · 국민건강보험공단, 「한국의료패널조사」
주: 1) 의료비는 응급 · 입원 · 외래 수납액과 처방약값을 포함한 금액임
2) 18세 이상 인구

1인 가구 의료비에 대한 설명으로, 2017년 기준 1인 가구의 의료비는 88만 4천 원으로 18세 이상 인구의 약 1.4배 수준이다. 2017년 1인 가구의 연간 의료비는 88만 4천 원으로 18세 이상 인구의 64만 원 대비 약 1.4배 수준이다. 2015년 이후 전체 인구(18세

이상)와 1인 가구의 연간 의료비는 지속적으로 증가하고 있으며, 연간 의료비 간격차도 증가하고 있다.

(2) 1인 가구의 간편식 이용

1인 가구의 간편식 이용에 대한 결과는 [그림 5-13]과 같다.

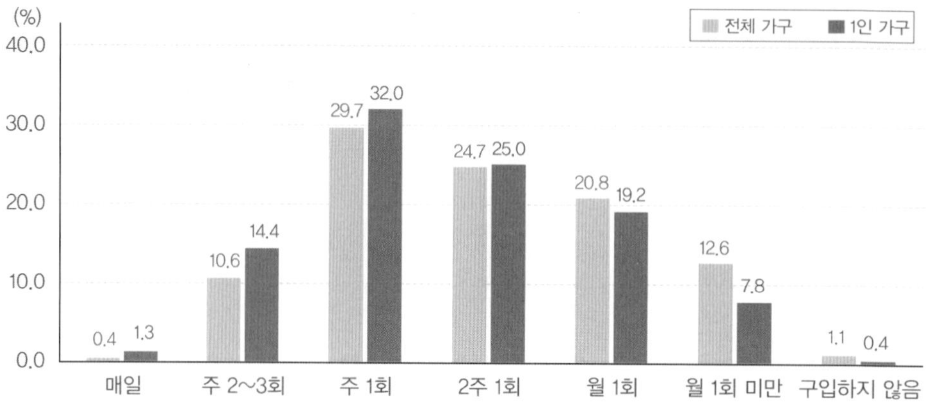

[그림 5-13] 간편식(즉석 섭취 식품) 구입 주기(2019)

〈표 5-6〉 간편식(즉석 섭취 식품) 구입 주기 (단위: %, %p)

		매일	주 2~3회	주 1회	2주 1회	월 1회	월 1회 미만	구입하지 않음
전체 가구	2018	1.4	12.3	19.4	24.3	24.6	12.1	5.9
	2019	0.4	10.6	29.7	24.7	20.8	12.6	1.1
	증감	-1.0	-1.7	10.3	0.4	-3.8	0.5	-4.8
1인 가구	2018	1.6	18.7	18.4	24.9	22.4	8.8	5.2
	2019	1.3	14.4	32.0	25.0	19.2	7.8	0.4
	증감	-0.3	-4.3	13.6	0.1	-3.2	-1.0	-4.8

출처: 농림축산식품부, 「가공식품소비자태도조사」

2019년 기준 1인 가구 약 2가구 중 1가구는 주 1회 이상 간편식을 구입하였으며, 2019년 간편식(즉석 섭취 식품) 구입 주기는 전체 가구와 1인 가구 모두 주 1회, 2주

1회, 월 1회 순으로 비중이 높았다. 1인 가구 중 주 1회 이상 간편식(즉석 섭취 식품)을 구입하는 비중은 47.7%로 전체 가구(40.7%)보다 7%p 더 높게 나타났다. 그리고 2019년 전년대비 전체 가구와 1인 가구 모두 주 1회 구입 비중이 가장 크게 증가하였고, 구입하지 않는다는 비중이 가장 크게 감소하였다.

(3) 국민기초생활보장 수급 대상 1인 가구

국민기초생활보장 수급 대상 1인 가구에 대한 결과는 [그림 5-14]와 같다.

2019년 기준 국민기초생활보장 수급 대상 가구 3가구 중 2가구는 1인 가구이며, 2019년 국민기초생활보장 수급을 받는 1인 가구는 약 87만 9천여 가구이며, 국민기초생활보장 수급을 받는 전체 가구 3가구 중 2가구 이상이 1인 가구이었다. 전체 국민기초생활보장 수급가구 중 1인 가구비중은 2014년 이후 매년 증가하여 2019년에는 68.6%로 지난 10년간 가장 높은 수준을 보였다.

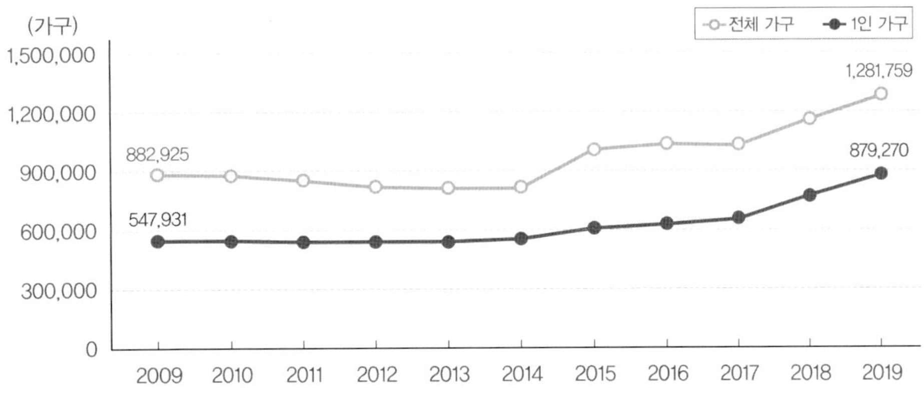

[그림 5-14] 국민기초생활보장 수급 대상 1인 가구

〈표 5-7〉 국민기초생활보장 수급 가구 (단위: 가구, %)

	전체 가구 (A)	증감	증감률	1인 가구 (B)	증감	증감률	비중(B/A)
2009	882,925	28,720	3.4	547,931	22,853	4.4	62.1
2010	878,799	−4,126	−0.5	549,341	1,410	0.3	62.5
2011	850,689	−28,110	−3.2	544,206	−5,135	−0.9	64.0
2012	821,879	−28,810	−3.4	540,924	−3,282	−0.6	65.8
2013	810,544	−11,335	−1.4	543,295	2,371	0.4	67.0
2014	814,184	3,640	0.4	557,275	13,980	2.6	68.4
2015	1,014,177	199,993	24.6	611,050	53,775	9.6	60.3
2016	1,035,435	21,258	2.1	630,037	18,987	3.1	60.8
2017	1,032,996	−2,439	−0.2	655,191	25,154	4.0	63.4
2018	1,165,175	132,179	12.8	771,235	116,044	17.7	66.2
2019	1,281,759	116,584	10.0	879,270	108,035	14.0	68.6

출처: 보건복지부, 「국민기초생활보장수급자현황」

(4) 1인 가구 노후생활비 마련방법

1인 가구 노후생활비 마련방법에 관한 결과는 [그림 5-15]와 같다.

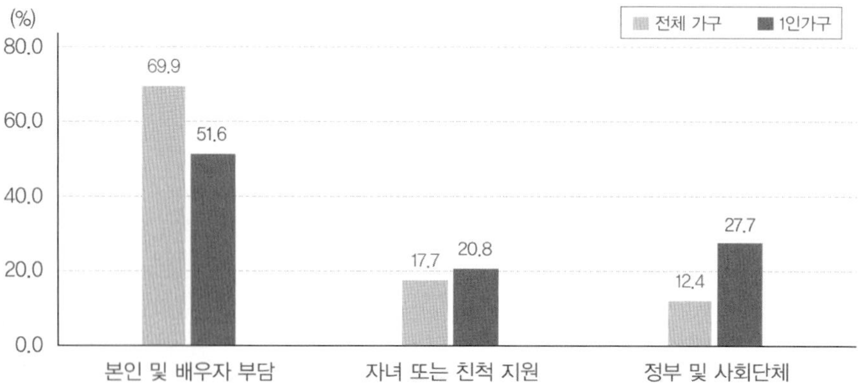

[그림 5-15] 1인 가구 노후생활비 마련방법(60세 이상, 2019)

〈표 5-8〉 노후생활비 마련 방법(60세 이상)

(단위: %, %p)

		계	본인 및 배우자 부담							자녀·친척 지원	정부 및 사회단체	기타
				소계	근로·사업소득	재산소득	연금·퇴직금	예금(적금)	기타			
전체	2009	100.0	60.0	100.0	56.2	13.3	24.5	6.1	-	31.4	8.6	0.1
	2011	100.0	60.1	100.0	50.9	12.4	27.6	9.1	-	32.0	7.7	0.2
	2013	100.0	63.6	100.0	53.1	12.2	24.9	9.9	-	28.8	7.6	0.1
	2015	100.0	66.6	100.0	54.4	11.7	27.6	6.3	-	23.0	10.4	0.1
	2017	100.0	69.9	100.0	54.2	10.3	28.1	7.3	0.0	20.2	9.9	-
	2019	100.0	69.9	100.0	58.1	9.5	26.2	6.1	0.0	17.7	12.4	-
	증감	-	0.0	-	3.9	-0.8	-1.9	-1.2	0.0	-2.5	2.5	-
1인 가구	2009	100.0	39.7	100.0	48.9	13.8	29.0	8.3	-	40.2	20.1	0.0
	2011	100.0	43.2	100.0	46.8	11.1	29.5	12.6	-	38.7	17.8	0.3
	2013	100.0	42.2	100.0	52.1	12.0	24.3	11.5	-	37.5	20.1	0.1
	2015	100.0	47.2	100.0	47.8	10.5	34.8	6.9	-	28.0	24.7	0.0
	2017	100.0	49.3	100.0	49.6	10.2	30.9	9.4	0.0	28.8	22.0	-
	2019	100.0	51.6	100.0	55.1	8.7	26.3	9.7	0.2	20.8	27.7	-
	증감	-	2.3	-	5.5	-1.5	-4.6	0.3	0.2	-8.0	5.7	-

출처: 통계청(2020).

2019년 기준 1인 가구 2가구 중 1가구는 본인이 노후생활비를 마련하였으며, 2009년 이후 전체 인구와 1인 가구 모두 노후생활비 마련방법으로 본인 및 배우자 부담과 정부 및 사회단체의 비중은 증가하고, 자녀 또는 친척 지원은 감소하는 추세이다. 본인 및 배우자가 노후생활비를 마련하는 방법으로는 전체 인구와 1인 가구 모두 근로 사업소득이 가장 큰 비중을 차지하였다.

다음은 통계청에서 2020년 사회조사결과(가족 · 교육과 훈련 · 건강 · 범죄와 안전 · 생활환경)를 토대로 설명하고자 한다.

3) 건강평가

(1) 건강평가

자신의 건강 상태가 좋다고 평가하는 사람은 2년 전보다 1.6%p 증가한 50.4%이었다. 13세 이상 인구 중 50.4%가 전반적으로 자신의 건강상태에 대해 좋다고 생각하며, 이는 2년 전보다 1.6%p 증가한 수치이다. 그리고 좋다고 평가한 비중은 남자가 54.7%로 여자 46.1%보다 8.6%p 높게 조사되었다. 또한, 건강상태가 좋다고 평가하는 비중은 10대가 80.3%로 가장 높고, 연령대가 높을수록 낮아져 60세 이상은 28.5%로 나타났다.

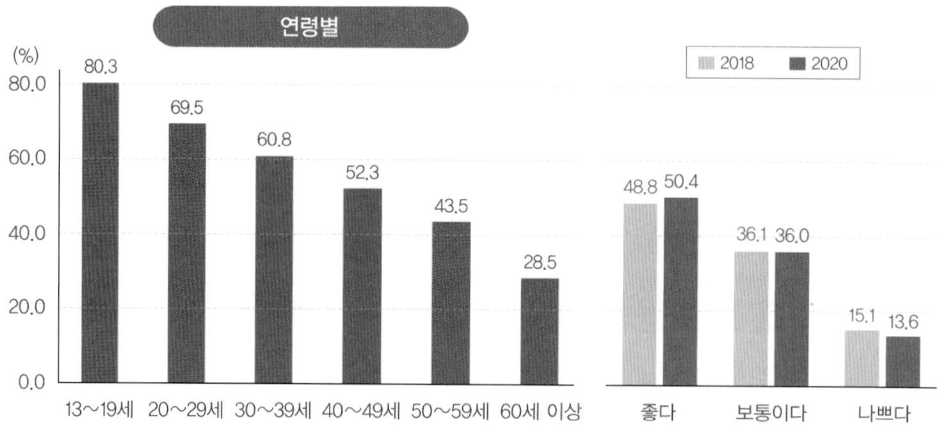

[그림 5-16] 건강평가

(2) 건강관리

적정수면, 규칙적 운동, 정기건강검진 실천율은 2년 전보다 소폭 증가하였으며, 13세 이상 인구 10명 중 8명은 정기건강검진(80.7%)과 적정수면(80.1%)을 실천하고 있으나, 아침식사하기(64.8%)와 규칙적 운동하기(40.9%)를 실천하는 사람 비중은 상대적으로 낮게 나타났다.

또한, 적정수면, 규칙적 운동, 정기건강검진을 실천하는 사람은 2년 전보다 각각 2.6%p, 2.6%p, 0.3%p 증가하였으나, 아침식사하기는 2.5%p감소하였다. 아침식사하기

실천율은 여자가 66.1%로 남자보다 2.7%p 더 높고, 연령대별로는 60세 이상이 90.0%로 가장 높고, 20대와 30대가 40%대로 가장 낮게 조사되었다. 적정수면 실천 율은 남자가 80.6%로 여자보다 0.9%p 높고, 연령대별로는 60세 이상이 82.4%로 가장 높고, 30대가 77.4%로 가장 낮으나 그 차이가 크지 않았다. 규칙적 운동 실천율은 남자가 43.8%로 여자보다 5.6%p 높고, 연령대별로는 30대의 실천율이 34.3%로 가장 낮았으며, 정기 건강검진 실천율은 남자가 81.7%로 여자보다 2.0%p 높고, 연령대별로는 20대가 57.6%로 가장 낮고, 40대 이상은 86% 전후로 높았다.

〈표 5-9〉 건강관리 (단위: %)

	아침식사하기		적정수면(6~8시간)		규칙적 운동		정기건강검진	
	실천한다	실천하지 않는다	실천한다	실천하지 않는다	실천한다	실천하지 않는다	실천한다	실천하지 않는다
2018년	67.3	32.7	77.5	22.5	38.3	61.7	80.4	19.6
2020년	64.8	35.2	80.1	19.9	40.9	59.1	80.7	19.3
남자	63.4	36.6	80.6	19.4	43.8	56.2	81.7	18.3
여자	66.1	33.9	79.7	20.3	38.2	61.9	79.7	20.3
13~19세	58.5	41.5	78.5	21.5	43.4	56.6	82.6	17.4
20~29세	41.2	58.8	78.5	21.5	43.8	56.2	57.6	42.4
30~39세	45.9	54.1	77.4	22.6	34.3	65.7	79.0	21.0
40~49세	58.4	41.6	79.7	20.3	36.4	63.6	85.6	14.4
50~59세	72.5	27.5	81.6	18.4	41.2	58.8	86.8	13.2
60세 이상	90.0	10.0	82.4	17.6	45.6	54.4	86.2	13.8

(3) 유병기간

유병률은 2년 전보다 2.5%p 감소한 25.0%, 유병일수는 0.5일 증가한 9.9일이었다. 또한, 조사 대상기간 2주일 동안의 유병률은 25.0%로 2년 전보다 2.5%p 감소하였다. 그리고 농어촌 지역의 유병률이 33.6%로 도시지역보다 10.5%p 높고, 여자의 유병률이 27.1%로 남자보다 4.3%p 높았다. 연령대별로는 10대의 유병률이 6.2%로 가장 낮고, 30대까지는 10% 내외의 유병률을 보이다가, 40대는 18.0%, 50대는 28.8%로 높아지고,

60세 이상은 57.1%로 절반 이상이 아팠던 적이 있는 것으로 나타났다. 또한, 아팠다고 응답한 사람의 평균 유병일수는 2년 전보다 0.5일 증가한 9.9일이었고, 농어촌 지역이 11.2일로 도시지역보다 1.7일 길고, 연령대가 높을수록 유병일수도 길어졌다.

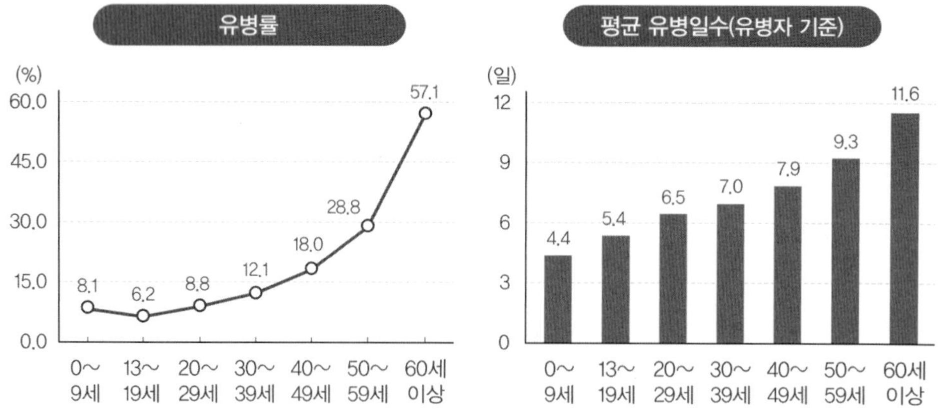

[그림 5-17] 유병률 및 유병일수

〈표 5-10〉 유병률 및 유병일수(2주간) (단위: %, 일)

	유병률[1]				유병자의 평균 유병일수			
	2014년	2016년	2018년	2020년	2014년	2016년	2018년	2020년
전체	24.6	25.7	27.5	25.0	8.9	9.2	9.4	9.9
도시(동부)	23.2	24.2	25.7	23.1	8.5	8.7	9.0	9.5
농어촌(읍면부)	31.8	32.8	36.1	33.6	10.3	10.8	10.6	11.2
남자	22.1	22.8	24.9	22.8	8.7	9.0	9.2	9.9
여자	27.1	28.5	30.1	27.1	9.1	9.3	9.5	9.8
0~9세	27.4	24.2	20.0	8.1	4.9	5.0	5.2	4.4
10~19세	9.2	8.9	9.8	6.2	4.7	4.7	5.1	5.4
20~29세	9.5	9.8	10.6	8.8	5.6	5.7	5.7	6.5
30~39세	11.4	11.9	14.8	12.1	6.2	6.0	6.2	7.0
40~49세	16.3	17.1	20.1	18.0	7.5	7.2	7.5	7.9
50~59세	28.9	30.7	31.4	28.8	9.0	9.2	9.3	9.3
60세 이상	59.9	60.2	60.8	57.1	11.4	11.6	11.7	11.6

주: 1) 지난 2주일 동안 0세 이상 인구 중 질병이나 사고로 아팠던 적이 있다고 응답한 사람의 비중

(4) 의료서비스 만족도

도시지역은 병원(62.7%), 농어촌 지역은 보건소(66.9%)가 의료서비스 만족도가 가장 높았고, 의료서비스 만족도는 보건소(63.5%), 병원(63.1%), 치과병의원(62.0%), 한방병의원(60.2%), 의원(57.8%), 한·약국(53.5%) 순이었다. 지역별로는 도시 지역에서는 병원(62.7%), 농어촌 지역에서는 보건소(66.9%)에 대한 만족도가 가장 높았다.

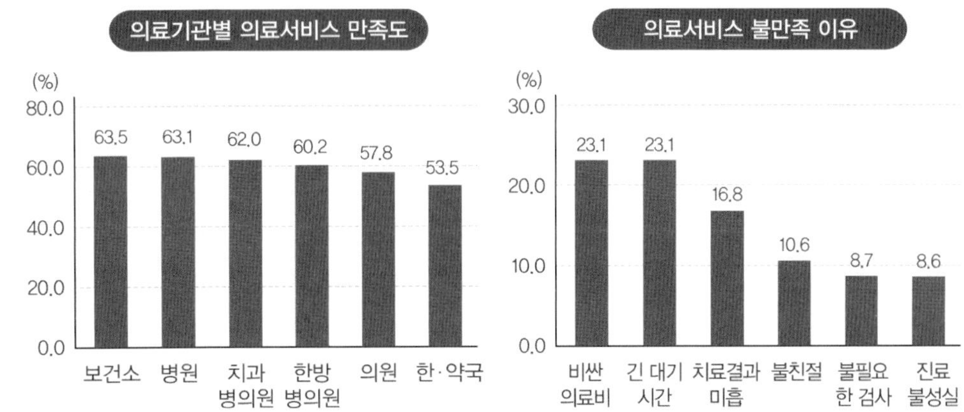

[그림 5-18] 의료서비스 만족도

〈표 5-11〉 의료서비스 만족도 (단위: %)

	병원[1]			의원[1]			치과 병의원			한방 병의원[1]			보건소			한·약국		
	만족	보통	불만	만족	보통	불만	만족	보통	불만	만족	보통	불만	만족	보통	불만	만족	보통	불만
2020년	63.1	28.2	8.8	57.8	35.6	6.6	62.0	30.6	7.4	60.2	31.0	8.8	63.5	30.2	6.3	53.5	45.0	1.5
도시 (동부)	62.7	28.4	8.9	57.6	35.8	6.6	62.0	30.7	7.3	59.9	31.0	9.1	60.4	30.9	8.7	53.9	44.5	1.6
농어촌 (읍면부)	64.7	27.1	8.2	59.1	34.3	6.6	62.3	29.9	7.8	62.0	30.9	7.1	66.9	29.4	3.7	50.5	48.5	1.0

주: 1) 2020년부터 '종합병원' → '병원', '병의원' → '의원', '한의원(한방병원)' → '한방 병의원'으로 명칭 변경

의료 서비스 불만족 이유는 비싼 의료비(23.1%), 긴 대기시간(23.1%), 치료결과 미흡(16.8%), 불친절(10.6%) 순이었으며, 농어촌 지역에서는 도시지역에 비해 접근성(먼거

리), 의료시설 미흡, 긴 대기시간, 전문인력 부족에 대한 불만족이 상대적으로 높게 나타났다.

〈표 5-12〉 의료서비스 불만족 이유(주된 응답)[1]

(단위: %)

	계	비싼 의료비	긴 대기시간	치료결과 미흡	불친절	불필요한 검사	진료 불성실	접근성 (먼 거리)	의료시설 미흡	전문인력 부족	기타
2020년	100.0	23.1	23.1	16.8	10.6	8.7	8.6	4.1	2.5	2.3	0.2
도시(동부)	100.0	24.2	22.5	16.9	11.3	9.2	9.2	2.7	1.7	2.0	0.3
농어촌(읍면부)	100.0	17.4	25.9	16.4	6.7	6.3	5.7	11.1	6.3	4.3	–

주: 1) 의료 불만족('약간 불만족한다', '매우 불만족한다') 응답자

(5) 자살충동

신문이나 TV 등의 매체를 통해 유명인들의 자살 소식을 접했을 때 우리 국민들은 누구나 놀라기도 하고 안타깝기도 했을 것이다. 이제는 자살이 너무나 가볍고도 선정적으로 보도되어 사람들도 무디어지는 듯한 느낌을 받는다. 또한 그러다 보니 다들 죽음을 너무 쉽게 생각하는 게 아닌가 하는 생각마저 든다.

자살은 단지 개인의 문제만이 아니라, 가족, 친구, 치료진 더 나아가 사회 전체에 깊은 상처를 남기는 사회적 문제이다. 자살은 어려운 상황으로부터 빠져나가는 대응방안이 아니라, 주변 사람과 자기 자신에게 더 괴롭고 힘든 결과를 남기는 극단적 선택일 뿐이다.

자살충동을 느끼는 친구나 가족을 곁에서 보고 있는 것도 참 괴로운 일일 것이다. 그러나 자살을 결정하는 원인이나 결정 과정은 개인마다 다양하고, 때로는 당사자를 잘 안다고 생각하더라도 적절한 도움을 줄 수 없는 경우가 많다.

2020년 통계청 조사 결과를 정리해 보면, 자살충동을 느끼는 사람의 비중은 2년 전보다 0.1%p 증가한 5.2%이었다. 지난 1년 동안 한 번이라도 자살하고 싶다는 생각을 해 본 적이 있는 사람은 5.2%로 2년 전보다 0.1%p 증가하였다. 여자가 6.0%로 남자(4.5%)보다 자살충동을 더 많이 느끼는 것으로 나타났으며, 자살충동 이유는 경제적

어려움(38.2%), 질환 · 장애(19.0%), 외로움 · 고독(13.4%), 가정불화(11.9%) 등의 순이었다. 남녀 모두 경제적 어려움, 질환 · 장애가 가장 크며, 다음으로 남자는 외로움 · 고독(12.8%), 여자는 가정불화(16.1%)가 주된 이유였다. 그리고 자살충동 이유로 10대는 성적 · 진학문제, 20대는 직장문제, 30~50대는 경제적 어려움, 60세 이상은 질환 · 장애를 가장 많이 꼽았다.

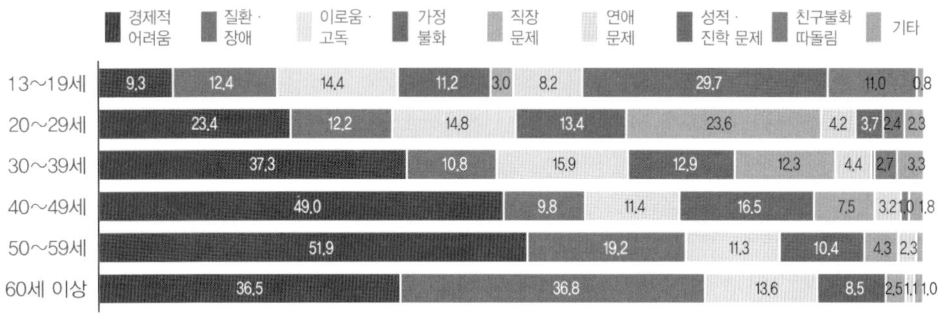

[그림 5-19] 연령별 자살충동 이유

〈표 5-13〉 자살충동 여부 및 이유

(단위: %)

	있다	소계	경제적 어려움	질환 · 장애	외로움 · 고독	가정 불화	직장 문제	연애 문제[1]	성적 · 진학 문제	친구 불화 따돌림	기타
2018년	5.1	100.0	37.3	15.2	12.3	14.1	9.4	3.8	3.1	1.4	3.5
2020년	5.2	100.0	38.2	19.0	13.4	11.9	8.7	3.1	2.3	1.7	1.7
남자	4.5	100.0	43.0	20.2	12.8	6.3	11.0	3.4	1.3	0.8	1.4
여자	6.0	100.0	34.6	18.1	13.9	16.1	7.1	3.0	3.0	2.3	1.9
13~19세	3.9	100.0	9.3	12.4	14.4	11.2	3.0	8.2	29.7	11.0	0.8
20~29세	5.5	100.0	23.4	12.2	14.8	13.4	23.6	4.2	3.7	2.4	2.3
30~39세	6.1	100.0	37.3	10.8	15.9	12.9	12.3	4.4	0.5	2.7	3.3
40~49세	5.0	100.0	49.0	9.8	11.4	16.5	7.5	3.2	–	1.0	1.8
50~59세	5.2	100.0	51.9	19.2	11.3	10.4	4.3	2.3	–	0.2	0.5
60세 이상	5.1	100.0	36.5	36.8	13.6	8.5	2.5	1.1	–	–	1.0

주: 1) 2020년부터 '이성 문제' → '연애 상대와의 관계'로 명칭 변경

자살은 전 세계적으로 매년 약 80만 건에 이르며 사망의 주요 원인 중 하나이며, 한국의 경우 2003년도부터 2016년도에 이르는 14년 동안 인구 10만 명당 자살로 인한 사망자 수인 연간 자살률이 경제개발협력기구(Organisation for Economic Co-operation and Development, OECD) 가입국 가운데 가장 높은 수치를 기록하였다(https://www.who.int/mental_health/prevention/suicide/suicideprevent/en/).

자살자의 특성 및 위험요인을 파악하기 위한 많은 선행 연구들이 있었는데, 이 중 자살 생각과 자살시도를 포함하는 자살행동의 위험요인으로는, 여성, 젊은 연령, 미혼, 낮은 교육 수준, 무직과 같은 사회인구학 요인, 정신건강의학과(이하 정신과) 질환의 과거력을 포함하는 임상 요인, 절망감, 무쾌감, 충동성, 높은 감정 반응성과 같은 심리학적 요인, 자살행동의 가족력과 같은 생물학적 요인, 그리고 가족 간의 갈등, 아동기 학대와 같은 스트레스 사건이 있다. 한편, 자살이 한국 경제 활동 인구인 20대에서 30대, 그리고 향후 경제 활동 인구인 10대에서의 사망 원인 1위, 그리고 40대와 50대에서도 2위를 차지한다는 점에서 자살로 인한 사회경제적 손실도 매우 크다고 생각이 되는데, 한국에서 진행된 연구는 연간 자살사망자로 인해 최대 3조 856억 원의 사회경제적 손실이 발생한다고 추정하기도 하였다. 이로 인해, 자살생각자와 자살시도자를 포함하는, 자살의 고위험군을 겨냥하여 여러 자살 예방 대책이 시행되고 있고 향후에도 새로운 정책이 수립될 것으로 알려져 있다(박형근, 2020).

(6) 암에 대한 두려움

평소 암에 걸릴까 봐 두렵다는 사람의 비중은 37.5%로서, 지역별로는 도시지역이 38.0%로 농어촌 지역보다 2.9%p 더 높게 조사되었다. 그리고 여자의 42.7%, 남자의 32.2%가 암에 대한 두려움을 느끼며, 40대 · 50대 · 60세 이상에서는 42% 내외로 암에 대한 두려움을 느끼는 것으로 조사되었다.

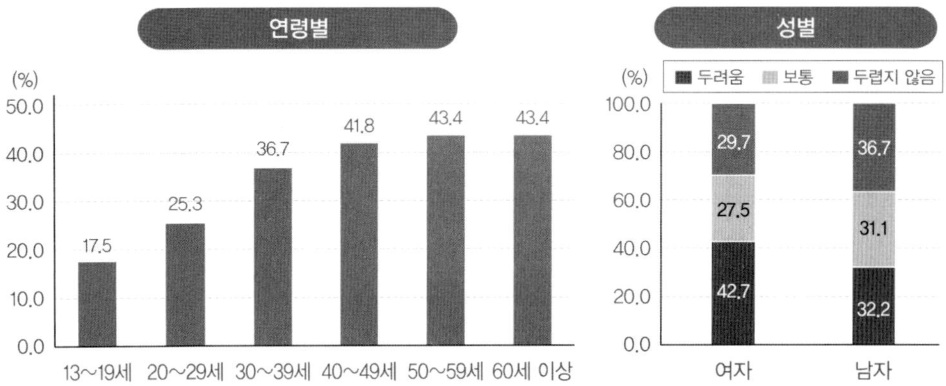

[그림 5-20] 암에 대한 두려움

〈표 5-14〉 암에 대한 두려움[1)]

(단위: %)

	계	두려움	매우 많이 두려움	약간 두려움	보통	두렵지 않음	별로 두렵지 않음	전혀 두렵지 않음
2020년	100.0	37.5	5.8	31.7	29.3	33.2	22.6	10.6
도시(동부)	100.0	38.0	5.9	32.1	29.9	32.0	21.8	10.3
농어촌(읍면부)	100.0	35.1	5.4	29.7	26.3	38.6	26.3	12.3
남자	100.0	32.2	4.4	27.8	31.1	36.7	24.4	12.4
여자	100.0	42.7	7.3	35.5	27.5	29.7	20.8	8.9
13~19세	100.0	17.5	3.7	13.7	21.4	61.1	28.3	32.8
20~29세	100.0	25.3	3.4	21.9	29.3	45.4	28.0	17.3
30~39세	100.0	36.7	4.7	32.0	33.7	29.6	21.6	8.0
40~49세	100.0	41.8	5.3	36.5	34.7	23.5	18.6	4.9
50~59세	100.0	43.4	6.2	37.2	32.4	24.2	18.3	5.9
60세 이상	100.0	43.4	8.5	34.8	22.8	33.8	24.3	9.5

주: 1) 2020년 신규 추가 항목

(7) 활동제약 상태

13세 이상 인구 중 활동제약 상태에 있는 사람의 비중은 7.0%로서 13세 이상 인구 중 활동제약 상태에 있다고 응답한 사람의 비중은 7.0%이었다. 그리고 건강상의 문제로 일상생활을 수행하는 데 상당히 어렵거나 전혀 할 수 없다고 응답한 사람의 비중은 여자의 8.6%, 남자의 5.4%가 활동제약 상태에 있다고 응답하였다. 구체적으로 설명하면, 활동제약 상태에 있는 사람의 비중은 40대까지는 2% 내외이나, 50대는 4.8%, 60세 이상은 19.4%로 높게 조사되었다. 또한, 제약을 받는 활동유형을 보면, '걷거나 계단 오르기'가 62.3%로 가장 많고, '안경을 써도 보는 데 어려움' 39.1%, '기억하거나 집중하는데 어려움' 28.1% 등의 순이었다. 연령대별로는 40대까지는 '안경을 써도 보는 데 어려움'이 가장 많으나, 50대와 60세 이상은 '걷거나 계단 오르기'가 가장 많았다.

〈표 5-15〉 활동제약 상태[1]

(단위: %)

	계	전혀 어렵지 않거나 약간 어려움	상당히 어렵거나 전혀 할 수 없음[2]	안경을 써도 보는 데 어려움[3]	보청기를 사용해도 듣는 데 어려움[3]	걷거나 계단 오르기 어려움[3]	기억하거나 집중하는 데 어려움[3]	옷 입기, 목욕 등 자기관리 활동하기 어려움[3]	말을 하거나, 듣고 이해하는 데 어려움[3]
2020년	100.0	93.0	7.0	39.1	19.6	62.3	28.1	16.2	15.6
남자	100.0	94.6	5.4	39.7	22.8	52.2	27.5	17.2	15.3
여자	100.0	91.4	8.6	38.7	17.6	68.6	28.4	15.5	15.8
13~19세	100.0	98.0	2.0	53.9	11.5	8.4	31.9	6.5	9.5
20~29세	100.0	98.0	2.0	65.2	16.5	10.2	15.4	11.0	16.9
30~39세	100.0	98.2	1.8	52.1	20.2	19.0	16.9	6.2	21.2
40~49세	100.0	97.9	2.1	54.1	16.7	32.9	17.2	10.6	14.6
50~59세	100.0	95.2	4.8	36.2	15.1	47.3	23.9	13.3	12.6
60세 이상	100.0	80.6	19.4	35.8	21.0	74.3	30.9	18.3	16.0

주: 1) 2020년 신규 추가 항목
2) 6개 분야 활동 중 하나라도 활동하는 데 '상당히 어렵거나 전혀 할 수 없다'고 응답한 경우
3) '2)'에 해당하는 자 중 각 분야의 활동을 하는 데 '상당히 어렵거나 전혀 할 수 없다'고 응답한 경우

3 교육

본 장에서는 교육 부분과 관련하여 2020년 통계청에서 실시한 '초중고 사교육비조사' 결과를 정리하였다. 이 조사는 통계청에서 연간 사교육비 지출을 체계적으로 파악하여 교육정책 및 관련 연구에 필요한 기초자료를 제공하기 위하여 교육부와 공동으로 전국 초중고 약 3,000여 학급을 대상으로 실시한 '2019년 초중고 사교육비조사 결과'이다.

사교육비 범위는 초중고 학생들이 학교의 정규 교육과정 이외에 사적인 필요에 의해서 학교 밖에서 받는 보충교육을 위해 개인이 부담하는 비용이며, 학원, 개인과외, 그룹과외, 방문학습지, 인터넷 및 통신강좌 등의 수강료 등의 지출 비용을 의미한다.

1) 사교육비

(1) 사교육비 총액

〈표 5-16〉을 통해 보면, 2019년 사교육비 총액은 약 21조 원으로 전년도 19조 5천억 원에 비해 1조 5천억 원(7.8%) 증가하였고, 전체 학생수는 전년대비 감소하였으나 참여율과 주당 참여시간은 증가하였다.

〈표 5-16〉 사교육비 총액 및 전체 학생수

구 분	2018년	2019년	증감률
사교육비 총액 (조 원, %)	19.5	21.0	7.8
전체 학생수 (만 명, %)	558	545	-2.4

〈표 5-17〉 참여율 및 주당 참여시간

구 분	2018년	2019년	전년차
참여율 (%, %p)	72.8	74.8	1.9
주당 참여시간 (시간)	6.2	6.5	0.3

(2) 월 평균 사교육비

전체 학생의 1인당 월 평균 사교육비는 32만 1천 원, 참여 학생은 42만 9천 원으로, 전년대비 각각 10.4%, 7.5% 증가하였다. 이를 구체적으로 설명하면, (전체 학생)초등학교 29만 원(2.7만 원, 10.3%↑), 중학교 33만 8천 원(2.6만 원, 8.4%↑), 고등학교 36만 5천 원(4.4만 원, 13.6%↑)이었으며. (참여 학생)초등학교 34만 7천 원(2.9만 원, 9.1%↑), 중학교 47만 4천 원(2.6만 원, 5.8%↑), 고등학교 59만 9천 원(5만 원, 9.1%↑)으로 조사되었다.

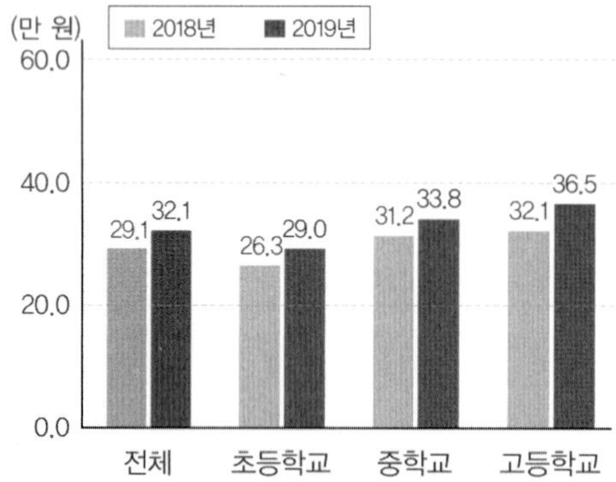

[그림 5-21] 전체 학생 1인당 월 평균 사교육비

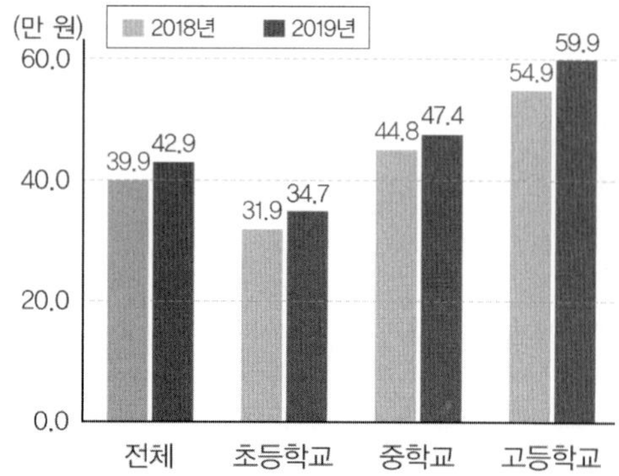

[그림 5-22] 참여 학생 1인당 월 평균 사교육비

다음으로 [그림 5-23]에서 보면, 학년별 1인당 월 평균 사교육비는 전체 학생의 경우 고등학교 1학년 37만 6천 원, 참여 학생의 경우 고등학교 3학년 62만 9천 원으로 가장 높았다.

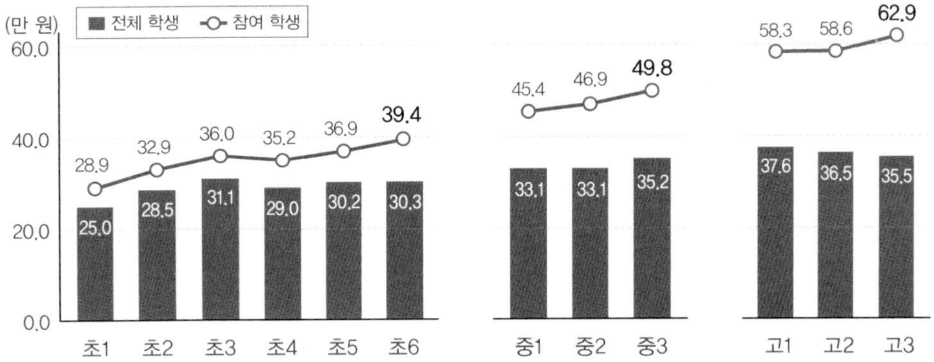

[그림 5-23] 초중고 학년별 학생 1인당 월 평균 사교육비

(전체 학생)초등학교 3학년(31만 1천 원), 중학교 3학년(35만 2천 원), 고등학교 1학년(37만 6천 원)에서 각각 가장 많이 지출하였으며, (참여 학생)초등학교 6학년(39만 4천 원), 중학교 3학년(49만 8천 원), 고등학교 3학년(62만 9천 원)에서 각각 가장 많이 지출하였다.

그리고 월 평균 사교육비 지출구간별 비중을 살펴보면 70만 원 이상 지출한 학생의 비중이 전년대비 2.2%p로 가장 많이 증가하였다. 그리고 월 평균 30만 원 미만 지출한 학생의 비중은 전년도에 비해서 감소하였으나, 30만 원 이상 지출한 학생의 비중은 증가한 것으로 나타났다.

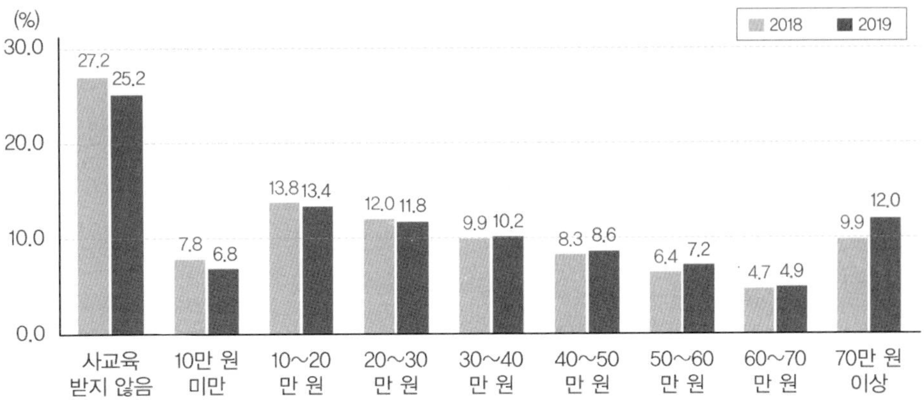

[그림 5-24] 학생 1인당 월 평균 사교육비 지출 금액별 분포

또 다른 결과는 [그림 5-25]에서 보듯이 가구의 월 평균 소득 수준이 높을수록 사교육비 지출과 참여율이 높았다. 그리고 가구 소득 구간별 사교육비는 월 평균소득 700~800만 원 미만에서 46만 4천 원, 800만 원 이상에서 53만 9천 원으로 전년대비 각각 9.7%, 6.6% 증가하였으며, 사교육 참여율은 가구의 월 평균소득 700~800만 원 미만에서 87.0%로 가장 높고, 200만 원 미만에서 47.0%로 가장 낮게 나타났다.

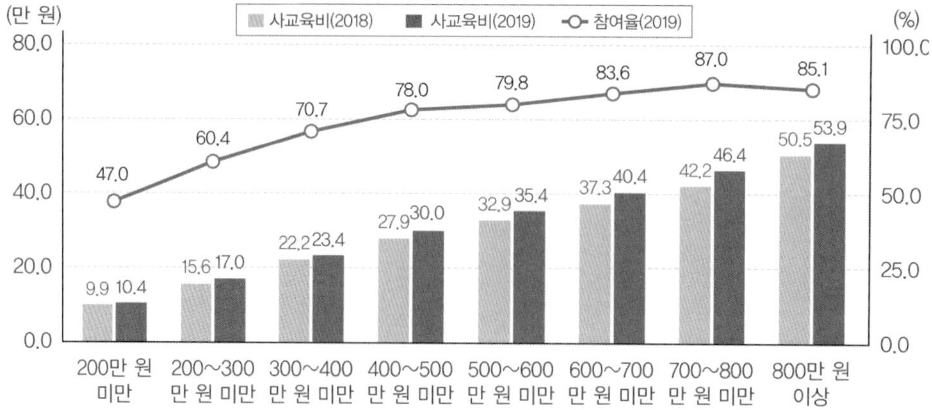

[그림 5-25] 가구소득 수준별 1인당 월 평균 사교육비 및 참여율

다음으로 통계청에서 2020년 11월 18일자 조사에 의한 2020년 사회조사결과(가족 · 교육과 훈련 · 건강 · 범죄와 안전 · 생활환경) 중에서 교육부분을 구체적으로 부연 설명하면 다음과 같다.

2) 학교교육

(1) 청소년 고민

청소년이 가장 고민하는 문제는 공부(29.7%)이며, 고민을 상담하는 대상은 친구 · 동료(43.4%)가 가장 많게 나타났다. 특히, 청소년이 가장 고민하는 문제는 공부(29.7%)이며, 다음으로 직업(28.1%), 외모(10.2%) 순으로 나타났으나, 2년 전에는 직업(30.2%)과 공부(29.6%) 순이었다. 구체적으로는 13~18세 청소년은 공부(46.5%)와 외모(12.5%)에 대해, 19~24세 청소년은 직업(40.3%)과 공부(16.9%)에 대해 고민을 가장 많이 하였다.

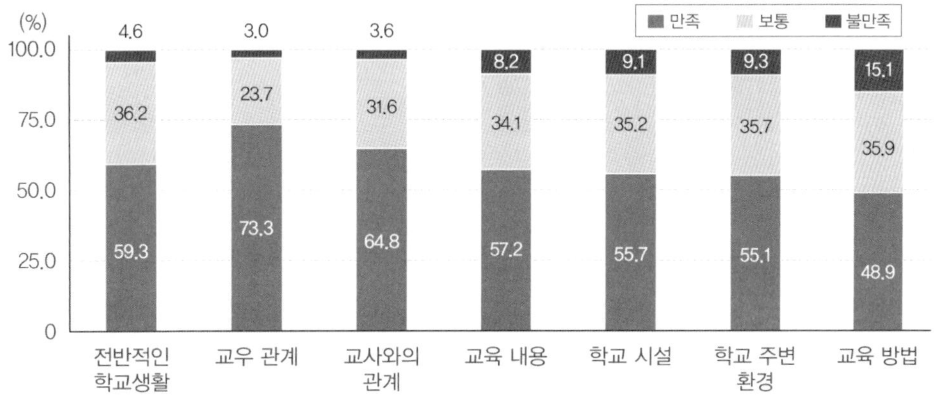

[그림 5-26] 학교 생활만족도

(2) 학습동기

학습동기는 미래의 나를 위해 필요해서가 79.6%로 가장 높았으며, 중 · 고등학교 재학생이 공부하는 이유는 '미래의 나를 위해 필요해서(79.6%)'가 가장 높고, 다음으로 '못하면 부끄러워서(31.0%)', '재미있어서(20.8%)', '하지 않으면 혼나거나 벌을 받아서(15.9%)' 순이었으며, '미래의 나를 위해 필요해서' 학습하는 경우는 고등학생이 중학생보다 높았다.

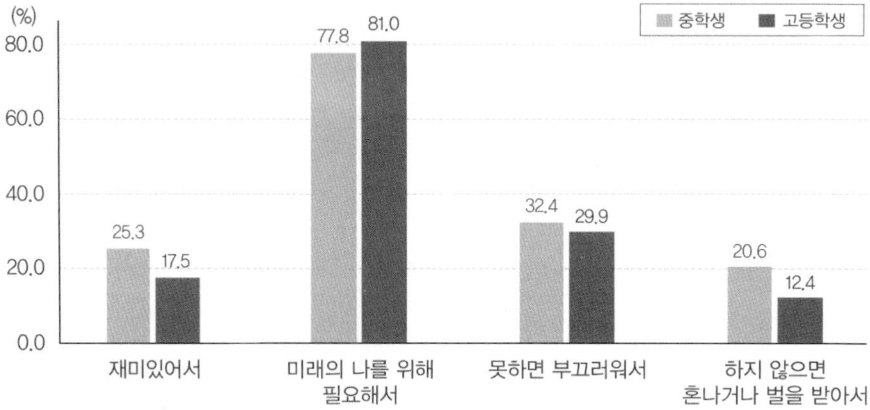

[그림 5-27] 학생의 학습동기

(3) 자아존중감

자아존중감이란 자기 자신에 대한 개인의 평가적 태도로써 정의되고 타인과 비교해서 또는 절대적인 기준에서 그 자신을 긍정적으로 생각하고, 받아들이고 승인하는 정도로서 자아의 평가적 차원을 말한다.

자아존중감은 의식의 부분이면서 어떻게 우리가 자신에 대해 느끼고 우리가 누구인가에 대해 만족하는가 아니면 불만족스러워 하는가를 가리킨다. 여기서 자신을 어떻게 평가하는가는 사람마다 관점이 다를 것이다. 어떤 사람은 자신을 능력 있는 존재로 보기도 할 것이며 또한 그 반대로 생각할 수 있을 것이다.

아가일(Argyle, 1972)은 자신을 만족스럽게 평가하는 차원이 자아존중감이라고 하였다(공태수, 1998 재인용). 자아존중감은 넓은 의미에서 보면 자기애욕, 자기확신, 자아강화, 자기상, 자아개념, 자기지각과도 같은 뜻으로 지칭되고 있다.

조사결과, 중학생이 고등학생에 비하여 자아존중감이 높게 조사되었으며, 중·고등학교 재학생은 자신에 대해 긍정적으로 평가하나, 2년 전과 비교하여 전반적으로 감소하였다. 그리고 스스로를 가치 있는 사람이라 생각하는 비중은 75.8%, 성품이 좋은 사람 71.7%, 나에게 긍정적 69.0%로 2년 전보다 각각 0.9%p, 0.8%p, 3.0%p 감소한 반면, 나에게 만족하는 비중은 66.5%로 2.3%p 증가하였다. 그리고 자신에 대해 긍정적으로 평가하는 비중은 중학생이 고등학생보다 높았다.

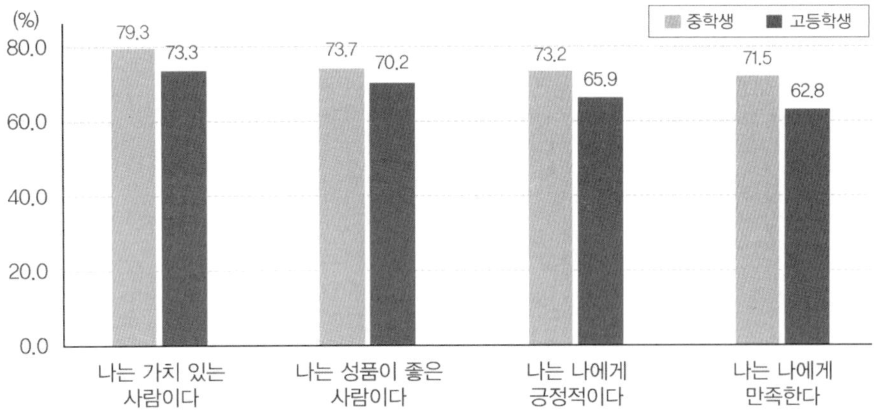

[그림 5-28] 자아존중감

〈표 5-18〉 자아 존중감(중 · 고등학교 재학생) (단위: %)

		계	그렇다	매우	약간	보통	그렇지 않다	약간	전혀
나는 가치있는 사람이다	2018년	100.0	76.7	31.7	45.0	20.6	2.7	2.2	0.4
	2020년	100.0	75.8	39.1	36.7	20.5	3.6	2.7	0.9
	중학생	100.0	79.3	42.0	37.3	17.3	3.4	2.8	0.7
	고등학생	100.0	73.3	37.0	36.3	22.9	3.8	2.6	1.2
나는 성품이 좋은 사람이다	2018년	100.0	72.5	27.0	45.5	24.6	2.9	2.5	0.4
	2020년	100.0	71.7	33.3	38.4	23.6	4.7	3.8	0.9
	중학생	100.0	73.7	34.7	39.0	21.9	4.4	3.4	0.9
	고등학생	100.0	70.2	32.3	38.0	24.9	4.9	4.0	0.9
나는 나에게 긍정적이다	2018년	100.0	72.0	28.5	43.4	23.5	4.5	3.6	0.9
	2020년	100.0	69.0	36.3	32.7	24.0	7.0	5.6	1.4
	중학생	100.0	73.2	40.8	32.5	20.7	6.1	5.3	0.8
	고등학생	100.0	65.9	33.0	32.8	26.5	7.6	5.7	1.9
나는 나에게 만족한다	2018년	100.0	64.2	26.1	38.1	27.4	8.4	7.1	1.2
	2020년	100.0	66.5	33.1	33.4	24.5	9.0	7.0	2.0
	중학생	100.0	71.5	37.8	33.6	20.5	8.0	6.0	2.0
	고등학생	100.0	62.8	29.6	33.3	27.5	9.7	7.6	2.1

(4) 교육기회 충족도

본인의 교육기회에 대하여 충족하는 비중은 56.1%로 2년 전보다 감소하였으며, 본인이 원하는 단계까지 학교교육을 받았다는 사람의 비중은 56.1%로 2년 전보다 0.1%p 감소하였다. 교육기회에 대한 충족도는 남자가 61.6%로 여자보다 10.8%p 더 높게 조사되었다. 그리고 교육기회 충족도는 20대 이하가 79.7%로 가장 높고, 연령대가 높을수록 교육 기회충족도는 낮아져 60세 이상은 32.5%로 나타났으며, 원하는 단계까지 교육을 받지 못한 가장 주된 이유로 절반 이상이 경제적 형편(57.9%)이라고 응답하였으며, 2년 전보다 3.4%p 증가하였다.

미충족 사유를 성별로 보면 남녀 모두 경제적 형편이 가장 높았고, 다음으로 여자는 가족의 인식부족, 남자는 시험실패 · 학업부진 순으로 나타났다.

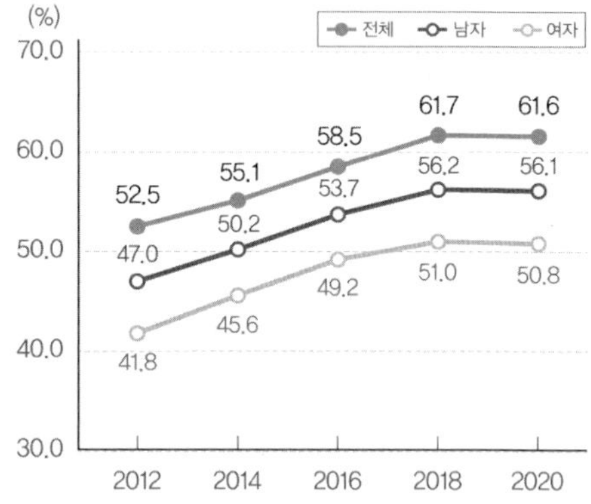

[그림 5-29] 연도별 교육기회 충족도

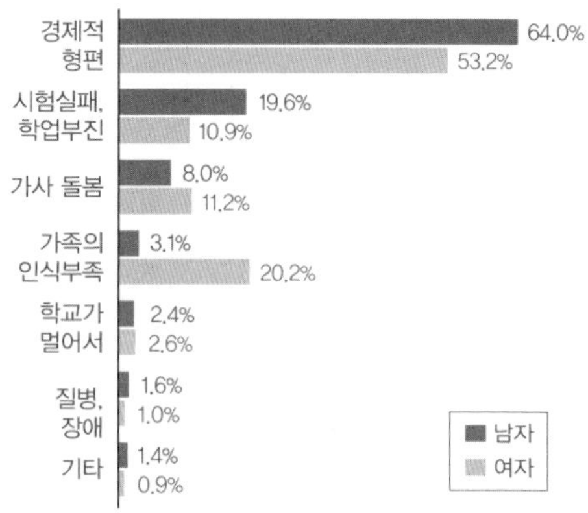

[그림 5-30] 성별 교육기회 미충족 사유

(5) 기대하는 교육수준 및 이유

학생의 84.1%, 부모의 91.6%가 대학교 이상의 교육수준을 원하였으며, 학생의 84.1%, 부모의 91.6%가 대학교 이상의 교육을 받기를 원하고, 이는 2년 전보다 각각 1.4%p, 0.9%p 증가한 수치였다. 그리고 학생과 부모 모두 기대하는 교육수준은 대학교(4년제 이상)가 가장 높고, 다음으로 학생은 대학원(석사)(11.2%), 부모는 대학원(박사)(10.4%)으로 나타났다.

〈표 5-19〉 기대하는 교육수준(학생 및 부모) (단위: %)

		계	고등학교 이하	대학(교) (4년제 미만)	대학교 이상	대학교 (4년제 이상)	대학원 (석사)	대학원 (박사)
학생[1]	2018년	100.0	4.0	13.2	82.7	61.9	10.6	10.2
	2020년	100.0	5.0	10.9	84.1	63.3	11.2	9.6
부모[2]	2018년	100.0	1.3	8.0	90.7	71.2	8.8	10.7
	2020년	100.0	1.3	7.1	91.6	70.9	10.3	10.4

주: 1) 초, 중, 고, 대학(교), 대학원(석 · 박사)에 재학, 휴학, 재수 중인 자
2) 학생 자녀가 있는 30세 이상 부모

대학 이상 교육받기를 바라는 이유는 학생과 부모 모두 '좋은 직업을 갖기 위해서', '능력과 소질을 개발하기 위해서' 순으로 높게 나타났으며, 다음으로 학생은 '주위의 기대에 부응하기 위해서(3.7%)', 부모는 '인격이나 교양을 쌓게 하기 위해서(7.1%)' 순으로 나타났다.

〈표 5-20〉 학생이 대학 이상 교육받기를 바라는 이유[1] (단위: %)

	계	좋은 직업을 갖기 위해서	능력과 소질 개발하기 위해서	주위의 기대에 부응하기 위해서	인격이나 교양을 쌓기 위해서	결혼, 친구관계 등 사회적 관계 형성을 위해서	기타
2018년	100.0	50.8	39.7	2.2	2.3	4.6	0.4
2020년	100.0	54.7	36.1	3.7	3.2	2.0	0.2
남자	100.0	54.7	35.5	4.1	2.9	2.5	0.2
여자	100.0	54.8	36.8	3.3	3.5	1.5	0.2

주: 1) '대학(교)(4년제 미만)' 이상 교육받기를 희망하는 학생

〈표 5-21〉 자녀가 대학 이상 교육받기를 바라는 이유[1]

(단위: %)

	계	좋은 직업을 갖게 하기 위해서	능력과 소질을 개발하게 하기 위해서	인격이나 교양을 쌓게 하기 위해서	결혼, 친구관계 등 사회적 관계 형성을 위해서	자신이 교육 받지 못한 것을 자녀로 보상받고 싶어서	기타
2018년	100.0	41.9	44.6	6.6	6.2	0.6	0.1
2020년	100.0	44.1	43.8	7.1	4.4	0.6	0.1
남자	100.0	43.4	43.9	7.1	4.7	0.7	0.1
여자	100.0	44.7	43.7	7.0	4.1	0.4	0.1

주: 1) 자녀가 '대학(교)(4년제 미만)' 이상 교육받기를 바라는 부모

(6) 대학생 등록금 마련 방법

대학생의 62.2%가 부모님(가족)의 도움으로 등록금을 마련하고 있으며, 1학기를 기준으로 대학생의 62.2%가 부모님(가족)의 도움으로 등록금을 마련했으며, 다음은 장학금(24.8%), 대출(7.3%), 스스로 벌어서 마련(5.7%) 순으로 나타났다. 그리고 대학생의 등록금 마련방법은 2년 전에 비해 부모님(가족)의 도움을 제외하면 모두 감소했다. 여자는 장학금으로 등록금을 마련하는 비중이 남자보다 높았으며, 장학금으로 등록금을 마련하는 비중은 월 소득 500만 원 미만 가구에서는 26%를 넘어서는 반면, 월 소득 500만 원 이상 가구에서는 15% 수준이었다.

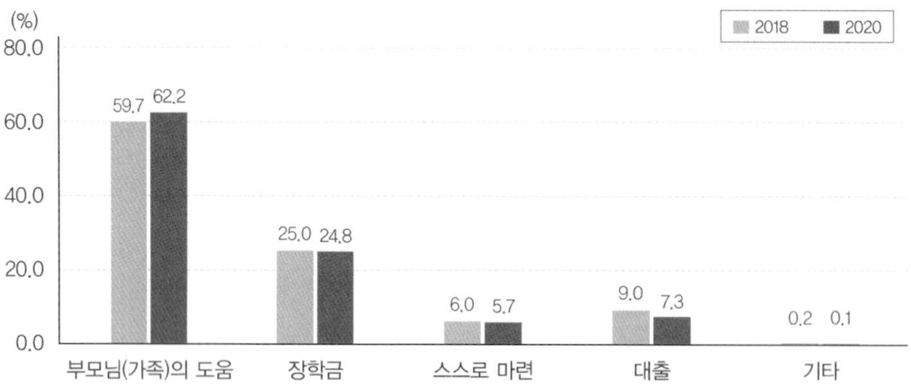

[그림 5-31] 대학교 등록금 마련 방법

(7) 교육비 부담 인식

교육비가 부담스럽다는 응답은 2년 전보다 0.3%p 감소한 64.1%이며, 교육비 부담의 가장 큰 요인은 학교 납입금 외 교육비(67.2%)이며, 자녀교육비가 가정 경제에 부담이 된다고 응답한 가구의 비중은 64.1%로 2년 전보다 0.3%p 감소하였다. 그리고 교육비 부담요인은 학교 납입금 외 교육비가 67.2%로 가장 높으며 주로 중·고등학교 자녀가 있는 30~40대의 경우는 학교 납입금 외 교육비 부담이 높고, 대학생 자녀가 있는 50대와 60세 이상은 학교 납입금에 대한 부담이 높게 나타났다.

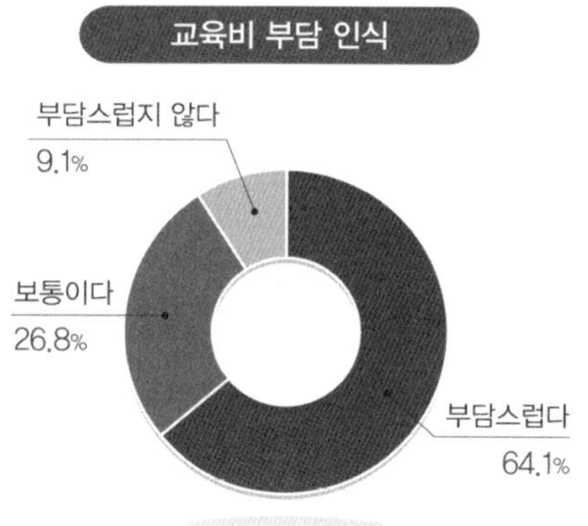

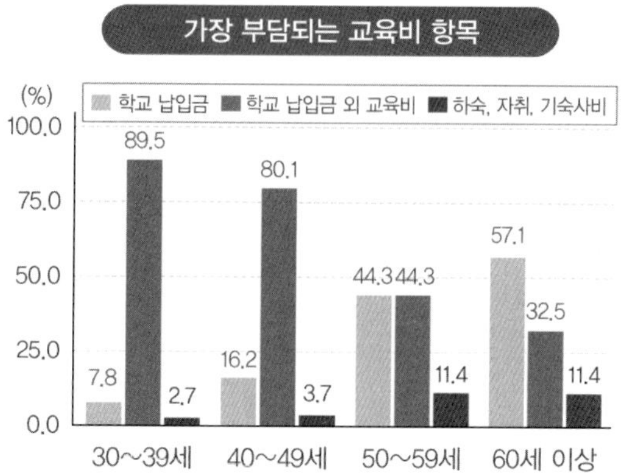

[그림 5-32] 교육비 부담인식

(8) 자녀 유학에 대한 견해

여건이 허락되면 유학 보내기를 원하는 학부모의 비중은 58.7%이며, 우리나라 학부모의58.7%는 여건이 허락된다면 자녀를 다른 나라로 유학보내기를 원하며, 이는 2년 전보다 0.1%p 증가한 수치이다. 그리고 가구의 월 평균소득이 300만 원대 이상 가구의 경우, 소득이 높아질수록 자녀의 유학 희망 비중이 높아져 월 평균소득이 600만 원 이상인 경우는 10명중 약 7명(69.1%) 정도가 자녀의 유학을 원하며, 학부모가 자녀의 유학을 원하는 이유는 '국제적 안목을 지닌 인재로 키우기 위해서'가 49.4%로 가장 높고, 다음은 '자녀의 능력과 재능에 적합한 교육을 시키기 위해서(27.0%)', '현 교육제도가 자녀와 맞지 않아서(10.4%)' 순이다.

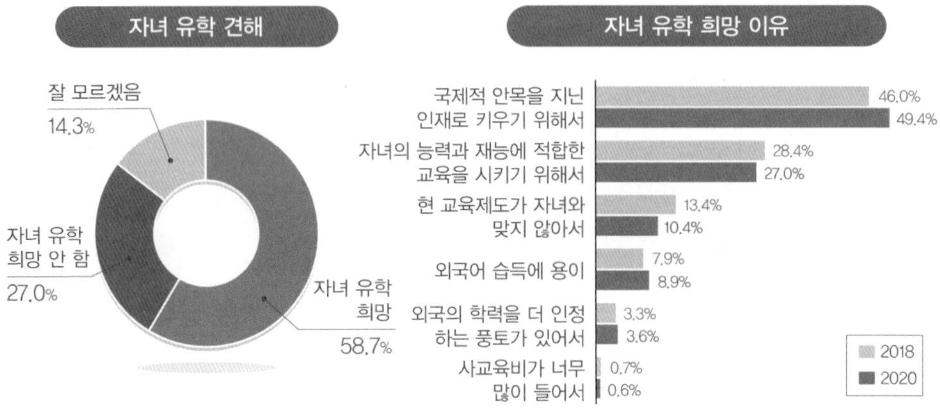

[그림 5-33] 자녀 유학에 대한 견해

〈표 5-22〉 자녀 유학에 대한 견해 및 유학 희망 이유(주된 응답)[1)]

(단위: %)

	계	자녀 유학 원함	소계	국제적 안목을 지닌 인재로 키우기 위해서	자녀의 능력과 재능에 적합한 교육을 시키기 위해서	현 교육 제도가 자녀와 맞지 않아서	외국어 습득에 용이	외국의 학력을 더 인정 하는 풍토가 있어서	사교육 비가 너무 많이 들어서	기타	자녀 유학 원하지 않음	잘 모르겠음
2018년	100.0	58.6	100.0	46.0	28.4	13.4	7.9	3.3	0.7	0.3	26.9	14.5
2020년	100.0	58.7	100.0	49.4	27.0	10.4	8.9	3.6	0.6	0.1	27.0	14.3
〈가구의 월 평균 소득〉												
100만 원 미만	100.0	49.0	100.0	32.2	36.4	13.0	15.0	2.1	1.2	–	35.9	15.0
100~200만 원 미만	100.0	48.2	100.0	38.8	30.6	12.3	11.7	3.8	3.0	–	34.9	16.9
200~300만 원 미만	100.0	54.1	100.0	43.9	30.1	12.8	8.7	4.0	0.4	–	29.6	16.4
300~400만 원 미만	100.0	53.8	100.0	47.0	29.5	8.6	9.6	4.8	0.5	0.2	28.6	17.6
400~500만 원 미만	100.0	57.6	100.0	47.6	28.3	10.3	9.2	4.0	0.6	0.1	26.6	15.8
500~600만 원 미만	100.0	58.7	100.0	53.2	24.2	10.7	9.2	2.3	0.3	0.1	27.2	14.1
600만 원 이상	100.0	69.1	100.0	55.2	23.5	10.1	7.6	3.0	0.4	0.2	21.9	9.0

주: 1) 학생 자녀가 있는 30세 이상 부모

4 고용

여성들의 경제활동 참여가 늘어나면서 일과 가정생활을 포함한 전반적인 생활의 균형에 대한 요구로 일 · 가정양립이 중요한 정책이슈가 되고 있다. 이와 관련하여, 통계청 2019년 12월 18일, 일과 가정이 동반 성장할 수 있는 배경지표와 일 · 가정양립에 궁극적으로 영향을 미치는 지표를 부문별로 정리하여 「2019일 · 가정양립지표」를 작성하였다. 이 내용을 토대로 일과 양립 부분에 대해 설명하면 다음과 같다.

1) 맞벌이 가구

일을 우선시하던 사회에서 일과 가정생활의 균형을 중시하는 사회로 변화하고 있다. 그 가운데 맞벌이 가구의 특성을 살펴보면 다음과 같다.

2018년 10월 기준 유배우 가구 중 맞벌이 가구는 567만 5천 가구로 46.3%를 차지하며 전년(44.6%)보다 1.7%p 증가하였다. 연령대별로 보면, 유배우 가구 중 맞벌이 가구 비중은 40~49세가 54.2%로 가장 높으며, 그 다음은 50~64세, 30~39세 순이었으며 맞벌이 가구 비중은 모든 연령대에서 전년보다 증가하였다.

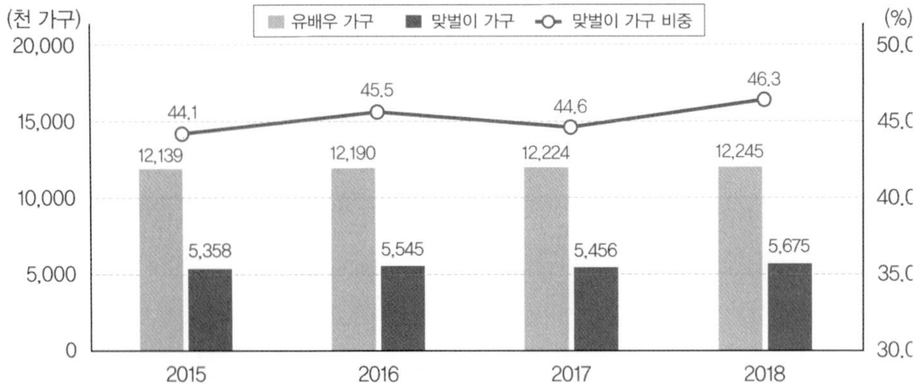

[그림 5-34] 맞벌이 가구 현황

〈표 5-23〉 맞벌이 가구 현황[3]

(단위: 천 가구, %)

	2015			2016			2017			2018		
	유배우 가구	맞벌이 가구[1]	비중[2]	유배우 가구	맞벌이 가구	비중	유배우 가구	맞벌이 가구	비중	유배우 가구	맞벌이 가구	비중
전 체	12,139	5,358	44.1	12,190	5,545	45.5	12,224	5,456	44.6	12,245	5,675	46.3
15~29세	200	74	36.8	186	72	38.6	179	66	36.8	175	68	38.6
30~39세	2,137	930	43.5	2,081	950	45.7	2,015	954	47.3	1,939	968	49.9
40~49세	3,296	1,688	51.2	3,235	1,705	52.7	3,175	1,655	52.1	3,104	1,683	54.2
50~64세	4,437	2,140	48.2	4,539	2,262	49.8	4,604	2,240	48.7	4,677	2,360	50.5
65세 이상	2,069	526	25.4	2,149	556	25.9	2,251	542	24.1	2,350	596	25.4

출처: 통계청, 「지역별고용조사」 각년도 10월

주: 1) 맞벌이 가구는 동거여부와 관계없이 부부(가구주와 배우자)가 모두 취업자인 가구

2) 비중 = (맞벌이 가구 / 유배우 가구) × 100

3) '17년 하반기 자료부터 등록센서스에 기반한 가구추계 결과를 바탕으로 공표하게 됨에 따라 '11년~'17년 자료 소급 보정됨

또한, 18세 미만 자녀를 둔 맞벌이 가구의 특성을 살펴보면, [그림 5-35]와 같이 자녀가 어릴수록, 자녀 수가 많을수록 맞벌이 가구 비중은 낮은 결과를 보였다.

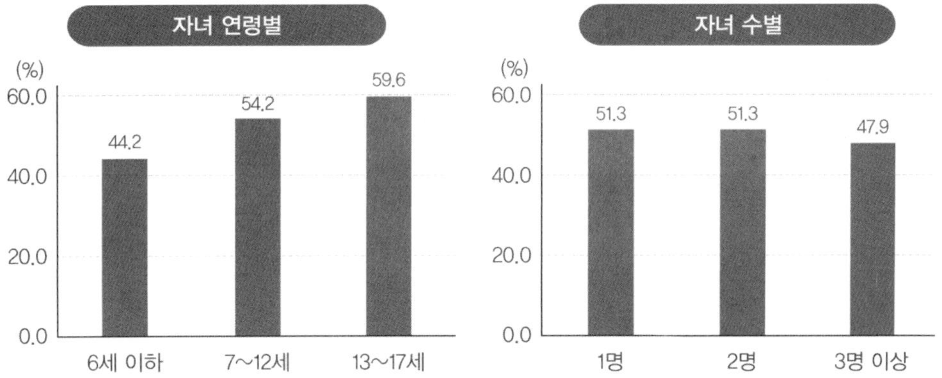

[그림 5-35] 맞벌이 가구 비중(2018)

〈표 5-24〉 자녀 연령별 및 자녀 수별[1] 맞벌이 가구 현황[4]

(단위: 천 가구, %)

		2016			2017			2018		
		유배우 가구	맞벌이 가구[2]	비중[3]	유배우 가구	맞벌이 가구	비중	유배우 가구	맞벌이 가구	비중
전 체		12,190	5,545	45.5	12,224	5,456	44.6	12,245	5,675	46.3
0~17세		4,665	2,258	48.4	4,537	2,207	48.6	4,407	2,248	51.0
(비중)		(38.3)	(40.7)	-	(37.1)	(40.5)	-	(36.0)	(39.6)	-
자녀 연령	6세 이하	2,090	827	39.6	2,062	857	41.6	1,994	882	44.2
	7~12세	1,308	690	52.7	1,285	659	51.3	1,318	715	54.2
	13~17세	1,267	741	58.5	1,190	691	58.1	1,095	652	59.6
자녀 수	1명	2,108	1,027	48.7	2,112	1,043	49.4	2,034	1,043	51.3
	2명	2,152	1,051	48.8	2,059	1,005	48.8	2,008	1,030	51.3
	3명 이상	405	180	44.4	366	159	43.3	364	175	47.9

출처: 통계청, 「지역별고용조사」 각년도 10월

주: 1) 막내자녀 18세 미만 기준, 18세 미만 자녀가 없는 경우는 제외

2) 맞벌이 가구는 동거여부와 관계없이 부부(가구주와 배우자)가 모두 취업자인 가구

3) 비중 = (맞벌이 가구 / 유배우 가구) × 100

4) '17년 하반기 자료부터 등록센서스에 기반한 가구추계 결과를 바탕으로 공표하게 됨에 따라 '11년~'17년 자료 소급 보정됨

2018년 10월 기준으로 18세 미만 자녀를 둔 맞벌이 가구는 224만 8천 가구로, 유배우 가구 중 51.0%를 차지하고, 전년(48.6%)보다 2.4%p 증가하였으며, 자녀연령별로 보면,

취학이전인 6세 이하 자녀를 둔 맞벌이가구 비중은 44.2%로 가장 낮고, 초·중학생 연령의 자녀를 둔 가구의 맞벌이 비중은 절반을 넘어 7~12세가 54.2%, 13~17세가 59.6%로 나타났다. 또한, 자녀 수 별로는, 자녀가 3명 이상인 경우(47.9%)가 자녀가 1~2명인 경우보다 맞벌이 가구의 비중이 낮은 결과를 보였다.

'빈곤문제'는 사회적 계층화로 인한 자원(resources)의 불평등한 분배가 제도화된 문명사회 이후부터 인류와 함께해 왔다(Sullivan, 2003: 154-155). 그런데, 자본주의 사회에서의 빈곤문제는 그 이전의 빈곤문제와는 다른 맥락을 갖고 있다.

폴라니(Polanyi, 1964: 57-73)에 의하면, 시장경제가 사회의 통합 시스템에서 떨어져 나온 것은 근대의 특수한 현상이다. 자본주의 시장체제의 발전은 인간과 생산조직에 대해 허구적 상품관계를 강제했다. 즉, 근대 사회에 이르러 비로소 자기-조정적 시장(self-regulating market)이 성립됐고, 몰인격적 관계(impersonalrelation)가 시장 내부에 살고 있는 인간 간의 관계를 매개하게 됐다. 시장메커니즘에 종속된 인간도 물질적 이익을 추구해야만 소득을 유지할 수 있게 됐기 때문이다[2]. 그런데, 시장 자본주의 사회의 출현은 자본주의 국가의 능동적인 활동을 통하지 않고서는 불가능했다. 시장은 국가의 개입에 의해 주요 경제제도로 확립될 수 있고, 자유방임조차도 국가의 의식적인 설계에 의한 것이다(Polanyi, 1969). 나아가, 시장은 노동력이라는 '허구적 상품형태'에 기초한 사회이기 때문에, 자유 시장경제를 유지하기 위해서는 상품화되지 않은 보충수단으로서 국가의 복지정책을 요구했다. 노동력의 상품화가 완성된 자본주의 사회에서는, 시장경제의 상품화 과정을 효율화하고, 사회적 재생산의 불균형과 단절을 막고 개인 차원의 불안정을 통제하기 위해, 상품화되지 않은 보충수단을 동반하지 않을 수 없기 때문이다.

---

2) 경제적 번영에 의해 빈곤이 감소할 것이라는 조화로운 진보(harmoniousprogress)에 대한 믿음을 갖고 있는 주류경제학에 의하면, 고도성장기의 자본주의에서는 노동력의 상품화가 부정적인 것으로 묘사되지는 않는다(Brady, 2003). 거시경제이론의 주요 관점은 경제성장의 성과의 확산은 소득분배를 개선해 빈곤을 타파하고 이는 곧 유효수요의 창출과 저축으로 이어질 것이라는 성장관에 기초해 있기 때문이다(Pasinetti, 1962).

2) 근로빈곤에 영향을 미는 사회구조적 요인

서구의 연구에 의하면, 근로빈곤에 영향을 미치는 사회구조적 요인은 경제성장, 경제의 세계화, 산업화 같은 거시경제 환경, 고용 수준, 노동시장 유연화 등의 노동시장의 영향, 소득분배, 복지제도 등 분배제도의 영향이다.

(1) 거시 경제 환경의 영향

경제성장으로 자유경제이론은 오랫동안 빈곤을 규명하는 지배적인 설명(dominant explanation)으로 자리 잡아 왔다(Brady, 2003). 이 이론에는 자유시장 자본주의에 의한 경제성장과 산업화 · 근대화는 노동생산성 증대와 수요 및 공급 확대에 의한 조화로운 진보(harmoniousprogress)를 낳고 빈곤을 퇴치시킬 것이라는 믿음이 자리 잡고 있다(Mill, 1963).

(2) 경제세계화

경제개방으로 1967년 이후 중심부 포드주의의 생산성이 하락해 이윤율이 저하되자, 중심부 자본은 구상과 조직, 숙련 제조과정, 비숙련 조립과정으로 이루어진 포드주의 3단계 작업과정 중 주로 비숙련 조립과정을 주변부로 이전해 수직적인 분업체계를 형성했다(Lipietz, 1986). 이에 따라 세계 포드주의(global Fordism)가 확립되자 무역자유화, 자본이동의 자유화 등 경제의 자유화 추세가 확대됐고, 그 영향으로 발달된 자본주의 국가들은 점점 더 세계시장에 통합돼 왔다(Rodric, 2000).

경제의 세계화가 경제영역과 근로빈곤에 미치는 영향은 무엇인가? 네 가지 영역의 변화가 경제의 세계화와 경제영역 및 근로빈곤과의 관계를 설명해 줄 수 있다(Alderson, 1999).

첫째, Heckscher-Ohlin 명제(Theorum) 및 Stolper-Samuelson 명제에 의하면, 경제의 세계화가 진전될수록, 발달된 자본주의국가에서는 산업구조상에서 비교우위를 갖고 있고 고숙련 노동에 기반을 두고 있는 교역부문의 경쟁력은 국내부문보다 커지게 돼, 산업부문 및 노동력 간의 불평등이 증가한다.

둘째, 비산업화된 경제(nonindustrialeconomies)로부터 수입이 증가하게 돼 근로자는 저임금 노동과 싸우지 않을 수 없게 되고, 그 영향으로 임금이 감소하고 실업이 증가한다.

셋째, 발달된 국가에서 덜 발달된 국가로의 자본유출 증가는 탈산업화와 정부 · 노동에 대한 자본의 힘의 증가를 낳기 때문에 정부의 재정지출을 어렵게 하고 노조의 교섭력을 약화시키는데, 이에 따라 고용보호 수준 완화나 임금하락을 통제하기 어렵게 된다.

넷째, 국가 간의 노동력의 유동성이 증가함에 따라 양극화된 계층으로 구성돼 있는 이민이 유입되면 발달된 국가에서는 소득불평등과 빈곤이 확대될 수 있다.

그렇다면, 경제의 세계화는 국가의 경제적 조절능력을 침식할 정도로 심각한가? 이에 대해서는 의견이 엇갈린다. 비관론에 의하면, 규제되지 않은 시장에서의 자본의 유동성 증가는 경제에 대한 국가의 조절능력을 심각하게 약화시키고, 경쟁국가로의 전환을 불가피하게 한다(Mishra, 2002: 79-108). 반면, 경제의 세계화에도 불구하고 재정정책, 통화정책, 산업정책 등에 대한 국가의 조절능력은 약화되지 않는다는 주장도 있다(Notermans, 1995). 또한, 무역의존도가 높고 개방된 경제체제를 가진 소국(小國), 이른바 강소국(强小國)들의 경우는 예외라는 주장도 있다.

세계경제의 틈새시장을 개척하기 위해서는 고기술의 생산기술에 특화된 노동력과 사회적 하부구조가 필요하기 때문에 거시경제에 대한 조절능력이 후퇴(constraint)하지 않았다는 것이다(Huber & Stephens, 2001).

3) 고용동향

고용동향을 살펴보면 [그림 5-36]과 같이 조사되었다. 미혼인 경우, 남녀 고용률 차이는 1.6%p로 크지 않으나, 유배우 남녀의 경우는 그 차이가 27.6%p(남자 81.1%, 여자 53.5%)까지 벌어졌다.

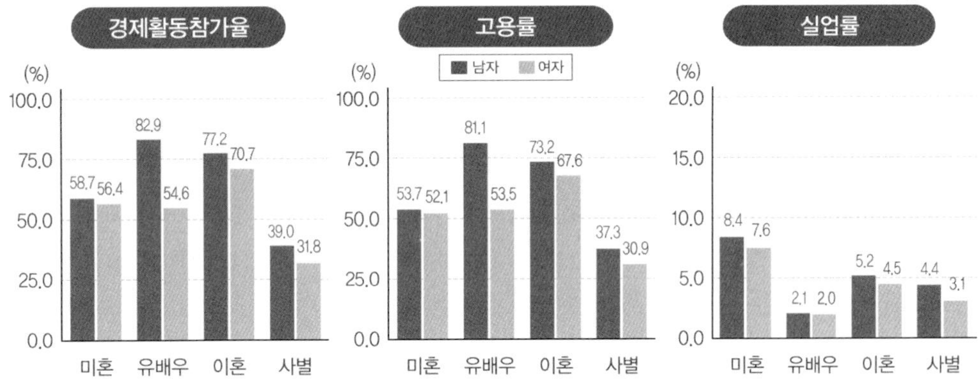

[그림 5-36] 혼인 상태별 · 성별 고용동향(2018)

〈표 5-25〉 혼인상태별 · 성별 고용동향[1)] (단위: %)

	경제활동참가율					고용률					실업률				
	2014	2015	2016	2017	2018	2014	2015	2016	2017	2018	2014	2015	2016	2017	2018
전체	62.7	62.8	62.9	63.2	63.1	60.5	60.5	60.6	60.8	60.7	3.5	3.6	3.7	3.7	3.8
남자	74.4	74.1	74.0	74.1	73.7	71.7	71.4	71.2	71.2	70.8	3.5	3.6	3.8	3.8	3.9
미혼	54.7	56.0	56.8	57.9	58.7	49.9	51.3	51.8	52.8	53.7	8.7	8.4	8.9	8.8	8.4
유배우	84.9	84.2	83.8	83.5	82.9	83.4	82.5	82.3	81.9	81.1	1.8	1.9	1.9	1.9	2.1
이혼	79.3	77.6	76.9	78.2	77.2	75.4	73.7	73.1	74.1	73.2	4.9	5.1	4.9	5.2	5.2
사별	41.0	41.3	41.5	40.6	39.0	39.5	39.6	39.2	39.0	37.3	3.8	4.0	5.4	3.8	4.4
여자	51.5	51.9	52.2	52.7	52.9	49.7	50.1	50.3	50.8	50.9	3.5	3.5	3.6	3.5	3.7
미혼	52.3	53.9	54.9	55.5	56.4	48.5	50.1	50.5	51.2	52.1	7.2	7.0	7.9	7.6	7.6
유배우	53.8	53.8	53.9	54.4	54.6	52.6	52.6	52.9	53.4	53.5	2.1	2.2	2.0	1.8	2.0
이혼	73.3	72.8	71.8	73.3	70.7	70.8	70.1	69.7	70.5	67.6	3.5	3.7	2.9	3.7	4.5
사별	32.2	32.1	31.6	31.8	31.8	31.5	31.4	30.8	30.9	30.9	2.2	2.3	2.3	2.9	3.1

출처: 통계청, 「경제활동인구조사」 각년도.

주: 1) '15년 인구총조사(등록센서스) 결과를 토대로 소급작성된 추계인구의 변경을 반영하여 '18년 1월에 '00년 7월~'17년 12월까지의 자료 소급 보정됨

(1) 고용률

2018년 고용률은 남자가 70.8%로 여자(50.9%)보다 19.9%p 높으나, 남녀 고용률 차이는 계속 줄어드는 추세이다. 이를 구체적으로 나타내면 남녀 고용률 차이(%p)는 (2014년)22.0 → (2015년)21.3 → (2016년)20.9 → (2017년)20.4 → (2018년)19.9이었다. 그리고 혼인상태별 남녀 고용률 차이는, 미혼인 경우 1.6%p이나 배우자가 있는 경우는 남자 81.1%, 여자 53.5%로 그 차이가 27.6%p까지 벌어지는 것으로 나타났다. 또한, 2018년 실업률은 남녀 각각 3.9%, 3.7%이며, 배우자가 있는 경우는 남자 2.1%, 여자 2.0%로 비슷한 수준이었다.

다음으로 자녀 연령별 부모의 고용률을 살펴보면, 모(母)의 고용률은 자녀의 연령이 어릴수록 낮고, 자녀연령 13~17세의 경우만 전년대비 감소하고, 나머지 연령대에서 전년보다 증가하였다. 이를 [그림 5-37]로 나타내면 다음과 같다.

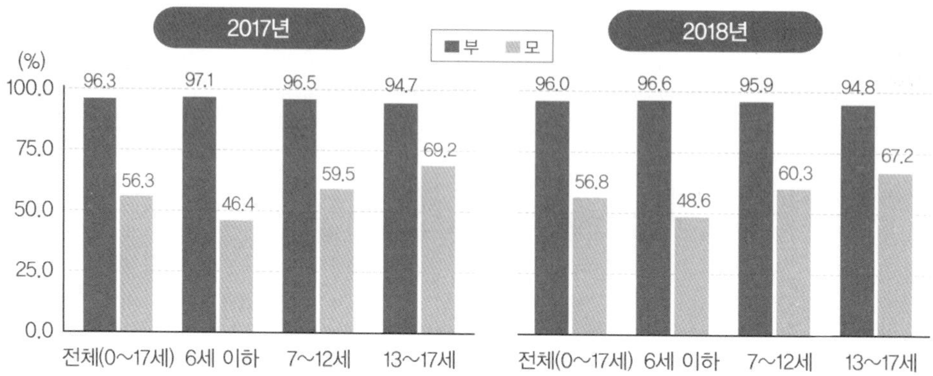

[그림 5-37] 자녀 연령별 부모 고용률

〈표 5-26〉 자녀 연령별[1] 부모의 고용률[2]

(단위: %, %p)

	2016				2017				2018			
	0~17세	6세 이하	7~12세	13~17세	0~17세	6세 이하	7~12세	13~17세	0~17세	6세 이하	7~12세	13~17세
부(父)	96.3	96.7	96.8	95.1	96.3	97.1	96.5	94.7	96.0	96.6	95.9	94.8
모(母)	55.3	44.9	59.6	67.3	56.3	46.4	59.5	69.2	56.8	48.6	60.3	67.2
차이(부-모)	41.0	51.8	37.2	27.8	40.0	50.7	37.0	25.5	39.2	48.0	35.6	27.6

출처: 통계청, 「지역별고용조사」 각년도 10월 결과에 따른 시산자료.
주: 1) 15세 이상 인구 전체를 기준으로 기혼(유배우, 이혼, 사별)이면서 자녀와 동거하는 경우로 자녀의 연령은 막내 자녀를 기준으로 함
2) '17년 하반기 자료부터 등록센서스에 기반한 가구추계 결과를 바탕으로 공표하게 됨에 따라 '11년~'17년 자료 소급 보정됨

모(母)의 고용률은 자녀의 연령이 어릴수록 낮고, 자녀 연령 13~17세의 경우만 전년대비 감소하고 나머지 연령대에서 전년보다 증가하였고, 2018년 18세 미만의 자녀의 연령이 어릴수록 부(父)의 고용률은 높고, 모(母)의 고용률은 낮은 경향이 있다. 이를 구체적으로 나타내면, 자녀 연령별 모(母)의 고용률(%)은 (6세 이하)48.6 → (7~12세)60.3 → (13~17세)67.2로 나타났다. 또한, 전년과 비교하여 부(父)의 고용률은 감소하고, 모(母)의 고용률은 증가하였다. 연령별로는 부(父)의 고용률의 경우 13~17세 자녀를 둔 경우만 증가하였고, 모(母)의 고용률은 6세 이하 및 7~12세 자녀를 둔 경우 전년보다 각각 2.2%p, 0.8%p 증가하였다.

(2) 근로시간

2018년 주당 평균 근로시간은 41.5시간으로 전년보다 1.3시간 감소하였고, 취업자의 주당 평균 근로시간은 남자 43.9시간, 여자 38.3시간으로 전년보다 1.3시간씩 감소하였다. 근로시간별로는 주 36시간 미만 취업자는 521만 명으로 남녀 각각 39만 1천 명, 40만 6천 명 증가한 반면, 36시간 이상 취업자는 2,120만 9천 명으로 남녀 각각 41만 1천 명, 31만 명 감소하였다.

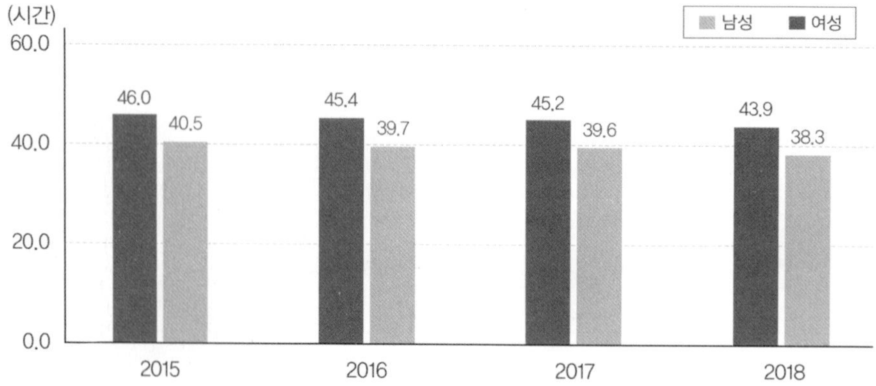

[그림 5-38] 주당 평균 근로시간

조사결과, 우리나라 임금 근로자는 연간 근로시간이 2018년 기준 1,967시간으로 전년에 비해 29시간 줄었으나, [그림 5-39]처럼, 독일(1,305시간), 일본(1,706시간) 및 미국(1,792시간) 등 다른 국가들에 비해서는 장시간 근로를 하는 것으로 나타났다.

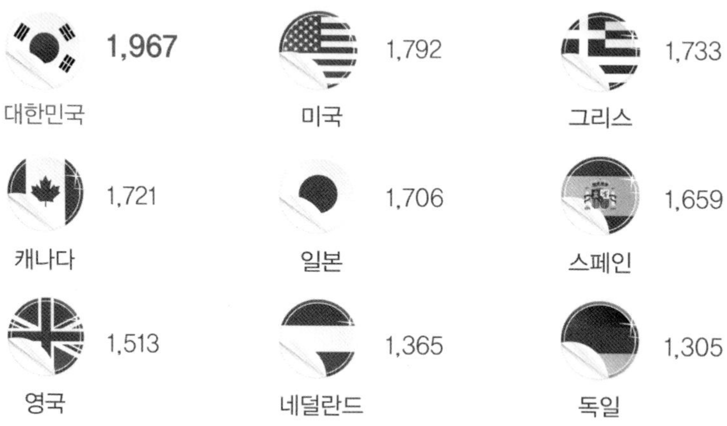

[그림 5-39] 2018 OECD 주요국의 연간 근로시간

〈표 5-27〉 OECD 주요국의 임금근로자 연간 근로시간 (단위: 시간)

	2011	2012	2013	2014	2015	2016	2017	2018
한국	2,119	2,098	2,071	2,047	2,058	2,033	1,996	1,967
미국	1,789	1,790	1,789	1,790	1,790	1,786	1,785	1,792
그리스	1,756	1,761	1,752	1,726	1,718	1,729	1,733	1,733
캐나다	1,718	1,726	1,721	1,718	1,718	1,714	1,705	1,721
일본	1,747	1,765	1,746	1,741	1,734	1,724	1,720	1,706
스페인	1,670	1,654	1,642	1,643	1,651	1,653	1,644	1,659
영국	1,484	1,501	1,509	1,515	1,502	1,515	1,515	1,513
네덜란드	1,358	1,348	1,353	1,362	1,356	1,367	1,365	1,365
독일	1,315	1,301	1,292	1,299	1,303	1,298	1,300	1,305

출처: OECD, 「Labour Force Statistics」
https://stats.oecd.org 〉 Labour 〉 Labour Force Statistics 〉 Hours Worked

다음으로 자녀 연령별 부모의 근로시간을 살펴보면 [그림 5-40]과 같다.

자녀가 어릴수록 부(父)와 모(母)의 근로시간은 차이가 많이 났으며 2018년 10월 기준 18세 미만 자녀가 있는 맞벌이 가구의 주당 평균 근로시간은 41.3시간으로 비맞벌이 가구 45.1시간보다 3.8시간 적은 것으로 나타났다. 부(父), 모(母)의 근로시간은 맞벌이 여부에 상관없이 전년대비 모두 감소하였으며, 맞벌이 · 비맞벌이 모두 자녀가 어릴수록 부(父)와 모(母)의 근로시간 차이가 컸으며, 맞벌이 가구의 부모 근로시간 차이는 8.2시간으로, 비맞벌이 가구의 부모 근로시간 차이는 6.1시간으로 조사되었다.

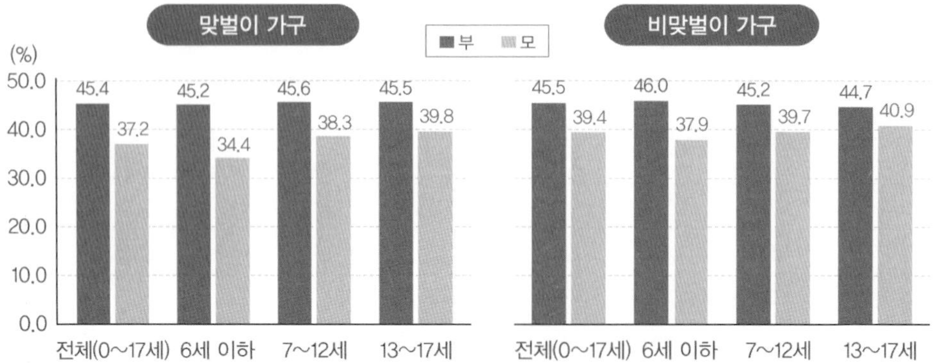

[그림 5-40] 자녀 연령별 부모의 주당 평균 근로시간(2018)

〈표 5-28〉 자녀 연령별[1] 부모의 주당 평균 근로시간[4] (단위: 시간)

	2017				2018			
	0~17세	6세 이하	7~12세	13~17세	0~17세	6세 이하	7~12세	13~17세
맞벌이 가구[2]	42.4	40.7	43.2	43.8	41.3	39.8	42.0	42.6
부(父)	46.7	46.5	46.8	46.8	45.4	45.2	45.6	45.5
모(母)	38.1	34.8	39.5	40.8	37.2	34.4	38.3	39.8
차이(부-모)	8.6	11.7	7.3	6.0	8.2	10.8	7.3	5.7
비맞벌이 가구[3]	46.7	47.3	46.3	45.6	45.1	45.7	44.7	44.3
부(父)	47.1	47.7	46.8	46.1	45.5	46.0	45.2	44.7
모(母)	39.9	37.0	39.8	42.2	39.4	37.9	39.7	40.9
차이(부-모)	7.2	10.7	7.0	3.9	6.1	8.1	5.5	3.8

출처: 통계청, 「지역별고용조사」 각년도 10월.
주: 1) 막내자녀 18세 미만 기준으로 18세 미만 자녀가 없는 경우는 제외
2) 동거여부와 상관없이 부부(가구주와 배우자)가 모두 취업자인 가구
3) 비맞벌이 가구의 가구주나 배우자 중 취업자의 주당 평균 근로시간
4) '17년 하반기 자료부터 등록센서스에 기반한 가구추계 결과를 바탕으로 공표하게 됨에 따라 '11년~'17년 자료 소급 보정됨

또한, 맞벌이 가구 근로시간은 [그림 5-41]처럼 조사되었다. 남자는 44.8시간, 여자는 39.0시간으로 남자가 여자보다 5.8시간 많았으며, 2018년 10월 기준 맞벌이 가구의 주당 평균 근로시간은 남자는 44.8시간, 여자는 39.0시간으로 남자가 여자보다 5.8시간

많았다. 그리고 남자는 부부가 동거할 때가 동거하지 않을 때보다 근로시간이 1.8시간 더 길며, 여자는 부부가 동거할 때보다 동거하지 않을 때 근로시간이 0.2시간 더 길게 나타났다. 마지막으로 동거여부별 남녀 근로시간 차이는 동거 부부가 6.2시간으로 비동거부부 4.2시간에 비해 더 크게 결과가 나왔다.

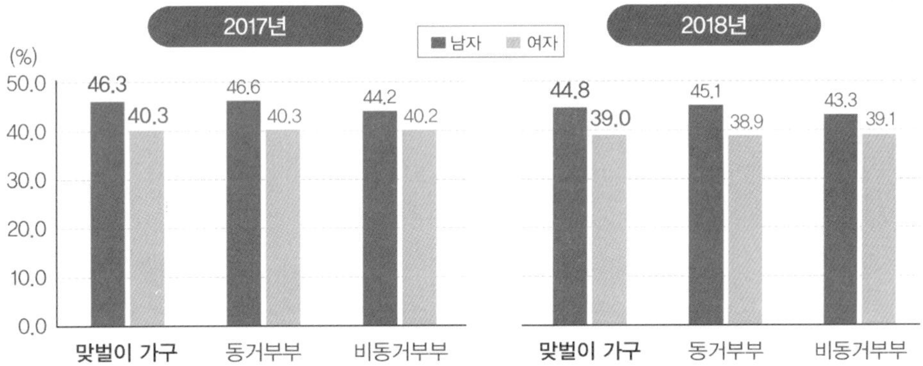

[그림 5-41] 맞벌이 가구의 주당 평균 근로시간

〈표 5-29〉 맞벌이 가구의 주당 평균 근로시간[1)] (단위: 시간)

	2017				2018			
	전체	동거부부(A)	비동거부부(B)	차이(A-B)	전체	동거부부(A)	비동거부부(B)	차이(A-B)
남 자	46.3	46.6	44.2	2.4	44.8	45.1	43.3	1.8
여 자	40.3	40.3	40.2	0.1	39.0	38.9	39.1	-0.2
차이(남-여)	6.0	6.3	4.0	-	5.8	6.2	4.2	-

출처: 통계청, 「지역별고용조사」 각년도 10월.
주: 1) '17년 하반기 자료부터 등록센서스에 기반한 가구추계 결과를 바탕으로 공표하게 됨에 따라 '11년~'17년 자료 소급 보정됨

다음으로 초과근로 상용 근로자의 월 평균 총 근로시간을 조사해 보면, [그림 5-42]와 같다.

상용 근로자의 월 평균 총 근로시간은 171.2시간, 초과 근로시간은 9.5시간으로 2017

년 대비 각각 2.1시간, 0.6시간 감소하였으며, 2018년 상용 근로자 1인 이상 사업체의 월 평균 총 근로시간은 171.2 시간이며, 그중 초과 근로시간은 9.5시간으로 나타났다. 2017년 대비 총 근로시간은 2.1시간, 초과 근로시간은 0.6시간 감소하였다. 초과 근로시간은 5~9인 규모 사업체를 제외한 전체 사업체에서 모두 감소하였다.

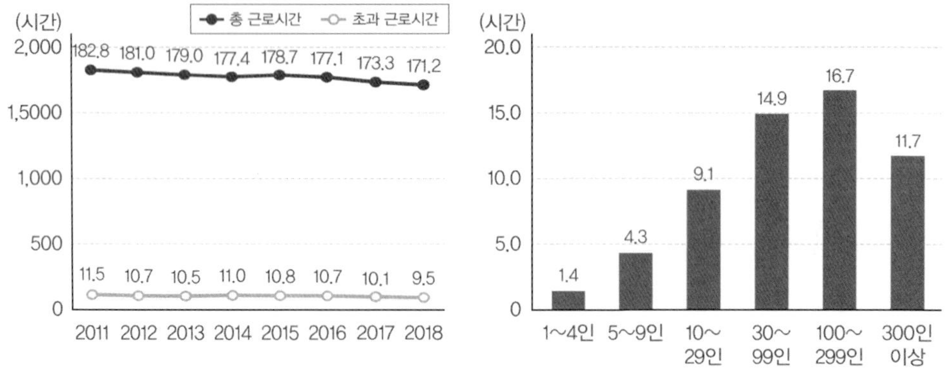

[그림 5-42] 초과근로 상용 근로자의 월 평균 근로시간 및 초과근로 현황

〈표 5-30〉 월 평균 초과근로 현황 (단위: 시간)

		2011	2012	2013	2014	2015	2016	2017	2018
상용근로자 총 근로시간[1]		182.8	181.0	179.0	177.4	178.7	177.1	173.3	171.2
상용근로자 초과 근로시간[2]		11.5	10.7	10.5	11.0	10.8	10.7	10.1	9.5
사업체 규모별[3]	1~4인	1.0	0.9	1.1	2.0	2.0	1.8	1.6	1.4
	5~9인	3.7	4.0	4.4	4.6	4.4	4.5	4.2	4.3
	10~29인	9.1	8.9	9.2	9.9	9.9	10.4	9.3	9.1
	30~99인	17.8	16.7	16.1	16.3	16.8	17.4	16.3	14.9
	100~299인	19.0	18.6	18.3	19.1	18.1	17.8	17.8	16.7
	300인 이상	18.2	16.2	14.9	15.6	15.4	13.7	12.3	11.7

출처: 고용노동부, 「사업체노동력조사」 각년도.
주: 1) 상용근로자 1인 이상 사업체 대상
2) 임금지급 여부와 관계없이 소정 근로시간 이외의 시간(연장, 휴일)에 실제로 근로한 시간의 총계
3) 사업체 규모는 상용근로자 수 기준

(3) 일과 가정생활 우선도(19세 이상)

마지막으로 일과 가정생활 우선도(19세 이상)를 살펴보면, [그림 5-43]과 같이 나타났다. 일과 가정생활의 균형을 중요시하는 사람이 증가하였고, 일을 우선시하던 사회에서 일과 가정생활의 균형을 중요시하는 사회로 변화하고 있는 것으로 나타났다. 이를 구체적으로 설명하면, '일을 우선시'는 (2015년)53.7% → (2017년)43.1% → (2019년)42.1%, '둘 다 비슷'은 (2015년)34.4% → (2017년)42.9% → (2019년)44.2%으로, '가정생활우선시'는 (2015년)11.9% → (2017년)13.9% → (2019년)13.7%으로 나타났다. 마지막으로 남자는 '일을 우선시'하는 경우가 48.2%로 가장 높은 반면, 여자는 '일과 가정생활을 비슷'하게 생각하는 경우가 49.5%로 가장 높게 나타났다. 연령대별로는 19~29세는 '일을 우선'으로 생각하는 비중이 높은 반면, 30대 이상은 모두 '일과 가정생활 둘 다 비슷'하게 생각하는 비중이 높았다.

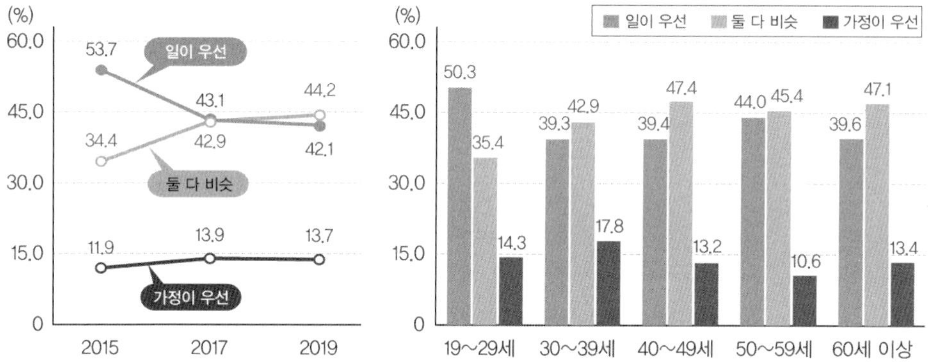

[그림 5-43] 일과 가정생활 우선도(2019)

〈표 5-31〉 일과 가정생활 우선도(19세 이상)

(단위: %)

	계[1]	일을 우선시한다	주로	대체로	둘 다 비슷하다	가정생활을 우선시한다	대체로	주로
2017	100.0	43.1	18.8	24.4	42.9	13.9	11.2	2.8
남 자	100.0	49.9	21.7	28.2	39.0	11.1	8.8	2.2
여 자	100.0	33.7	14.7	19.0	48.4	17.9	14.4	3.5
2019	100.0	42.1	18.1	24.0	44.2	13.7	11.2	2.5
남 자	100.0	48.2	20.4	27.7	40.3	11.6	9.3	2.3
여 자	100.0	33.8	15.0	18.9	49.5	16.6	13.8	2.8
19~29세	100.0	50.3	23.0	27.3	35.4	14.3	9.9	4.4
30~39세	100.0	39.3	15.3	24.1	42.9	17.8	14.1	3.7
40~49세	100.0	39.4	16.1	23.3	47.4	13.2	11.5	1.7
50~59세	100.0	44.0	19.7	24.3	45.4	10.6	9.3	1.2
60세 이상	100.0	39.6	18.0	21.6	47.1	13.4	11.0	2.3

출처: 통계청, 「사회조사」 각년도.
주: 1) 지난 1주일 동안 일한 적이 있는 사람

4) 공공부문 일자리 통계

저자는 공공부문 일자리 통계부분을 언급하고자 2021년 01월 21일자 통계청 조사발표 「2019년 공공부문일자리통계」를 인용해 보고자 한다. 본 통계는 사회보험, 지역연금, 과세자료 등의 행정자료를 활용하여 공공부문의 기업체(사업체)에서 근로활동을 하는 '근로자가 점유한 고용위치'를 대상으로 작성되었기 때문이다.

(1) 일자리 규모

2019년 공공부문 일자리는 260만 2천 개, 전년대비 15만 1천 개 증가하였고, 총 취업자 수 대비 공공부문비율 9.5%, 전년대비 0.5%p 상승하였다. 2019년 공공부문 일자리 260만 2천 개로, 전년보다 15만 1천 개(6.1%)가 증가하였다.

또한, 일반정부 일자리는 222만 개로 전년보다 12만 3천 개(5.9%) 증가하였고, 공기업 일자리는 38만 2천 개로 전년보다 2만 8천 개(7.8%) 증가하였다.

총 취업자 수 대비 공공부문 일자리 비율은 9.5%로, 전년보다 0.5%p 상승하였으며, 일반정부는 8.1%, 공기업은 1.4%로 전년보다 0.4%p, 0.1%p 각각 상승하였다.

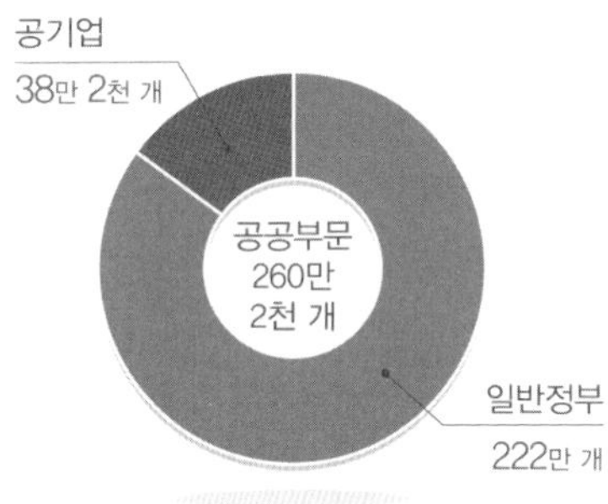

[그림 5-44] 공공부문 규모

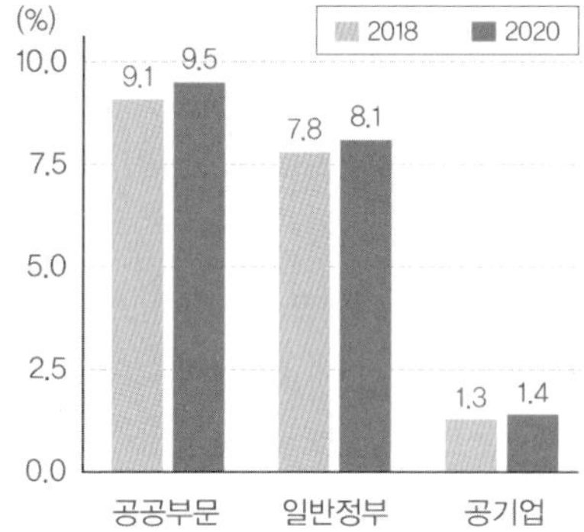

[그림 5-45] 총 취업자 수 대비 비율

(2) 영역별 일자리

영역별 일자리는 일반정부(85.3%), 일자리는 중앙정부가 31.6%, 지방정부가 52.0% 차지하였으며, 공기업(14.7%) 일자리는 비금융공기업이 13.6%로 대부분 차지하였으며, 일반정부 일자리를 세부영역별로 보면, 중앙정부는 82만 3천 개(31.6%), 지방정부는 135만 2천 개(52.0%), 사회보장기금은 4만 5천 개(1.7%)로 나타났다. 또한, 전년보다 중앙정부는 3만 4천 개(4.3%), 지방정부는 8만 4천 개(6.7%), 사회보장기금은 5천 개(1.5%) 각각 증가하였다. 그리고 정부기관은 19만 7천 개(76.7%), 공공비영리단체는 2만 3천 개(8.6%)이었다.

또한, 공기업 일자리 중 비금융공기업은 35만 4천 개(13.6%), 금융공기업은 2만 7천 개(1.1%), 비금융공기업은 2만 6천 개(8.1%), 금융공기업은 1천 개(3.9%)로 각각 증가하였다.

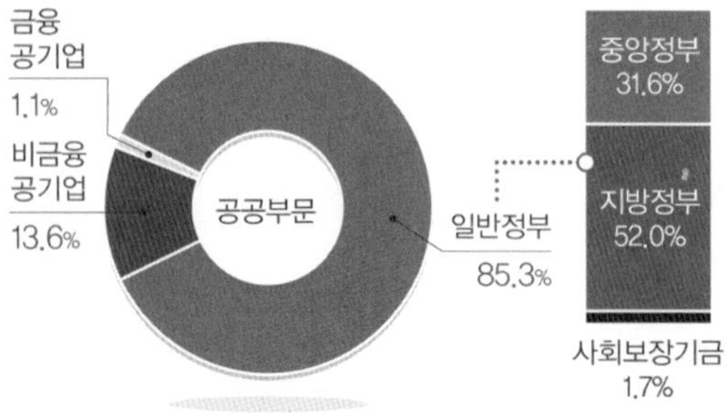

[그림 5-46] 공공부문 영역별 일자리 분포

〈표 5-32〉 공공부문 영역별 일자리 규모

(단위: 만 개, %)

구분	2018년		2019년		증감(증감률)	
	일자리	구성비	일자리	구성비		
■ 공공부문	245.1	(100.0)	260.2	(100.0)	15.1	(6.1)
일반정부	209.7	(85.5)	222.0	(85.3)	12.3	(5.9)
중앙정부	78.9	(32.2)	82.3	(31.6)	3.4	(4.3)
지방정부*	126.7	(51.7)	135.2	(52.0)	8.4	(6.7)
사회보장기금	4.1	(1.7)	4.5	(1.7)	0.5	(11.5)
공기업	35.4	(14.5)	38.2	(14.7)	2.8	(7.8)
비금융공기업	32.8	(13.4)	35.4	(13.6)	2.6	(8.1)
금융공기업	2.6	(1.1)	2.7	(1.1)	0.1	(3.9)

※ 일반정부	2018년		2019년		증감(증감률)	
	일자리	구성비	일자리	구성비		
일반정부	209.7	(85.5)	222.0	(85.3)	12.3	(5.9)
정부기관	189.4	(77.3)	199.7	(76.7)	10.2	(5.4)
공공비영리단체**	20.2	(8.3)	22.3	(8.6)	2.1	(10.2)

* 공립학교 교원은 중앙 공무원이지만, 지방교육청 관할임을 감안하여 지방정부에 포함

** 사회보장기금 포함

(3) 일자리 형태

일자리 형태를 살펴보면, 전년대비 지속 일자리와 신규 일자리는 증가하였고, 대체 일자리는 감소하였다. 그리고 전년과 동일한 근로자가 점유한 지속 일자리는 25만 2천

개(86.6%), 이 · 퇴직으로 근로자가 대체된 일자리는 19만 4천 개(7.5%), 기업체생성이나 사업 확장으로 생긴 신규 일자리는 15만 5천 개(6.0%)로 나타났으며, 전년대비 지속 일자리(7만 1천 개)와 신규 일자리(10만 5천 개)가 증가하였다.

〈표 5-33〉 공공부문 일자리 형태 (단위: 만 개, %, %p)

구분	일자리	지속 일자리	대체 일자리	신규 일자리
2019년	260.2 (100.0)	225.2 (86.6)	19.4 (7.5)	15.5 (6.0)
2018년	245.1 (100.0)	218.1 (89.0)	21.9 (8.9)	5.1 (2.1)
증감(구성비증감)	15.1 (-)	7.1 (-2.4)	-2.5 (-1.5)	10.5 (3.9)

그리고 지속 일자리는 금융공기업(92.9%), 신규 일자리는 사회보장기금(10.3%), 대체 일자리는 지방정부 · 사회보장 기금(8.3%)에서 상대적으로 비중이 높게 나타났다.

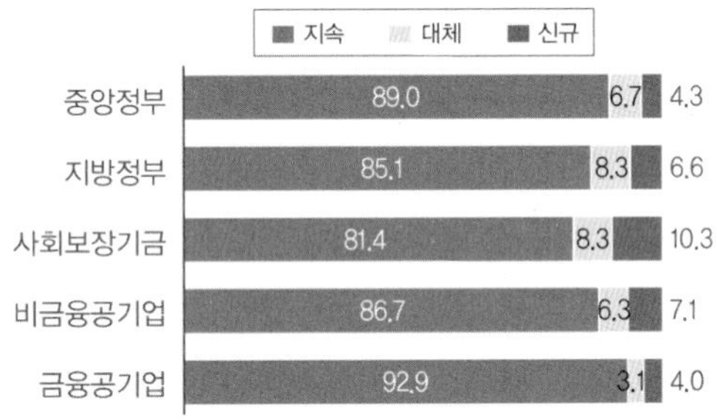

[그림 5-47] 공공부문 영역별 일자리 형태 분포

(4) 성별 일자리

성별 일자리를 살펴보면, 남자가 점유한 일자리는 54.3%로 여자의 1.19배 수준이며 지속 일자리 비중은 남자가 높고, 신규 채용 일자리 비중은 여자가 높았다.

또한, 남자 일자리는 141만 2천 개(54.3%)로 여자 18만 9천 개(45.7%)의 1.19배 수준이었다.

[그림 5-48] 공공부문 성별 일자리 분포

〈표 5-34〉 공공부문의 성별 일자리

(단위: 만 개, %)

구분		2018년 일자리	2019년 일자리	지속 일자리	신규채용 일자리	기업생성 일자리	기업 내 신규 · 대체	증감 (증감률)
공공부문	계	245.1 (100.0)	260.2 (100.0)	225.2 (100.0)	34.9 (100.0)	0.05 (100.0)	34.9 (100.0)	15.1 (6.1)
	남자	134.9 (55.0)	141.2 (54.3)	124.2 (55.1)	17.1 (48.9)	0.02 (30.4)	17.1 (48.9)	6.3 (4.7)
	여자	110.2 (45.0)	118.9 (45.7)	101.1 (44.9)	17.8 (51.1)	0.04 (69.6)	17.8 (51.1)	8.7 (7.9)
일반정부	계	209.7 (100.0)	222.0 (100.0)	192.0 (100.0)	30.0 (100.0)	0.05 (100.0)	29.9 (100.0)	12.3 (5.9)
	남자	111.5 (53.2)	116.4 (52.4)	102.1 (53.2)	14.3 (47.8)	0.02 (30.1)	14.3 (47.8)	4.8 (4.3)
	여자	98.1 (46.8)	105.6 (47.6)	89.9 (46.8)	15.7 (52.2)	0.04 (69.9)	15.6 (52.2)	7.5 (7.6)
공기업	계	35.4 (100.0)	38.2 (100.0)	33.3 (100.0)	4.9 (100.0)	0.00 (100.0)	4.9 (100.0)	2.8 (7.8)
	남자	23.4 (66.0)	24.9 (65.1)	22.1 (66.5)	2.7 (55.7)	0.00 (46.8)	2.7 (55.7)	1.5 (6.3)
	여자	12.1 (34.0)	13.3 (34.9)	11.1 (33.5)	2.2 (44.3)	0.00 (53.2)	2.2 (44.3)	1.3 (10.5)

지속 일자리 비중은 남자(5.1%)가 여자(4.9%)보다 10.2%p 높고, 신규채용 일자리 비중은 여자(51.1%)가 남자(48.9%)보다 2.2%p 높았다.

(5) 연령별 일자리

40대가 27.5%로 가장 많고, 전 연령층에서 전년대비 증가하였고, 지속 일자리는 30~40대, 신규 채용 일자리는 30대 이하에서 대부분을 차지하였다. 연령별로는 40대가 27.5%로 가장 많고, 30대(25.5%), 50대(23.5%), 29세 이하(16.0%), 60세 이상(7.5%) 순으로 나타났다. 그리고 전년대비 50대(4만 3천 개) 및 60세 이상(3만 7천 개), 29세 이하(3만 4천 개) 등 전 연령층에서 일자리가 증가하였다.

그리고 지속 일자리는 30~40대가 전체의 56.4%를 차지한 반면, 신규 채용 일자리는 30대 이하가 전체의 53.9%를 차지하였으며, 연령별 전체 일자리 대비 신규 채용 일자리 비중은 60세 이상(35.2%)이 가장 높게 나타났다.

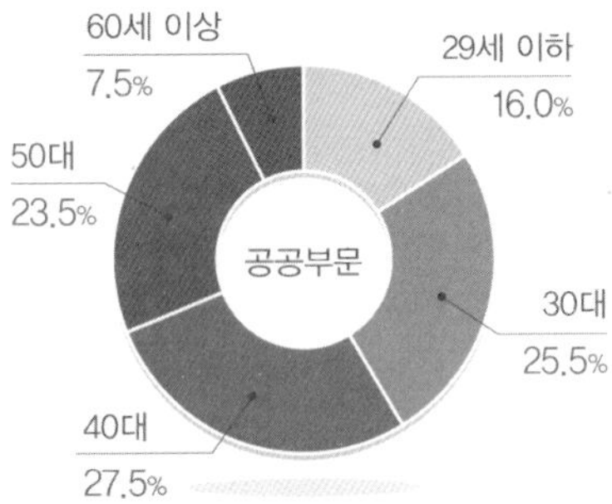

[그림 5-49] 연령별 일자리 분포

〈표 5-35〉 공공부문의 연령별 일자리

(단위: 만 개, %)

구분	2018년 일자리	2019년 일자리	지속 일자리	신규채용 일자리	기업생성 일자리	기업 내 신규·대체	증감 (증감률)
■ 공공부문	245.1 (100.0)	260.2 (100.0)	225.2 (100.0)	34.9 (100.0)	0.05 (100.0)	34.9 (100.0)	15.1 (6.1)
29세 이하	38.1 (15.6)	41.5 (16.0)	28.9 (12.8)	12.6 (36.0)	0.01 (14.6)	12.6 (36.1)	3.4 (8.8)
30~39세	64.2 (26.2)	66.5 (25.5)	60.2 (26.7)	6.2 (17.9)	0.02 (28.6)	6.2 (17.8)	2.3 (3.6)
40~49세	70.1 (28.6)	71.5 (27.5)	66.8 (29.7)	4.7 (13.3)	0.02 (32.9)	4.6 (13.3)	1.4 (2.0)
50~59세	56.9 (23.2)	61.2 (23.5)	56.6 (25.1)	4.6 (13.1)	0.01 (20.4)	4.6 (13.1)	4.3 (7.6)
60세 이상	15.9 (6.5)	19.5 (7.5)	12.7 (5.6)	6.9 (19.7)	0.00 (3.5)	6.9 (19.7)	3.7 (23.2)

(6) 근속기간별 일자리

근속기간 3년 미만은 30.4%, 10년 이상은 4.5%를 차지하였다. 평균 근속기간은 1.4년으로 전년대비 0.4년 감소하였다. 근속기간별로는 3년 미만(30.4%), 20년 이상(2.5%), 10~20년 미만(2.1%), 5~10년 미만(15.0%) 순이었다. 또한, 전체 일자리는 3년 미만(59.9%), 5~10년(13.0%), 3~5년(12.7%), 10~20년(9.4%), 20년 이상(5.0%) 순이었다. 그리고 남자는 3년 미만(27.5%), 20년 이상(27.4%) 순이고, 여자는 3년 미만(3.9%), 10~20년 미만(2.3%) 순으로 나타났다.

그리고 평균 근속기간은 1.4년으로, 전년 1.8년보다 0.4년 감소하였다.

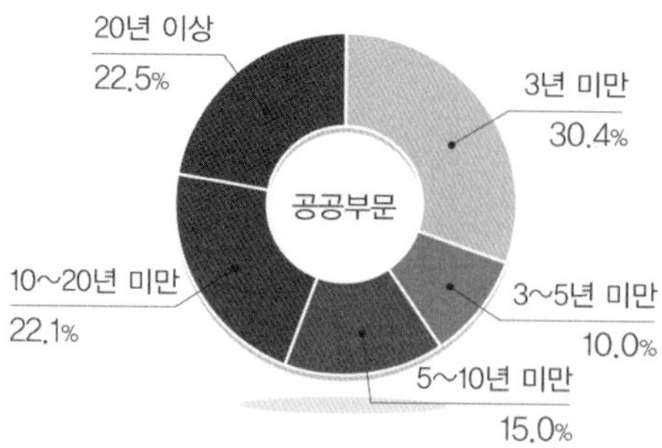

[그림 5-50] 근속기간별 일자리 분포

〈표 5-36〉 공공부문의 근속기간별 일자리

(단위: 만 개, %, 년)

구분	2018년			2019년			증감(증감률)		
	계	남자	여자	계	남자	여자	계	남자	여자
■ 공공부문	245.1 (100.0)	134.9 (100.0)	110.2 (100.0)	260.2 (100.0)	141.2 (100.0)	118.9 (100.0)	15.1 (6.1)	6.3 (4.7)	8.7 (7.9)
3년 미만	70.8 (28.9)	34.8 (25.8)	35.9 (32.6)	79.2 (30.4)	38.9 (27.5)	40.3 (33.9)	8.4 (11.9)	4.1 (11.6)	4.4 (12.2)
1년 미만	24.6 (10.1)	11.2 (8.3)	13.4 (12.2)	22.7 (8.7)	10.8 (7.6)	12.0 (10.1)	−1.9 (−7.7)	−0.4 (−3.9)	−1.4 (−10.8)
1~2년 미만	28.7 (11.7)	14.0 (10.4)	14.7 (13.3)	34.6 (13.3)	17.1 (12.1)	17.4 (14.7)	5.9 (20.6)	3.2 (22.6)	2.8 (18.8)

구분	2018년			2019년			증감(증감률)		
	계	남자	여자	계	남자	여자	계	남자	여자
2~3년 미만	17.5 (7.1)	9.6 (7.1)	7.8 (7.1)	21.9 (8.4)	11.0 (7.8)	10.9 (9.2)	4.4 (25.2)	1.3 (13.9)	3.1 (39.1)
3~5년 미만	23.9 (9.8)	12.0 (8.9)	11.9 (10.8)	26.0 (10.0)	13.2 (9.3)	12.9 (10.8)	2.1 (8.8)	1.2 (9.9)	0.9 (7.8)
5~10년 미만	35.7 (14.6)	18.1 (13.4)	17.6 (16.0)	39.1 (15.0)	19.6 (13.9)	19.5 (16.4)	3.4 (9.5)	1.5 (8.4)	1.9 (10.7)
10~20년 미만	56.1 (22.9)	30.7 (22.7)	25.5 (23.1)	57.4 (22.1)	30.9 (21.9)	26.5 (22.3)	1.2 (2.2)	0.2 (0.7)	1.0 (4.0)
20년 이상	58.6 (23.9)	39.3 (29.1)	19.2 (17.5)	58.4 (22.5)	38.7 (27.4)	19.8 (16.6)	−0.1 (−0.2)	−0.6 (−1.6)	0.5 (2.7)
◇평균 근속기간	11.8	13.0	10.3	11.4	12.5	10.1	−0.4	−0.5	−0.2

5) 실업자 동향

(1) 실업자 및 실업률

통계청 2021년 01월 13일자「2020년 12월 및 연간 고용동향」발표를 이용 정리하면 다음과 같다. 2020년 12월 실업자는 13만 5천 명으로 전년 동월 대비 19만 4천 명(20.6%)이 증가하였으며, 성별로 보면 남자는 59만 4천 명으로 전년 동월 대비 5만 8천 명(10.8%)이 증가하였고, 여자는 54만 2천 명으로 13만 6천 명(3.4%)이 증가하였다. 실업률은 4.1%로 전년 동월 대비0.7%p가 상승하였으며, 성별로 보면 남자는 3.7%로 전년 동월 대비 0.4%p 상승하였고, 여자는 4.6%로 1.2%p 상승하였다. 그리고 계절조정 실업률은 4.6%로 전월 대비 0.5%p 상승하였다. 이를 표로 나타내면 〈표 5-37〉과 같다.

〈표 5-37〉 실업자 및 실업률

(단위: 천 명, %, %p, 전년동월대비)

	2019. 12	증 감	2020. 11	증 감	2020. 12	증 감	증감률
〈 실 업 자 〉	942	-3	967	101	1,135	194	20.6
남 자	536	-51	540	6	594	58	10.8
여 자	406	48	427	96	542	136	33.4
〈 실 업 률 〉	3.4	0.0p	3.4	0.3p	4.1	0.7p	-
(계절조정)	(3.7)		(4.1)		(4.6)		
남 자	3.3	-0.4p	3.4	0.1p	3.7	0.4p	-
(계절조정)	(3.7)		(3.9)		(4.2)		
여 자	3.4	0.3p	3.5	0.8p	4.6	1.2p	-
(계절조정)	(3.8)		(4.4)		(5.1)		

(2) 연령 계층별, 교육 정도별 실업자 및 실업률

연령 계층별, 교육 정도별 실업자 및 실업률의 전년 동월 대비 증감을 살펴보면 실업자는 60세 이상(7만 4천 명, 36.0%), 30대(5만 4천 명, 35.1%), 50대(2만 9천 명, 19.9%), 40대(2만 5천 명, 19.8%) 등에서 증가하였다. 그리고 실업률은 30대(1.1%p), 60세 이상(1.1%p), 20대(0.9%p), 40대(0.5%p), 50대(0.5%p)에서 상승하였으며, 청년층(15~29세) 실업자는 전년 동월 대비 1만 2천 명 증가, 실업률은 0.8%p 상승하였다.

〈표 5-38〉 연령계층별 실업자 및 실업률

(단위: 천 명, %, %p, 전년동월대비)

	2019. 12		증감		2020. 11		증감		2020. 12		증감		증감률
〈 전 체 〉	942	(3.4)	-3	(0.0p)	967	(3.4)	101	(0.3p)	1,135	(4.1)	194	(0.7p)	20.6
15~29세	310	(7.3)	-56	(-1.3p)	331	(8.1)	31	(1.1p)	322	(8.1)	12	(0.8p)	3.8
• 15~19세	14	(6.9)	-5	(-2.3p)	9	(5.9)	0	(1.3p)	11	(6.9)	-3	(0.0p)	-24.5
• 20~29세	296	(7.3)	-51	(-1.3p)	322	(8.2)	31	(1.1p)	312	(8.2)	15	(0.9p)	5.2
‥20~24세	132	(9.5)	-4	(-0.3p)	122	(9.4)	-2	(0.7p)	126	(10.3)	-6	(0.8p)	-4.4
‥25~29세	165	(6.1)	-46	(-1.8p)	201	(7.6)	33	(1.4p)	186	(7.2)	21	(1.1p)	12.8
30~39세	154	(2.7)	-4	(-0.1p)	206	(3.7)	39	(0.8p)	208	(3.8)	54	(1.1p)	35.1
40~49세	128	(1.9)	-25	(-0.4p)	150	(2.3)	9	(0.2p)	153	(2.4)	25	(0.5p)	19.8
50~59세	144	(2.2)	-10	(-0.2p)	160	(2.4)	11	(0.2p)	173	(2.7)	29	(0.5p)	19.9
60세 이상	206	(4.2)	91	(1.6p)	120	(2.2)	11	(0.1p)	280	(5.3)	74	(1.1p)	36.0
• 60~64세	81	(3.5)	12	(0.2p)	76	(3.1)	7	(0.1p)	87	(3.6)	6	(0.1p)	6.8
• 65세 이상	124	(4.8)	79	(2.8p)	43	(1.4)	4	(0.0p)	193	(6.8)	69	(2.0p)	55.1

※ ( )는 실업률

(3) 교육 정도별 실업자 및 실업률

교육정도별 실업자 및 실업률의 전년 동월 대비 증감을 살펴보면, 실업자는 대졸 이상에서 8만 5천 명(24.1%), 고졸에서 6만 명(15.0%), 중졸 이하에서 4만 8천 명(25.9%) 증가하였다. 그리고 실업률은 중졸 이하에서 1.5%p, 고졸에서 0.7%p, 대졸 이상에서 0.6%p 상승하였다.

〈표 5-39〉 교육 정도별 실업자 및 실업률 (단위: 천 명, %, %p, 전년동월대비)

	2019. 12		증감		2020. 11		증감		2020. 12		증감		증감률
〈 전 체 〉	942	(3.4)	-3	(0.0p)	967	(3.4)	101	(0.3p)	1,135	(4.1)	194	(0.7p)	20.6
중졸 이하	187	(4.7)	91	(2.2p)	98	(2.4)	-9	(-0.1p)	236	(6.2)	48	(1.5p)	25.9
고 졸	400	(3.7)	-26	(-0.3p)	442	(4.2)	69	(0.7p)	460	(4.4)	60	(0.7p)	15.0
대졸 이상	354	(2.7)	-68	(-0.5p)	426	(3.2)	42	(0.3p)	440	(3.3)	85	(0.6p)	24.1

※ ( )는 실업률

(4) 성별 비경제활동인구

성별 비경제활동인구는 2020년 12월 비경제활동인구는 1,725만 5천 명으로 전년 동월 대비 69만 명(4.2%) 증가하였으며, 성별로 보면 남자는 627만 4천 명으로 전년 동월 대비 34만 4천 명(5.8%) 증가하였고, 여자는 1,098만 1천 명으로 34만 6천 명(3.3%) 증가하였다.

〈표 5-40〉 성별 비경제활동인구 (단위: 천 명, %, 전년동월대비)

	2019. 12			2020. 11			2020. 12			
		구성비	증감		구성비	증감		구성비	증감	증감률
〈전체〉	16,566	100.0	-168	16,675	100.0	431	17,255	100.0	690	4.2
남자	5,930	35.8	53	6,025	36.1	212	6,274	36.4	344	5.8
여자	10,636	64.2	-220	10,650	63.9	219	10,981	63.6	346	3.3

(5) 활동상태별 비경제활동인구

활동상태별 비경제활동인구의 전년 동월 대비 증감을 살펴보면 가사(32만 9천 명, 5.6%), 쉬었음(31만 4천 명, 1 4.1%) 등에서 증가하였으나, 육아(-2만 5천 명, -2.1%) 등에서 감소하였으며, 취업준비자는 7만 6천 명으로 전년 동월 대비 5만 3천 명(7.3%) 증가하였다.

〈표 5-41〉 활동상태 별 비경제활동인구 (단위: 천 명, %, 전년동월대비)

	2019. 12			2020. 11			2020. 12			
		구성비	증감		구성비	증감		구성비	증감	증감률
〈 전 체 〉	16,566	100.0	−168	16,675	100.0	431	17,255	100.0	690	4.2
육 아	1,172	7.1	−27	1,144	6.9	−21	1,147	6.6	−25	−2.1
가 사	5,868	35.4	−213	5,918	35.5	216	6,197	35.9	329	5.6
재학 · 수강 등[1)]	3,725	22.5	−138	3,646	21.9	−93	3,706	21.5	−19	−0.5
연 로	2,273	13.7	−35	2,272	13.6	59	2,326	13.5	53	2.3
심신장애	437	2.6	3	450	2.7	23	449	2.6	13	3.0
기 타[2)]	3,091	18.7	243	3,247	19.5	247	3,430	19.9	339	11.0
− 쉬 었 음	2,222	13.4	193	2,353	14.1	218	2,536	14.7	314	14.1
※ 취업준비자[3)]	723	4.4	22	776	4.7	40	776	4.5	53	7.3

주: 1) 정규교육기관 재학, 입시학원 수강, 취업을 위한 학원 · 기관 수강 등을 포함
2) 학원 · 기관 수강 외 취업준비, 진학준비, 군입대 대기, 쉬었음 등을 포함
3) '재학 · 수강 등' 중 취업을 위한 학원 · 기관 수강과 '기타' 중 학원 · 기관 수강 외 취업준비의 합계임

(6) 구직 단념자

비경제활동인구 중 구직 단념자는 72만 5천 명으로 전년 동월 대비 19만 1천 명 증가하였다.

〈표 5-42〉 비경제활동인구 중 구직 단념자 (단위: 천 명)

	2019. 12	2020. 8	2020. 9	2020. 10	2020. 11	2020. 12
구직 단념자 (증감)	534 (−55)	682 (139)	645 (113)	617 (112)	631 (144)	725 (191)

주: 1) 구직단념자는 비경제활동인구 중 취업을 희망하고 취업이 가능하였으나, 노동시장적 사유로 일자리를 구하지 않은 자 중 지난 1년 내 구직경험이 있었던 자를 의미
2) 고용보조지표 작성을 위해 구직 단념자의 조건 중 취업희망과 취업가능성의 개념을 확대 · 변경하게 되어 2014년 이전 자료와 비교 시 유의

마지막으로 고용보조지표로 정리해 보면, 2020년 12월 전체 고용보조지표(확장실업률)는 14.6%로 전년 동월 대비 3.5%p 상승하였으며, 청년층 고용보조지표(확장실업률)는 26.0%로 5.2%p 상승하였다.

〈표 5-43〉 고용보조지표 (단위: %, 천 명)

		고용 보조지표1	시간관련 추가취업 가능자	고용 보조지표2	잠재경제 활동인구	고용 보조지표3 (확장실업률)**
전 체	'19. 12월	6.0	742	8.6	1,601	11.1
	'20. 12월	8.3	1,157	10.7	2,043	14.6
청년층 (15~29세)	'19. 12월	9.6	99	18.7	601	20.8
	'20. 12월	12.2	164	22.5	737	26.0

* Labor Underutilization Indicator는 '노동저활용지표'로 직역됨
** '고용보조지표3'은 실업률을 보완하는 보조지표로서 가장 포괄범위가 넓어 '확장실업률'로 지칭함

〈표 5-44〉 '1시간무급가족종사자' 기준의 고용 현황(2020년 12월) (단위: 천 명, %, %p)

	경제활동인구	취업자	실업자	비경제 활동인구	실업률	고용률
1시간 기준(참고)	27,809	26,677	1,133	17,107	4.1	59.4
18시간 기준(공식)	27,661	26,526	1,135	17,255	4.1	59.1
차이(참고-공식)	148	151	-3	-148	0.0	0.3

* 국제 기준의 무급가족종사자 범위 확대(2013.10월)에 따라 2015.1월 자료부터 현행 공식 기준인 18시간 무급가족종사자와 함께 1시간무급가족종사자를 참고지표로 제공

〈표 5-45〉 주요국의 15~64세(OECD비교 기준) 고용률 (단위: %, 원계열)

	'19. 12월	'20. 8월	9월	10월	11월	12월
한 국	67.1	65.9	65.7	65.9	66.3	65.3
미 국	71.6	66.9	67.0	68.2	68.0	67.9
일 본	77.9	77.2	77.2	77.3	77.7	-

〈표 5-46〉 주요국의 실업률 (단위: %, 원계열)

	'19. 12월	'20. 8월	9월	10월	11월	12월
한 국	3.4 (7.3)	3.1 (7.7)	3.6 (8.9)	3.7 (8.3)	3.4 (8.1)	4.1 (8.1)
미 국	3.4 (7.4)	8.5 (14.4)	7.7 (13.5)	6.6 (11.2)	6.4 (10.8)	6.5 (11.6)
일 본	2.1 (2.7)	3.0 (4.9)	3.0 (4.6)	3.1 (5.5)	2.8 (4.1)	–

* ( )는 청년층 실업률, 한국 15~29세, 미국 16~24세, 일본 15~24세

이상에서 고찰한 바를 정리하면, 저임금근로자비율은 임금소득 불평등도를 나타내는 핵심 지표이다. 일반적으로 중위임금의 2/3에 미달하는 임금을 받는 경우를 저임금으로 본다. 저임금근로자의 비중이 높으면 노동시장이 불평등할 뿐만 아니라 근로빈곤의 가능성도 높은 상황이라고 이해할 수 있다.

저임금근로자의 비율은 2000년 24.6%에서 비슷한 수치를 보이다 최근 2018년부터 10%대로 낮아져 2019년 17.0%로 감소하였다. 이 비율은 남성근로자보다 여성근로자가 더 높다. 2019년 기준 남성근로자의 저임금근로자비율은 11.1%인데 여성근로자의 저임금근로자비율은 26.1%에 달한다. 국제적으로 한국은 저임금근로자의 비율이 매우 높은 편에 속한다. 2018년 기준 한국의 저임금근로자비율(19.0%)은 비교대상 국가들 가운데 미국(24.1%)과 캐나다(20.7%) 다음으로 높다. 덴마크나 핀란드의 저임금근로자비율은 한국의 1/3 수준에 불과하다. 이를 [그림 5-51]로 나타내면 다음과 같다.

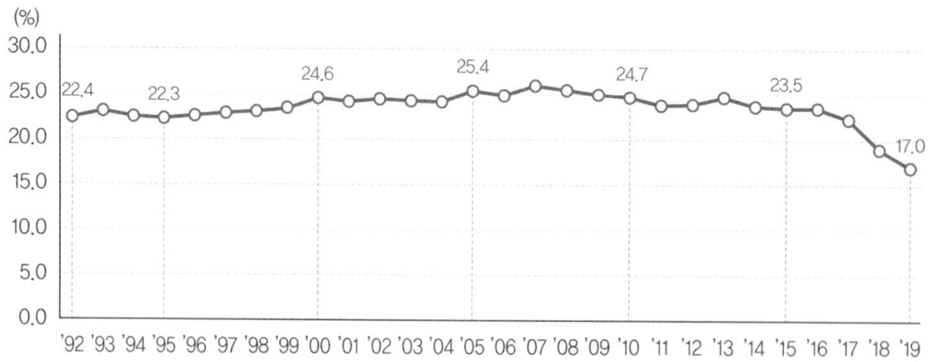

[그림 5-51] 저임금 근로자 비율

출처: OECD, 「Earnings」

*출처: OECD, 「https://stats.oecd.org, Decile ratios of gross earnings」 2020. 6

6) 임금근로자의 일자리 특성

통계청(2020. 12. 22일자) 보고인 2019년「중 · 장년층 행정통계」결과를 인용하여, 임금근로자, 특히 중 · 장년층의 주된 일자리 특성을 살펴보면, 임금 근로자의 근속기간은 1년 미만(32.1%)이 가장 많고, 종사자 규모 300명 이상(36.4%), 제조업부문 근로비(21.2%)가 가장 높았다. 이를 [그림 5-52]를 통해 설명하면 다음과 같다.

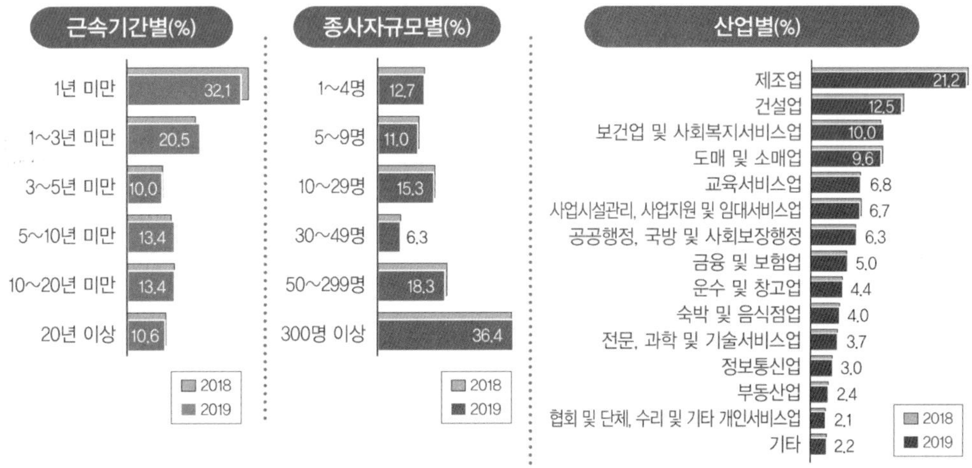

[그림 5-52] 중 · 장년 임금 근로자의 주된 일자리 특성(2018~2019)

이를 더 구체적으로 설명하면, 2019년 10월 기준으로 임금근로자의 주된 일자리 특성을 살펴보면, 근속기간별로는 1년 미만의 비중이 32.1%로 가장 높고, 1~3년 미만(20.5%), 5~10년 미만과 10~20년 미만(13.4%) 순이며, 종사자규모별은 종사자 규모 300명 이상의 기업체에서 일하는 비중이 36.4%로 가장 높고, 50~299명(18.3%), 10~29명(15.3%) 순이었다. 산업별 구분을 살펴보면, 제조업(21.2%), 건설업(12.5%), 보건업 및 사회복지서비스업(10.0%) 순이며, 전년대비 보건업 및 사회복지서비스업 비중은 0.5%p 상승한 반면, 제조업, 건설업, 도매 및 소매업의 비중은 각각 0.3%p 하락하였다.

비임금 근로자의 주된 일자리 특성을 살펴보면, 근속기간별로는 1년~3년 미만의 비중이 44.7%로 가장 높고, 다음이 1년 미만(41.0%)으로 3년 미만인 경우가 전체의 85.7%로 나타났다. 종사자 규모별로는 종사자 규모가 4명 이하인 경우가 93.5%로 가장 많은 비중을 차지하였다. 산업별 구분에서는 도·소매업(25.0%), 숙박 및 음식점업(15.4%), 운수 및 창고업(11.6%) 순으로 높았다. 마지막으로 전년보다 건설업(0.3%p) 비중은 상승한 반면, 도·소매업(-0.2%p), 운수 및 창고업(-0.3%p), 부동산업(-0.3%p)은 하락하였다.

5 주거

빈곤이 생산과 생활의 영역, 즉 일터와 삶터의 문제 영역으로 나뉘어진다고 할 때, 일터 영역의 문제가 고용문제를 중심으로 하여 발생한다면 삶터의 문제는 주거문제를 중심으로 발생한다. 과거에는 빈곤을 소득 중심으로 구분하였기 때문에 저임금과 실업 문제로 빈곤의 지표를 설정하였다. 그러나 자본주의가 고도화하면서 가치의 실현과 소비영역이 확대되었고 빈곤은 재생산의 영역에서 매우 중요하게 발생하였다.

예를 든다면, 의료 및 보건, 교육, 주거, 도로, 교통, 통신 등 소비수단 등의 문제가 현대사회에서 훨씬 더 중요하게 자리를 잡게 되었다. 그러나 이러한 부문들은 자본주의 상품의 영역 및 순환의 영역으로 자리 잡게 되었고, 공공 자본의 이윤추구 대상으로 설정되고 개인들의 개별적, 집합적, 사회적 소비를 촉진시키는 역할을 하게 된다. 이러한 영역들이 개인의 삶의 질을 개선시킬 수도 있지만 소비의 수준을 높이고 지출의 증대를 통한 가계압박과 빈곤심화로 연결되는 것이다.

소득, 보건, 의료, 교육 등 빈곤의 많은 영역 중에서 핵심적 영역이 주거문제이다. 주거는 생활의 영역, 재생산의 영역, 소비의 영역에서 빈곤을 규정하는 데 매우 결정적인 근거를 제시하게 된다. 특히 도시빈민의 주거문제는 주거비, 주택 및 주거환경 등의 문제로 나누어 생각할 수 있는 데(박순일, 1994) 주거비는 주거공간을 이용하는 데 소요되는 비용으로서 주택구입비, 유지비, 전, 월세 등 임대료, 주거관련 대출에 대한 이자 등이 여기에 포함되며 도시빈민의 최저생활의 유지에 따른 압박요인이 된다. 주택문제는 경제생활의 문제를 제외하고 주거공간 자체가 주는 적절성 및 쾌적도와 관련이 된다.

주거환경은 주거지 내외에서 발생하는 생활조건이나 기반시설과 관련이 된다.

인간다운 삶을 누리기 위한 조건에는 적정한 소득과 건강한 신체뿐 아니라 정서적 유대와 문화생활까지도 포함된다. 이와 같은 조건을 뒷받침해 주는 토대가 바로 안정된 주거문제라고 할 수 있다.

결국, 주거 빈곤문제는 직접적으로는 단순히 개인이나 가구의 문제에서 그 원인을 찾을 수 있겠지만 제도적 구조적인 영역에서 보다 더 근본적으로 발생된다(하성규, 1995). 제도적이고 구조적인 영역에서 발생하는 주거 빈곤은 자본주의하에서 주거의 빈곤화를 발생시키는 환경적 요인이라 할 수 있다. 특히 도시미관과 상업위주의 재개발은 도시 내 빈민의 삶의 공간을 실질적으로 위협하게 되고 주거불안정을 낳게 한다. 이는 주택정책은 주택의 공급과 분배, 공간계획 등에서 구체화되지만 국가가 개입하는 독자적 영역이기 때문이다.

결국, 우리 사회는 급속한 산업화 도시화를 겪으면서 절대적인 부는 증가했지만, 경제성장의 그늘 아래 주거 빈곤을 겪고 있는 집단들이 대량으로 생겨났다(김영화 · 공정원, 2002). 본 장에서는 우선 주거 빈곤이 무엇인지 그리고 발생 원인이 무엇인지 살펴보고자 한다.

1) 주거 빈곤의 개념 및 속성

주거 빈곤에 대한 개념적 정의는 학자마다 다르나 이 차이는 주거 빈곤을 바라보는 관점 혹은 기준에 따른 차이일 뿐 주거 빈곤의 특징으로는 대부분 열악한 주거환경, 과도한 주거비 부담 등을 언급하고 있다(이태진, 2009).

주택 관련 프로그램이 정하는 경제적 기준에 해당하는 자를 주거 빈곤으로 보기도 한다. 주거비 지출에 기반한 주거 빈곤 정의는 주거비 부담은 적지만 최저주거기준에 미치지 못하는 열악한 환경에 거주하고 있는 주거 빈곤층을 포함시킬 수 없고, 주택관련 프로그램에 따른 경제적 기준에 기반한 정의는 너무 많은 사람들을 주거 빈곤층으로 포함시키는 경향이 있다.

대한주택공사(2000)에서 정리한 주거 빈곤의 속성을 살펴보면 장기간에 걸쳐 열악한 환경이 지속되고, 주거 빈곤 상황으로부터 독자적 탈출이 제약되며, 주거위기가 생존의 위기로 연결되는 것으로 이러한 속성에 최저주거기준 같은 가시적 요인의 미달이 전제된다. 따라서 주거 빈곤은 주택의 수급불균형으로 인해 주택을 공급받지 못하거나 주택과 이를 둘러싼 물리적 환경이 불리해서 생존이 위협받는 경우를 가리키는 주택 빈곤(house poverty)과 구별된다(하성규, 2007).

2) 주거 빈곤의 원인

주거 빈곤의 원인은 일반적으로 크게 네 가지로 진단하고 있다(대한주택공사, 2005).

첫째, 가구주와 가구원의 사망, 질병, 실업, 낮은 교육수준에서 비롯된 경우이다. 이 경우 일반적으로 빈곤한 사람들이 지닌 태생적인 환경 혹은 불행한 환경이 주거 빈곤의 원인이라 할 수 있다. 부모의 가난으로 인해 제대로 교육받지 못해 저소득, 혹은 질병으로 가난하게 살아갈 수밖에 없는 '가난의 대물림'을 예로 들 수 있다.

둘째, 어떤 집단은 주거와 관련한 더 많은 물질적 사회적 보상과 불로소득을 접근 향유하나, 그 외의 집단은 이러한 기회를 박탈당하는 것이 또 하나의 원인으로 파악된다. 그 예로, 부동산 투기 등에 의해 이러한 집단이 구분되는 것을 들 수 있다.

셋째, 주거 빈곤층의 나태하고 부도덕한 행위들이 다른 집단 사람들에 의해 지적되고, 동시에 빈민들 스스로 이를 인식함으로써 빈곤의 오명과 낙인이 확인된다. 즉, 빈민들의 동기부족, 의타심, 의욕상실 등의 주거 빈곤의 원인으로 설명되고 있다.

마지막으로, 주거 빈곤에 대해 개개인의 책임만이 아니고 주택 및 복지정책이 부실한 사회 정책적 결함에서 그 원인을 찾기도 한다.

주거복지와 관련된 많은 연구들이 주거복지가 무엇인지에 대한 합의 없이 주택 관련 자원의 배분적 형평성을 목표로 하는 주택정책을 주거복지정책으로 사용하는 것은 주거와 복지서비스와의 연계를 어렵게 만들 수 있다. 때문에 주택정책과 주거복지정책은 엄연히 구분되어야 하며, 주거복지정책이 무엇인가에 대한 합의가 필요하다.

주거복지 관련 연구들에 나타난 주거복지에 대한 정의는 다음의 표에서 살펴볼 수 있다.

〈표 5-47〉 주거복지(정책)에 대한 정의

저자(연도)	주거복지(정책)에 대한 정의
국토연구원(2002)	주택 배분의 형평성 제고. 저소득층 대상으로 시행된 주택정 책을 주거복지정책의 개념으로 규정
김엉태(2006)	적정수준 이상의 주택에 거주, 소외됨이 없이 공동체 생활을 적극적으로 영위할 수 있는 상태
김혜승 외(2004)	적정한 주거비 부담과 쾌적한 주거생활을 충족시키기 위해 제공되는 금전적 지원 및 기타 서비스
김혜승(2008)	주거복지의 궁극적 목표는 개별가구 및 국가 전체의 주거복지 수준을 향상을 통한 사회통합 달성
남원석(2004)	최저주거기준 설정을 통한 국민이 누려야 할 최소한의 주거기준을 국가가 책임지는 것
박해룡 · 이종렬(2003)	빈곤층이 구매 가능한 저렴한 주택을 충분히 생산, 공급하는 것 불가능. 따라서 공공부문이 개입필요
윤주현(2001)	주거복지 지표는 양적 측면, 질적 측면, 주거비 부담, 주거안 정성, 주거수준의 형평성 등으로 구분되어야 함
이태진(2009)	주거복지의 구성을 물리적 측면, 주거환경적 측면, 사회경제적 측면으로 봄

저자(연도)	주거복지(정책)에 대한 정의
장세훈(1999)	물리적 주거환경을 개선 주력을 협의의 주거복지로, 이웃과 원만한 관계, 지역사회에 참여와 협조를 통해 소속감과 연대감을 형성, 사회문화적 안정감을 누릴 수 있도록 배려하는 것을 광의의 주거복지로 언급
주거학연구회(2005)	시장경제원리에서 주택문제를 해결할 능력이 없는 국민들을 대상으로 국가가 개입하는 것을 협의의 주거복지로, 국민 전체의 주거수준 향상으로 사회안정 도모, 복지를 증진하고자 시행되는 제반정책과 노력을 광의의 주거복지로 봄
하성규(2003)	주거복지의 궁극적 목표는 주택 관련 자원의 배분적 형평성을 제고하는 것

출처: 이은정(2011).

3) 주거 유형

(1) 쪽방

쪽방은 IMF이후 노숙인, 장애인, 그리고 신용불량자 등 경제적 능력이 열악하여 수준급의 주택에서 생활할 수 없는 최빈곤층의 마지막 주거소요를 충족할 수 있는 수단으로 자리 잡게 되었으며 쪽방은 각 지역마다 주거시설물의 특성 및 주거환경이 다르기 때문에 아직까지도 개념이나 주거실태가 명확하거나 일률적이지 않다.

쪽방이라는 용어는 '방을 쪼개어 쓰는(slice)' 혹은 일반적인 방보다는 '훨씬 작다(tiny)'는 생김새와 형성과정에 따라 지어진 이름이다. 하지만, 다양한 발생기원을 가진 관계로, 쪽방이라는 이름보다는 여인숙, 여관, 고시원 등의 간판을 달고 있는 경우가 많다.

쪽방의 정의 또한 다양한데, 2000년에 보건복지부는 쪽방을 '도심 인근이나 역 근처에 위치하여 1명이 잘 수 있는 공간을 제공하는 단신생활자용 유료숙박시설'로 정의한 바 있으며, 쪽방의 입지와 면적, 숙박시설이라는 주거성격을 강조하고 있다.

한국도시연구소의 경우는 서울지역의 쪽방 특성을 토대로 ① 방의 크기가 성인 한 사람이 잠만 잘 수 있을 정도이며 별도의 욕실이나 부엌과 같은 편의시설이 방마다 미비, ② 거주자는 대체로 불안정하고 이동성이 강한 직업을 가지고 있고, 소득이 낮은 도시의 최빈곤층으로 특히 가족을 구성하지 못한 경우가 많으며, ③ 대개 일세나 무보증 월세로 운영되는 형태를 쪽방으로 설명한 바 있다. 하지만, 서울 이외 지역의 쪽방 특성은 상기 특성과 다른 점이 있어 지역에 따라 조금씩 다르게 쪽방의 특성을 규정하고 있다. 또한, 쪽방의 입지적 특성은 일차적으로 쪽방 사람들의 일자리와 관련 있어, 주로 기차역, 인력시장, 인력소개소, 재래시장, 노숙 장소 등과 인접했다는 점을 들 수 있다(네이버 지식백과, 한국민족문화대백과, 한국학중앙연구원).

쪽방은 도시 빈민 주거형태의 하나로서, 대략 1960년대부터 형성된 것으로 보고 있으며, 1997년 외환위기 이후 노숙인 보호사업을 계기로 널리 알려지기 시작했다. 1960년대 이후 급속한 산업화와 산업구조의 변화 속에서 대도시로 유입된 많은 노동력이 저임금 단순일용직으로 변모하면서 도시빈민이 발생하기 시작하였는데, 쪽방은 노숙의 위기에 처한 빈곤계층의 마지막 잠자리로 기능하면서 빈곤계층의 발생과 역사적 배경을 함께하고 있다.

쪽방의 기원은 1960년대의 사창가를 비롯해서 여관 · 여인숙, 용도가 폐기된 축사와 공장의 기숙사, 그리고 현대판 쪽방으로 불리는 고시원 등 다양하다. 사창가가 쪽방으로 변화된 경우는, 1961년 윤락행위 금지로 사창가가 쇠락하여 사창가 동네가 쪽방과 같은 숙박업으로 업종변경을 시도한 경우이다. 여관 · 여인숙이 쪽방으로 변화된 경우는, 1986년 통행금지 해제 이후 숙박시설의 이용객이 크게 줄어들면서 일부 여관 · 여인숙이 장기임대가 가능한 쪽방으로 전환된 경우이다. 한편, 고시원이 쪽방형태로 이용되기 시작한 것은 사창가나 여관 · 여인숙에 비해 비교적 최근인 2000년대 이후로 추정된다.

월세만 지불하기 때문에 목돈이 없는 빈곤층이 쉽게 선택할 수 있다는 점에서 상당수의 고시원이 급격히 주거시설로 전환되는 추세이다. 특히 고시원이 쪽방으로 선호되는 이유는 기존의 노후된 쪽방밀집지역에 비해 화장실, 욕실, 식사실 등의 공동시설을 편리하게 사용할 수 있어 개별적으로 가재도구를 구입할 필요가 없기 때문이다(네이버 지식백과, 한국민족문화대백과, 한국학중앙연구원).

쪽방을 정의하는 데 있어서 전반적으로 주요하게 고려되는 요소는 주거시설, 면적

등 물리적 측면과 거주자의 사회 경제적 측면이 있으며 어떤 경우에는 쪽방의 정의를 직접적으로 내리기보다 일반적으로 쪽방이 가지고 있는 여러 특성들을 열거하고 이를 유연하게 적용하여 쪽방을 규정하기도 한다(채명진, 2007).

쪽방이라는 용어는 방을 쪼개 쓰면서 생긴 말이라거나, 작다는 의미를 강조하기 위해서 쓰였다고 하지만 그 근거는 명확하지 않다. 쪽방의 사전적 의미는 '작은 방'이라고 해석된다. '쪽'이란 '작은' 혹은 '조각조각으로 된'의 뜻을 지니고 있어서(에센스 국어사전) 작은 방으로도 의미전달이 가능하나, 국어사전에도 쪽방이라는 말에 대한 정의가 정확히 내려져 있지는 않다. 일반적으로 쪽방이란 성인 한 사람이 잠만 잘 수 있을 정도의 0.5~1평의 면적으로 대개 보증금 없이 일세 5,000원~7,000원 또는 월세 13만 원~30만 원 정도로 운영되고 있다. 5~10개의 쪽방이 한 건물을 구성하고 있고, 욕실이나 화장실 등은 층별 혹은 건물당 하나 정도가 설치되어 있으며 창문이 없거나 크기가 작아서 환기가 어려울 뿐만 아니라 일부 쪽방은 판자로 지어져 있어 화재위험에 노출되어 있다(남원석, 2004).

쪽방 사람들은 그들의 성장과정, 가족관계, 직업경로, 주거경로, 질병과 장애 등이 현재의 쪽방생활과 밀접한 연관이 있으며 이러한 요인들이 복합적으로 상호 작용하여 쪽방에 들어와 살게 되었기 때문에 쪽방문제를 해결하기 위해서는 개인적 접근과 사회적 접근이 동시에 이루어져야 한다.

하성규 등(2000)의 자료에 따르면 서울시 300개 이상 밀집된 5개 쪽방 밀집지역만을 중심으로 보면 쪽방 숫자는 3,734개로 파악되나, 서울시 전역에 분산된 쪽방과 쪽방의 특성을 지닌 열악한 환경의 일세 방을 포함하면 적어도 10,000개 이상의 쪽방이 존재할 것으로 추산된다.

최근 쪽방 관련 현황을 정기적으로 파악하는 정부부처는 보건복지부로, 주로 쪽방상담소가 활동하고 있는 11개 지역을 중심으로 쪽방 수, 주민 수, 기초생활수급자수 정도를 파악하고 있다. 이후 쪽방 · 고시원 등에서 거주 중인 주거취약계층에 대한 공공임대주택 우선 지원 실적이 크게 증가하였다.

이에 정부부처 가운데 하나인 국토교통부는 2016년 1,070호, 2017년 1,098호, 2018년

1,638호, 2019년 3,905호에 이어 2020년에 5,502호의 공공임대주택을 주거취약계층에게 우선 지원하였다고 밝혔다. 아울러, 그간 고시원, 쪽방, 비닐하우스 등의 비주택 주민들이 공공임대주택에 이주할 때에 부담이 되어 왔던 보증금(50만 원), 이사비(20만 원), 생활집기(20만 원)도 주거복지재단 서민주택금융재단 등과 협력하여 지원해 주고 있다.

또한, 공공임대주택 입주 상담과 계약서 작성, 주택 매칭 등의 일련의 과정을 주거취약계층을 대상으로 전담 지원하는 LH 이주 지원센터도 신규 개소(50개소)한 바 있으며, 주거취약계층 주거상향 지원사업 지자체 공모('20.11.16~'20.12.9)를 통해 서울시, 경기도, 인천시, 대구시 등 12개 지자체를 사업시행 선도 지자체로 선정(2021년 1월 7일)하였다. 이에 1:1 상담 등을 통해 발굴한 임대주택 이주 희망자에 대하여는 현장을 동행하여 희망주택 물색 과정 등을 밀착 지원하고, 공공임대 입주 후에도 지역복지서비스가 단절되지 않도록 주거상향사업을 시행하고 지자체별로 특화사업을 운영해 지역사회 적응과정을 지원할 계획이다.

(2) 지하주거

우리나라의 경우 지하공간의 가장 적극적인 활용형태가 지하주거이다. 주거 공간 확보를 위한 가장 적극적인 활용형태가 지하주거이다. 지하공간의 이용은 주거 공간 확보를 위한 지하주거의 개발에 의해 주도되었다고 해도 과언이 아닐 정도로 다양한 형태의 지하주거가 일반주거지역에서 광범위하게 이루어지고 있다.

지하주거란 주거활동이 지하에서 이루어지는 것을 말하는 것으로 지상이 아닌 지하공간에서 일상생활 특히 주생활이 이루어지는 것을 통칭한다. 지하주거는 주택전체를 지하공간에 배치하고 동일한 건물 내에서 지상건물과는 구조적으로나 기능적으로 구분되는 별도의 주거공간을 지하에 건축한 경우이다. 경우에 따라서는 최초 주택건축 시 지하공간을 주거공간으로 사용할 것을 예상하고 건축 구조적으로 지하주거공간을 마련한 경우도 있지만, 필요에 의해 기존의 타 목적 지하공간(보일러실, 창고, 주차장

공간 등)을 편법 불법적으로 주거공간으로 사용하는 경우도 적지 않다(대한주택공사, 2005).

지하주거는 우리나라의 심각한 주택부족 문제를 반영하고 있다. 주택부족 심화 현상으로 인해 도시지역 내 주택의 지하공간을 주거용으로 활용하는 사례가 증가하기 시작한 것이다. 단독주택에서의 미니 2층집, 지하층의 주거화, 다세대주택, 연립주택에서의 반지하주거 및 지하주거는 우리 주위에서 빈번하게 찾아볼 수 있다. 그러나 지하공간은 지상공간과는 달리 습기와 결로, 심리적 압박감 등으로 인한 생활의 불편함은 물론 보건위생상 적합하지 않은 열악한 환경을 가지고 있는 경우가 많다. 그럼에도 불구하고 도시 내에서 지하주거공간이 큰 의미를 갖는 이유는 값비싼 도시지역 내에서 임대료가 저렴하기 때문이며 이것이 저소득층의 중요한 주거형태가 되는 이유이다.

지하주거공간의 전반적인 생활환경에 대한 평가에서는 습기, 악취, 환기가 불만족스러운 것으로 나타났으며, 지하주거에서 가장 문제가 되는 사항으로는 역시 습기로 나타났다(대한주택공사, 2005).

(3) 비닐하우스촌

비닐하우스촌[3]이란 용어는 신발생 무허가 불량주거지를 통칭하는 것으로 이는 신발생 무허가 불량주거지의 초기 형태가 주로 화훼재배를 목적으로 하는 비닐하우스를 주거용으로 개조한 데서 연유한다. 즉, 비닐하우스촌은 불량주택이라는 특성과 더불어 무허가, 그것도 신발생 무허가라는 특성을 지닌다. 또한 비닐하우스촌은 토지에 대한 무단점유를 통해 형성된 주거지역이라는 특성도 갖고 있다(이호 외, 2002).

사회문제로서의 주택을 논의할 때에서는 주택설비와 주거 밀도 등 내부공간만이 아니라 편의시설, 주거만족감, 이사 횟수, 주거지역에 대한 사회적 인식, 지역사회 분위

3) '비닐하우스'란 vinyl과 house의 합성어로 채소의 속성 재배 또는 열대 식물을 가꾸기 위하여 비닐로 만든 온상을 의미하며, 온실 혹은 Green house와 동일한 의미를 가지는 우리식의 영어표현이다. '비닐하우스촌'은 식물을 재배하는 장소인 비닐하우스에서 거주 및 각종 생산활동을 하며 하나의 촌락을 이루고 있음을 지칭하는 것으로 비닐하우스촌이라고 해서 반드시 주택의 재료가 비닐로만 되어 있지는 않으며 다양한 임시재료를 덧붙여서 사용하기도 한다(하성규, 2007).

기 등이 모두 포함되기 때문에 주택과 주거의 용어를 엄격하게 정의하는 것에 구애될 필요가 없다(최선화 외, 2009). 그러나 주거복지와 관련된 많은 연구들이 주거복지가 무엇인지에 대한 합의 없이 주택 관련 자원의 배분적 형평성을 목표로 하는 주택정책을 주거복지정책으로 사용하는 것은 주거와 복지서비스와의 연계를 어렵게 만들 수 있다. 때문에 주택정책과 주거복지정책은 엄연히 구분되어야 하며, 주거복지정책이 무엇인가에 대한 합의가 필요하다.

그러나 한국의 저소득층에 대한 주택정책의 수행상의 문제점이 보완되지 못하고 있는 것이 현실이다. 첫째, 공공과 민간부문 간의 역할 구분이 모호하고 상호 간의 역할 분담과 유기적 결합이 제대로 이루어지지 못하고 있다. 한국은 공공주도형을 취하고 있는 데 겉으로는 공공주도형의 주택정책을 수행하는 것 같으나 공공부문에 의한 주택건설이 전체의 주택건설에서 절대 다수를 차지하고 있으나 민간부문에 대한 자율성은 상당히 억제되어 있는 가운데 저소득층을 위한 주택건설의 유도가 매우 빈약하다.

둘째, 주택정책의 목표와 주택대상의 설정이 불분명하여 사회적으로 시급한 실제소유자 중심의 주택정책이 되지 못하였다. 즉, 실제 주택의 사용이 필요한 대상에 대한 주거문제를 해소하지 못했다는 점이다.

셋째, 저소득층에 대한 지원이 매우 부족하여 공급자 위주의 주택정책으로 실질적 저소득층에 대한 지원을 위축시키는 결과를 초래하였다. 공공임대주택의 건설도 부족하지만 민간주도의 임대료 보조, 공공주택자금, 주택수당제도, 조세감면 등의 혜택도 크게 부족한 실정이다.

「헌법」 제35조는 "모든 국민은 건강하고 쾌적한 환경에서 생활할 권리를 가지며 국가와 국민은 환경보전을 위하여 노력하며, 국가는 주택개발정책을 통하여 모든 국민이 쾌적한 주거생활을 할 수 있도록 노력해야 한다"고 적시하고 있다. 즉, 인간다운 주거생활을 확보할 권리, 빈곤층이라 하면 저소득 임차가구의 임차권 및 인간으로서의 최저한의 주거생활을 영위할 수 있는 권리가 보장되어야 하지 않을까?

인간의 삶의 질에 결정적 영향을 미치는 주거는 아무리 강조해도 지나치지 않을 것이다. 이에 주택문제는 저소득층, 도시빈민층에게서 집중적으로 나타난다는 점을 명확히 인식하는 데서 주택정책이 정립될 필요가 있다. 둘째, 주택복지의 정책적 프로그램은 사회주택이므로 사회주택제도를 적극 도입해야 한다. 사회주택이란 그 근본목적이 저소득가구 등 주택문제를 스스로의 힘으로 해결하기 힘든 사람에게 시장가격 이하의 값싼 임대료로 주거안정을 도모하게 하는 정부 혹은 공공기관이 주체가 된 임대주택이다. 사회주택은 시민이 부담 가능한 임대료로 오랫동안 안심하고 살 수 있는 주택으로 사회적 경제주체가 공급하고 운영하기 때문에 운영주체는 입주자들이 주도적으로 공동체성을 회복할 수 있도록 다양한 커뮤니티 공간을 활용한 프로그램을 운영 · 지원하는 정책이기 때문이다.

셋째, 세입자를 보호하는 주택임대차보호제도를 제대로 보완해야만 그들의 주거안정을 기할 수 있다.

넷째, 도시 빈민에 대한 주거 대책 속에 진행되어 온 개발과 강제철거로 인한 물리적 충돌이라는 악순환을 없애기 위해서라도 철거정책을 보완하여 개인의 투기심리와 재산증식 욕구를 버리게 하고 인간다운 주거권을 지킬 수 있는 주거복지 정책을 마련해야 할 것이다.

다음으로 저자는 자료를 수집 연구하던 중, 2020년 통계청에 「통계로 보는 1인 가구」 결과 보고서를 통해 다음과 같이 정리 구분하여 설명하였다.

4) 주거현실

(1) 1인 가구 주거유형

1인 가구 주거유형을 살펴보면 [그림 5-53]과 같다.

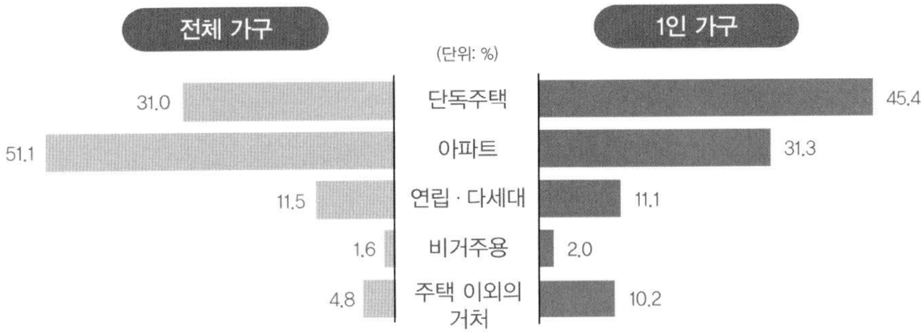

[그림 5-53] 가구의 주거유형(2019)

〈표 5-48〉 가구의 주거유형

(단위: 천 가구, %)

		계	단독주택[1]	아파트	연립 · 다세대	비거주용 건물 내 주택	주택 이외의 거처
전체 가구	2015	19,111 (100.0)	6,739 (35.3)	9,197 (48.1)	2,133 (11.2)	328 (1.7)	714 (3.7)
	2016	19,368 (100.0)	6,640 (34.3)	9,422 (48.6)	2,219 (11.5)	316 (1.6)	770 (4.0)
	2017	19,674 (100.0)	6,549 (33.3)	9,671 (49.2)	2,269 (11.5)	327 (1.7)	858 (4.4)
	2018	19,979 (100.0)	6,415 (32.1)	10,013 (50.1)	2,312 (11.6)	319 (1.6)	920 (4.6)
	2019	20,343 (100.0)	6,312 (31.0)	10,405 (51.1)	2,339 (11.5)	318 (1.6)	969 (4.8)
1인 가구	2015	5,203 (100.0)	2,711 (52.1)	1,434 (27.6)	518 (10.0)	121 (2.3)	420 (8.1)
	2016	5,398 (100.0)	2,743 (50.8)	1,504 (27.9)	559 (10.4)	116 (2.2)	476 (8.8)
	2017	5,619 (100.0)	2,765 (49.2)	1,606 (28.6)	595 (10.6)	123 (2.2)	530 (9.4)
	2018	5,849 (100.0)	2,762 (47.2)	1,751 (29.9)	636 (10.9)	121 (2.1)	579 (9.9)
	2019	6,148 (100.0)	2,790 (45.4)	1,927 (31.3)	680 (11.1)	124 (2.0)	626 (10.2)

출처: 통계청, 「인구주택총조사」
주: 1) 단독주택에는 일반단독주택, 다가구단독주택, 영업겸용 단독주택 등이 포함됨

2019년 기준 1인 가구는 전체 가구보다 단독주택 거주 비중은 높고, 아파트 거주 비중은 낮으며, 2019년 전체 가구는 아파트(51.1%), 단독주택(31.0%), 연립다세대(11.5%) 순으로, 1인 가구는 단독주택(45.4%), 아파트(31.3%), 연립다세대(11.1%) 순으로 주거 비중이 높다. 아파트 거주비중은 1인 가구가 전체 가구의 약 0.6배 수준이나, 주택 이외의 거처 거주 비중은 1인 가구가 전체 가구의 2.1배 수준이다.

(2) 1인 가구 주택 점유형태

1인 가구 주택 점유형태의 결과는 [그림 5-54]와 같다.

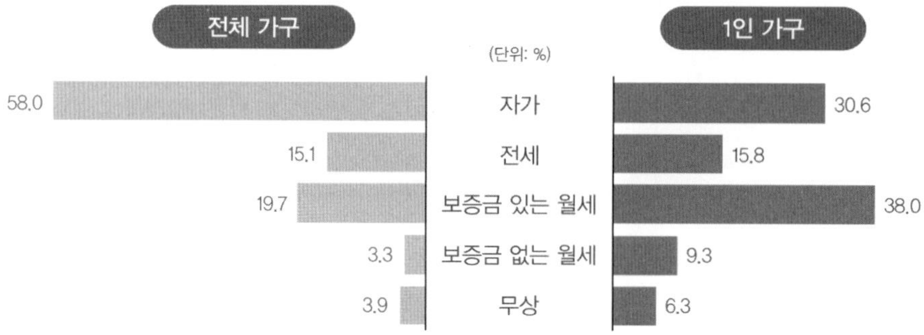

[그림 5-54] 가구의 주택 점유형태(2019)

〈표 5-49〉 가구의 주택 점유형태 (단위: %)

		계	자가	전세	보증금 있는 월세	보증금 없는 월세[1)]	무상
전체 가구	2016	100.0	56.8	15.5	20.3	3.4	4.0
	2017	100.0	57.7	15.2	19.9	3.4	3.9
	2018	100.0	57.7	15.2	19.8	3.3	4.0
	2019	100.0	58.0	15.1	19.7	3.3	3.9
1인 가구	2016	100.0	32.5	15.7	37.1	8.5	6.2
	2017	100.0	32.7	13.3	38.1	9.9	6.0
	2018	100.0	30.9	14.3	39.0	9.2	6.6
	2019	100.0	30.6	15.8	38.0	9.3	6.3

출처: 국토교통부, 「주거실태조사」
주: 1) 보증금 없는 월세에 사글세, 연세, 일세가 포함됨

2019년 기준 1인 가구 10가구 중 약 4가구가 보증금 있는 월세에 거주하였고, 2019년 전체 가구는 자가(58.0%), 보증금 있는 월세(19.7%), 전세(15.1%) 순으로, 1인 가구는 보증금 있는 월세(38.0%), 자가(30.6%), 전세(15.8%) 순으로 주택 점유 형태 비중이 높았다.

또한, 전체 가구는 자가 비중이 증가하고, 전세비중은 감소하는 반면, 1인 가구는 자가 비중은 감소하고, 전세 비중이 증가하는 추세를 보였고, 1인 가구는 자가를 제외한 모든 주택 점유형태에서 전체 가구보다 비중이 높았다.

(3) 1인 가구 주거면적

1인 가구 주거면적에 대한 결과를 살펴보면 [그림 5-55]와 같다.

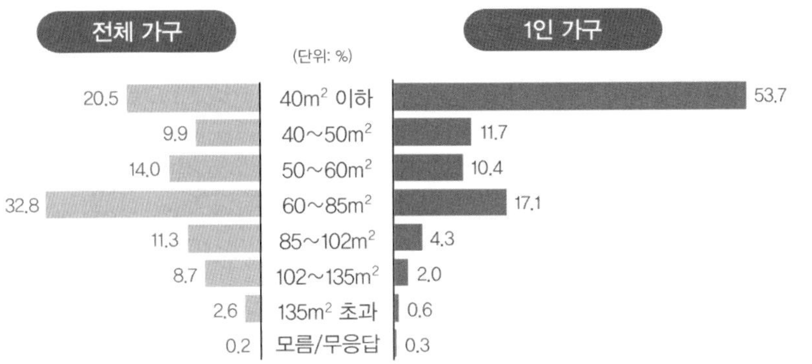

[그림 5-55] 가구주거면적(2019)

〈표 5-50〉 가구 주거면적 (단위: %, ㎡)

		계	40㎡ 이하	40~50㎡	50~60㎡	60~85㎡	85~102㎡	102~135㎡	135㎡ 초과	모름/무응답	평균(㎡)
전체 가구	2016	100.0	18.4	11.3	13.9	30.7	11.0	11.5	3.3	0.0	70.1
	2017	100.0	20.6	12.2	18.1	32.9	8.0	6.2	1.8	0.1	65.4
	2018	100.0	21.2	11.1	17.2	33.9	7.6	6.8	2.0	0.1	66.2
	2019	100.0	20.5	9.9	14.0	32.8	11.3	8.7	2.6	0.2	68.1
1인 가구	2016	100.0	48.2	14.5	10.1	19.4	4.2	2.8	0.7	0.0	48.5
	2017	100.0	52.9	14.4	11.3	15.8	3.4	1.5	0.6	0.1	44.7
	2018	100.0	54.4	13.5	11.4	15.5	3.3	1.4	0.3	0.2	44.0
	2019	100.0	53.7	11.7	10.4	17.1	4.3	2.0	0.6	0.3	45.1

출처: 국토교통부, 「주거실태조사」

2019년 기준 1인 가구 2가구 중 1가구는 40㎡ 이하의 주거 면적에 거주하였으며, 2019년 가구의 주거면적은 전체 가구는 60~85㎡(32.8%), 40㎡ 이하(20.5%), 50~60㎡(14.0%) 순으로, 1인 가구는 40㎡ 이하(53.7%), 60~85㎡(17.1%), 40~50㎡(11.7%) 순으로 비중이 높다. 2019년 전년대비 전체 가구와 1인 가구 모두 60㎡ 이하 주거 면적 거주비중은 감소한 반면, 85㎡ 이상 주거면적 거주 비중은 증가하였다.

(4) 1인 가구 주거지원 프로그램

1인 가구 주거지원 프로그램에 대한 결과는 [그림 5-56]과 같다.

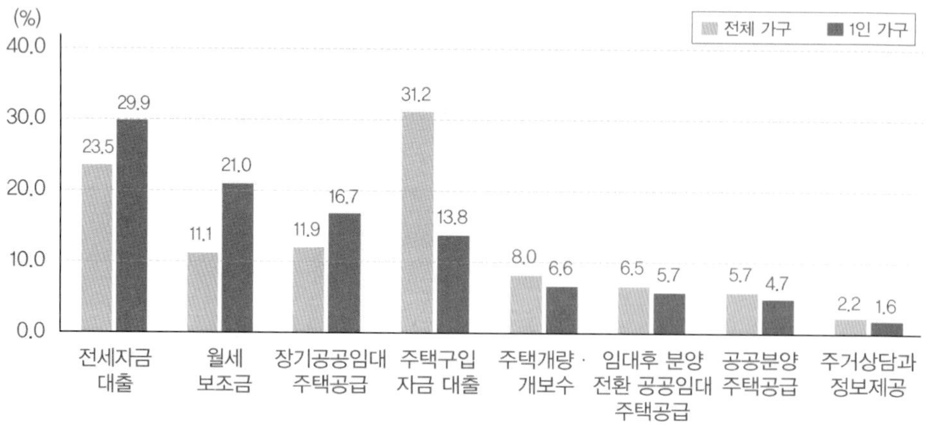

[그림 5-56] 1인 가구 주거지원 프로그램(2019)

〈표 5-51〉 주거지원 프로그램 필요성

(단위: %)

	전체 가구			1인 가구		
	계	주거지원 프로그램 필요	주거지원 프로그램 불필요	계	주거지원 프로그램 필요	주거지원 프로그램 불필요
2016	100.0	39.5	60.5	100.0	43.4	56.6
2017	100.0	34.2	65.8	100.0	38.7	61.3
2018	100.0	33.0	67.0	100.0	37.5	62.5
2019	100.0	36.1	63.9	100.0	42.0	58.0

출처: 국토교통부, 「주거실태조사」

〈표 5-52〉 우선적으로 필요한 주거지원 프로그램(2019) (단위: %)

	계	월세 보조금 지원	전세자금 대출 지원	주택구입 자금 대출 지원	주택 개량 · 개보수 지원	임대 후 분양전환 공공임대 주택공급	장기 공공임대 주택공급	공공분양 주택공급	주거상담 · 정보 제공 등	기타
전체 가구	100.0	11.1	23.5	31.2	8.0	6.5	11.9	5.7	2.2	-
1인 가구	100.0	21.0	29.9	13.8	6.6	5.7	16.7	4.7	1.6	-

출처: 국토교통부, 「주거실태조사」

2019년 기준 1인 가구가 우선 필요로 하는 주거지원은 전세자금 대출이며, 2019년 주거지원 프로그램의 필요성 인식은 1인 가구가 42.0%로 전체 가구(36.1%)보다 5.9%p 더 높게 나타났다. 또한, 우선적으로 필요한 주거지원은 전체 가구는 주택구입 자금대출(31.2%), 전세자금대출(23.5%), 장기공공임대주택(11.9%) 순으로, 1인 가구는 전세자금대출(29.9%), 월세보조금(21.0%), 장기공공임대주택(16.7%) 순으로 비중이 높게 나타났다.

주택문제는 사회정책과 경제정책의 성격을 동시에 갖는 성격, 그리고 주택과 관련된 사회복지 급여가 드물다는 식의 영향으로 이 영역에 대한 사회복지적 접근이 미진하였지만(최선화 외, 2009) 인간의 삶의 질 향상에 가장 기본적인 조건 중에 하나가 주거이며, 주택문제는 다른 문제와의 관련성이 매우 높다는 점만 주지하더라도 주거의 영역에서 어려움에 처한 사람들에 대해 사회복지적으로 연구하고 개입할 필요성은 충분하다.

6
CHAPTER

주요 인구집단의 빈곤문제

6 CHAPTER 주요 인구집단의 빈곤문제

우리 경제는 과거 수십 년 동안 괄목할 만한 발전을 하고 국민 일인당 소득도 상당히 증가하였다. 그러나 이러한 성장과 번영의 이면에 여전히 경제발전의 혜택을 누리지 못한 채 경제적 어려움을 경험하며 생활하고 있는 다수의 빈민들이 존재하고 있다. 한국뿐 아니라 미국을 포함하여 세계적으로 국가의 절대적인 부가 충분할 만큼 축적되어 전 국민이 자원을 풍족하게 소유하고 있고 빈곤퇴치를 위한 국가의 지속적인 노력에도 불구하고 빈곤은 여전히 존재하고 있으며 이러한 빈곤문제는 사회의 중심 이슈로 자리 잡고 있다. 특히 한국은 경제위기를 거치면서 빈곤층도 급증하지만 상대적 빈곤과 주관적 빈곤에서 헤어나지 못하는 계층이 더 늘고 있는 데, 이러한 현상은 빈곤개념이 절대적 빈곤에서 점진적으로 상대적 · 주관적 빈곤으로 전환되고 있는 것이라 볼 수 있다. 빈곤이 사회 문제가 되는 것은 단순히 빈곤층에 편입된 사람들이 사회에서 소외된 계층으로 남는 것뿐 아니라 위화감과 더불어 다른 계층과의 갈등을 일으키므로 전반적으로 사회에 부정적 층을 형성하고 경제발전의 활력을 감퇴시키기 때문이다. 다시 말하면, 빈곤문제는 사회를 경제, 생활, 그리고 문화적으로 계층화시키고 빈곤층과 비빈곤층 사이의 갈등과 대립을 낳으면서 사회발전을 저해하는 요소로 작용하는 데 그 심각성이 있다(박순일, 1994).

빈곤은 한 개인의 잠재력에 영향을 미친다. 사회의 구조 요인으로 인해 현재 보유하고 있는 것 이상의 개발 가능한 개인의 잠재인 경제능력을 상실시킨다. 사회구조 문제가 없었다면 빈곤계층에 속하는 사람도 현재보다 나은 경제력을 가질 수 있었을 것이다. 예를 들어, 노동시장의 구조인 문제로 인해 발생한 취업기회의 차단이나 차별 등은 개인의 잠재력에 부정적인 영향을 미친다. 이러한 빈곤화 과정에서 빈곤층에 편입될 가능성이 큰 경제 취약계층이며, 빈곤계층 사회 취약성을 보다 많이 내포한 집단으로 모자가구, 노인가구, 장애인가구 등이 있으며, 이들의 비율이 증가되고 있는 현실을 고려할 때, 이들이 경험하는 빈곤뿐 아니라 상대적 빈곤이 어느 정도 수준인지에 대해 알아볼 필요가 있다.

저자는 빈곤부분을 다루는 데 있어 가장 우선으로 다루어야 할 부분이 가족이라 생각한다.

복지는 삶의 주체인 개인 가족의 삶의 질 또는 삶의 상태라고 규정지을 수 있다. 가족의 삶의 질은 가족의 필요를 충족하고, 가족구성원이 함께 삶을 누리며, 가족원에게 의미가 있는 목표를 추구하고 성취할 수 있는 기회를 경험하는 것이다.

파크와 턴벌(Park & Turnbull, 2002)은 이러한 원리를 토대로 10개의 영역으로 도식화하여 제시하였다. 가족 전체의 삶의 질을 구성하는 영역은 가족의 일상생활과 그러한 생활 속에서의 상호작용, 경제상황, 자녀양육 등이 포함된다. 반면 가족 개개인에게 미치는 영향은 가족의 지지 및 캐어(family support and care), 개인의 건강과 인적자원이 한 차원을 이루고 정서적 환경, 물리적 환경, 사회적 환경 영역이 또 다른 차원을 이루고 있다.

빈곤은 인간의 복지와 관련하여 빼놓을 수 없는 가장 오래되고 중추적인 문제의 하나이며, 개인 또는 가족에 대한 빈곤의 영향은 생존에서 가족 구조에 대한 위협을 가져온다. 예를 들면, 빈곤으로 인하여 개인과 가족은 의식주 환경과 의료환경, 교육환경에 영향을 받게 되며, 정당한 방법으로 생계를 유지하기 어려운 경우, 가족구성원의 일탈로 인해 가족붕괴의 위기를 경험함으로서 사회 차원의 문제로 비화될 수도 있다.

2020년 11월 18일자 통계청 2020년 사회조사결과(가족 · 교육과 훈련 · 건강 · 범죄와 안전 · 생활환경)를 토대로 가족관계 만족도를 살펴보면 다음과 같다.

1 가족관계 만족도

1) 성별 가족관계 만족도

가족 중 자녀와의 관계만족도가 76.4%로 가장 높고, 다음으로 배우자와의 관계(69.2%), 자기 부모와의 관계(68.8%), 배우자 부모와의 관계(59.0%) 순으로 나타났다. 자녀와의 관계만족도를 제외하면 대체적으로 남자가 여자보다 가족관계 만족도가 높은 경향이 있다. 배우자와의 관계만족도는 남자가 75.9%로 여자보다 13.5%p 더 높으며, 배우자 부모와의 관계 만족도도 남자가 여자보다 13.3%p 더 높게 나타났다. 그리고 부모의 자녀에 대한 만족도는 76.4%, 자녀의 부모에 대한 만족도는 68.8%로 부모의 자녀에 대한 만족도가 더 높게 나타났다.

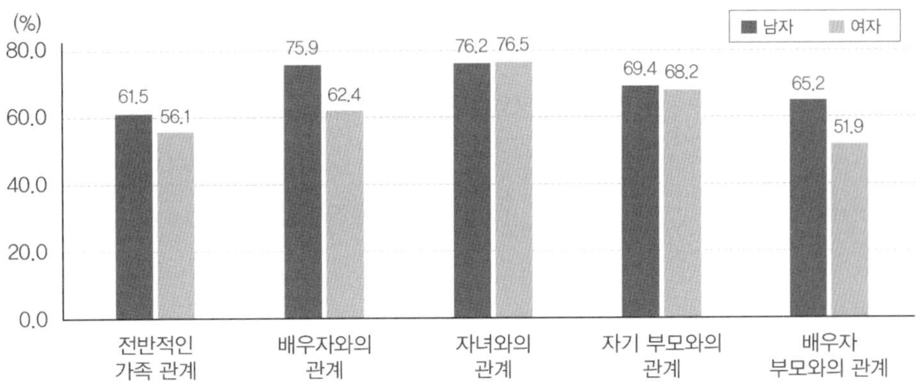

[그림 6-1] 가족관계 만족도

〈표 6-1〉 가족관계 만족도 (단위: %)

		계	만족	매우	약간	보통	불만족	약간	매우
전반적인 가족 관계	2018년	100.0	56.6	21.9	34.8	40.5	2.8	2.4	0.5
	2020년	100.0	58.8	25.0	33.7	38.2	3.1	2.5	0.5
배우자와의 관계	2018년	100.0	69.5	33.4	36.1	24.7	5.8	4.3	1.5
	2020년	100.0	69.2	35.5	33.8	24.2	6.5	4.7	1.9
자녀와의 관계	2018년	100.0	75.6	36.7	38.9	20.9	3.5	2.9	0.6
	2020년	100.0	76.4	39.5	36.9	20.1	3.5	2.8	0.7
자기 부모와의 관계	2018년	100.0	66.9	30.4	36.6	28.5	4.6	3.7	0.9
	2020년	100.0	68.8	33.9	34.9	26.5	4.7	3.5	1.2
배우자 부모와의 관계	2018년	100.0	56.5	22.6	33.8	36.6	6.9	4.8	2.0
	2020년	100.0	59.0	26.2	32.9	33.4	7.6	5.4	2.2

2) 가사분담

일반적으로 가사활동은 자녀양육 활동과 일상적 가사활동으로 구분할 수 있다. 우리 사회는 아직까지 양육과 가사활동에서 전통적인 여성중심의 성역할이 여전히 일반화되어 있는 상황이다. 우선 가사활동은 식사요리 준비, 설거지, 세탁, 시장보기, 집안청소 등으로 구분할 수 있으며, 가사활동 중에서 설거지를 전적으로 부인이 담당하는 비율은 44.1%, 주로 부인이 담당하고 남편이 도와준다고 응답한 비율은 42.9%였다. 부인이 중심적 역할을 하는 전체 비율이 총 87.0%로, 식사요리 준비와 함께 부엌일은 주로 부인이 담당하고 있음을 알 수 있다. 설거지, 세탁, 식사 준비는 전통적으로 여성의 역할이라는 인식이 강하며, 이런 전통적 성역할 의식이 아직도 일반화되어 유지되고 있는 것으로 보인다.

양육활동도 학교공부 돌보기, 놀아 주기, 보육시설 및 학교 등, 하교의 분담 방법에서도 부인이 중심적으로 참여하고 있는 것이 현실이다. 그러나 젊은 부부 중심으로 가사활동의 분담과 자녀 양육활동 분담정도에서 남녀의 인식 차이가 전반적으로 양성평등 입장을 나타내 보이고 있다.

통계청 조사 결과 가사분담 10명 중 6명은 가사공평 분담 견해에 공감하였으나, 현실은 2명만이 공평하게 분담하고 있음이 조사되었다. 구체적으로 설명하면, 가사를 공평하게 분담해야 한다고 생각하는 비중은 62.5%로 2년 전보다 3.4%p 증가하고, 아내가 주도해야 한다고 생각하는 비중은 34.8%로 3.6%p 감소하였다.

〈표 6-2〉 가사분담에 대한 견해 (단위: %)

	계	아내가 주도	아내가 전적으로 책임	아내가 주로 하지만 남편도 분담	공평하게 분담	남편이 주도	남편이 주로 하지만 아내도 분담	남편이 전적으로 책임
2018년	100.0	38.4	3.8	34.6	59.1	2.5	1.9	0.6
2020년	100.0	34.8	4.0	30.8	62.5	2.7	1.9	0.8
남자	100.0	39.5	5.3	34.2	57.9	2.6	1.8	0.8
여자	100.0	30.1	2.7	27.5	67.0	2.8	2.0	0.8

그러나 실제로 가사를 공평하게 분담하는 경우는 20% 남짓 수준이고, 아내가 주도하는 경우는 76% 전후 수준이었다. 그리고 연령대가 낮을수록 가사를 공평하게 분담하는 비중이 높은데, 20대 이하에서는 그 비중이 43% 이상으로 60세 이상과 비교할 때 2.4배 높은 수준이었다.

〈표 6-3〉 가사분담 실태[1)]

(단위: %)

		계	아내가 주도	아내가 전적으로 책임	아내가 주로 하지만 남편도 분담	공평하게 분담	남편이 주도	남편이 주로 하지만 아내도 분담	남편이 전적으로 책임
남편	2018년	100.0	76.2	21.9	54.3	20.2	3.7	2.9	0.8
	2020년	100.0	75.6	21.1	54.6	20.7	3.7	2.7	1.0
	19~29세	100.0	51.0	10.3	40.6	43.3	5.7	5.7	–
	30~39세	100.0	64.2	12.4	51.8	33.0	2.8	2.4	0.4
	40~49세	100.0	77.3	19.7	57.7	19.8	2.9	2.0	0.9
	50~59세	100.0	79.1	22.7	56.5	17.5	3.4	2.8	0.6
	60세 이상	100.0	77.8	25.2	52.7	17.4	4.8	3.2	1.6
아내	2018년	100.0	77.8	26.9	50.8	19.5	2.8	2.4	0.4
	2020년	100.0	76.8	25.1	51.7	20.2	3.0	2.5	0.4
	19~29세	100.0	52.7	10.3	42.4	43.4	3.9	3.9	–
	30~39세	100.0	69.9	15.4	54.5	27.1	3.1	2.8	0.2
	40~49세	100.0	78.7	26.2	52.5	19.2	2.1	1.8	0.4
	50~59세	100.0	81.1	28.7	52.3	16.8	2.2	1.9	0.3
	60세 이상	100.0	77.9	28.4	49.5	17.8	4.2	3.4	0.8

주: 1) 19세 이상 부부(주말부부 포함)

3) 부모부양

부모부양에 대한 견해는 부모님의 노후를 가족 · 정부 · 사회가 함께 책임져야 한다는 생각은 2년 전보다 증가하였으며, 부모님의 노후는 가족 · 정부 · 사회가 함께 돌보아야 한다는 견해가 61.6%로 2년 전보다 13.3%p 증가하였으나, 가족(22.0%), 부모님 스스로 해결(12.9%), 정부 · 사회(3.5%)는 2년 전보다 모두 감소하였다. 그리고 부모님의 노후를 가족이 돌보아야 한다는 생각은 2012년 33.2%에서 22.0%로 크게 감소하였다. 또한, 가족 · 정부 · 사회가 부모님의 노후를 함께 돌보아야 한다는 응답이 모든 소득 계층에서 가장 높았으나, 가구 월 평균 소득이 높을수록 그 응답비중이 더 큰 경향이 있다.

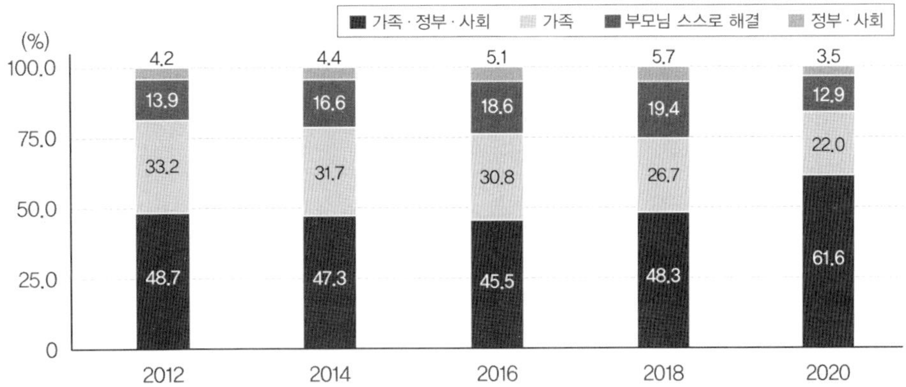

[그림 6-2] 부모부양에 대한 견해

〈표 6-4〉 부모부양에 대한 견해

(단위: %)

	계	가족 · 정부 · 사회가 함께	가족	부모님 스스로 해결	정부 · 사회	기타
2018년	100.0	48.3	26.7	19.4	5.7	0.0
2020년	100.0	61.6	22.0	12.9	3.5	0.0
남자	100.0	60.1	24.0	12.6	3.3	0.0
여자	100.0	63.1	20.0	13.1	3.8	0.0
〈가구의 월 평균 소득〉						
100만 원 미만	100.0	52.1	27.3	14.4	6.1	0.0
100~200만 원 미만	100.0	55.4	25.1	14.9	4.6	-
200~300만 원 미만	100.0	60.9	22.9	12.8	3.4	-
300~400만 원 미만	100.0	63.1	21.4	12.3	3.2	-
400~500만 원 미만	100.0	66.6	19.1	11.8	2.5	-
500~600만 원 미만	100.0	65.5	20.3	11.9	2.4	0.0
600만 원 이상	100.0	67.3	18.1	11.8	2.7	0.1

4) 결혼, 이혼, 재혼에 대한 견해

결혼을 해야 한다고 생각하는 사람의 비중은 51.2%로 2년 전보다 3.1%p 증가하였고, 남자가 여자보다 결혼을 해야 한다고 생각하는 비중이 13.8%p 더 높은데, 특히 미혼 남녀의 경우 견해 차이가 18.4%p로 더 크게 벌어졌으며, 이혼을 할 수도 있고 하지 않을 수도 있다고 생각하는 사람의 비중은 48.4%로 증가하는 추세인 반면, 하지 말아야 한다고 생각하는 비중은 30.2%로 감소하는 추세이다. 좀 더 구체적으로 설명하면, '할 수도, 하지 않을 수도 있다'는 응답에 대해서는 2012년 37.8%, 2016년 43.1%, 2020년 48.4%이었다. 또한, '해서는 안 된다'라는 질문에 대해서는 2012년 48.7%, 2016년 39.5%, 2020년 30.2%이었다. 그리고 재혼에 대해서 '해도 좋고 하지 않아도 좋다'는 의견이 64.9%로 2년 전보다 소폭 상승하였으며, 남녀 모두 중립적인 의견이 가장 높으나 재혼을 해야 한다고 생각하는 비중은 남자가 여자보다 5.1%p 더 높게 조사되었다.

〈표 6-5〉 결혼, 이혼, 재혼에 대한 견해

(단위: %)

	계[1]	결혼			이혼			재혼		
		해야 한다[2]	해도 좋고 하지 않아도 좋다	하지 말아야 한다[3]	하지 말아야 한다[4]	할 수도 있고 하지 않을 수도 있다	이유가 있으면 하는 것이 좋다	해야 한다[2]	해도 좋고 하지 않아도 좋다	하지 말아야 한다[3]
2018년	100.0	48.1	46.6	3.0	33.2	46.3	16.7	12.4	64.6	14.9
2020년	100.0	51.2	41.4	4.4	30.2	48.4	16.8	8.4	64.9	17.3
남자	100.0	58.2	35.4	3.1	34.8	45.4	14.3	11.0	65.6	13.1
여자	100.0	44.4	47.3	5.6	25.7	51.2	19.2	5.9	64.2	21.4
미혼남자	100.0	40.8	48.0	5.0	19.5	51.6	19.4	7.3	69.8	7.5
미혼여자	100.0	22.4	62.4	10.5	8.9	56.4	28.7	2.4	77.4	8.5
13~19세	100.0	32.8	54.1	6.6	15.8	50.6	20.5	3.4	68.0	8.1
20~29세	100.0	35.4	52.0	8.1	13.8	55.9	24.2	4.7	76.0	7.8
30~39세	100.0	42.2	49.7	4.5	22.4	55.4	18.5	6.0	73.1	11.8
40~49세	100.0	44.1	49.3	4.2	24.0	56.9	16.3	6.1	69.9	17.4
50~59세	100.0	55.3	39.8	3.2	31.9	49.5	15.6	9.0	62.3	21.3
60세 이상	100.0	72.7	22.5	2.5	51.3	32.5	11.8	14.5	51.3	25.4

주: 1) 각 항목별로 '잘 모르겠다' 포함
2) '반드시 해야 한다'와 '하는 것이 좋다'를 합한 수치
3) '하지 않는 것이 좋다'와 '하지 말아야 한다'를 합한 수치
4) '어떤 이유라도 이혼해서는 안 된다'와 '이유가 있더라도 가급적 이혼해서는 안 된다'를 합한 수치

5) 결혼문화에 대한 견해

13세 이상 인구 10명 중 6명(59.7%)은 결혼하지 않더라도 같이 살 수 있다고, 3명(30.7%)은 결혼하지 않고도 자녀를 가질 수 있다고 생각하고 있다. 남녀가 결혼을 하지 않더라도 함께 살 수 있다고 생각하는 사람은 59.7%로 2년 전보다 3.3%p 증가했으며, 2012년 이후 계속 증가하고 있다. 이 부분을 더 구체적으로 설명하면, 2012년 45.9%, 2014년 46.6%, 2016년 48.0%, 2018년 56.4%, 2020년 59.7%이었다. 그리고 결혼하지 않고도 자녀를 가질 수 있다고 생각하는 사람은 30.7%로 2년 전보다 0.4%p 증가했으며, 2012년 이후 계속 증가하고 있다. 또, 2012년 22.4%, 2014년 22.5%, 2016년 24.2%, 2018년 30.3%, 2020년 30.7%이었다.

다음으로 결혼하면 자녀를 가져야 한다고 생각하는 질문에 대해서 68.0%로 2년 전보다 1.6%p 감소했으며, 그 비중은 남자가 여자보다 9.3%p 더 높게 나타났다. 그리고 외국인과 결혼해도 상관없다고 생각하는 질문에 대해서 71.0%로 2년 전보다 1.6%p 감소하였다. 또한, 결혼생활은 당사자보다 가족 간의 관계가 우선해야 한다는 의견에는 50.6%가 동의하였으며, 결혼생활에서 당사자보다 가족 간의 관계가 우선이라고 생각하는 비중은 남자가 여자보다 4.1%p 높았다.

〈표 6-6〉 결혼문화에 대한 견해 (단위: %)

		계	동의	전적으로 동의	약간 동의	반대	약간 반대	전적으로 반대
남녀가 결혼을 하지 않더라도 함께 살 수 있다	2018년	100.0	56.4	12.9	43.5	43.6	26.3	17.3
	2020년	100.0	59.7	16.1	43.6	40.3	24.3	16.0
	남자	100.0	62.4	16.9	45.5	37.6	23.3	14.3
	여자	100.0	57.0	15.3	41.7	43.0	25.3	17.8
결혼하지 않고도 자녀를 가질 수 있다	2018년	100.0	30.3	6.3	23.9	69.7	38.0	31.7
	2020년	100.0	30.7	7.2	23.4	69.3	36.2	33.1
	남자	100.0	32.6	7.4	25.1	67.4	36.6	30.8
	여자	100.0	28.8	7.0	21.8	71.2	35.8	35.4

		계	동의	전적으로 동의	약간 동의	반대	약간 반대	전적으로 반대
결혼하면 자녀를 가져야 한다	2018년	100.0	69.6	25.4	44.1	30.4	21.9	8.6
	2020년	100.0	68.0	25.5	42.6	32.0	22.1	9.8
	남자	100.0	72.7	27.0	45.8	27.3	20.0	7.2
	여자	100.0	63.4	24.0	39.5	36.6	24.1	12.4
외국인과 결혼해도 상관없다	2018년	100.0	72.6	23.6	49.0	27.4	20.0	7.4
	2020년	100.0	71.0	24.9	46.1	29.0	20.6	8.4
	남자	100.0	72.1	24.4	47.8	27.9	20.3	7.6
	여자	100.0	69.9	25.4	44.5	30.1	20.9	9.2
결혼생활은 당사자보다 가족 간의 관계가 우선해야 한다	2018년	100.0	48.5	8.8	39.8	51.5	38.9	12.6
	2020년	100.0	50.6	10.0	40.6	49.4	37.4	12.0
	남자	100.0	52.7	10.6	42.0	47.3	36.5	10.9
	여자	100.0	48.6	9.4	39.2	51.4	38.2	13.2

6) 입양에 대한 견해

입양은 출산이 아닌 방법을 통해 새 가족을 구성하는 사회적, 법적 과정으로 우리나라에서 입양은 1950년대 한국 전쟁으로 급증한 고아들을 해외로 입양시키기 위해 효율적인 입양절차를 마련하는 데에서 출발하였다.

모든 어린이는 태어나면서 부모로부터 보호를 받으며 건전하게 성장할 수 있는 권리가 있다. 입양이란 부모가 없거나 부모가 없더라도 더 이상 보호할 수 없는 아동에게 새로운 부모를 찾아 주어 가정의 틀 속에서 정상적으로 성장할 수 있도록 하여 아동의 정신적 · 사회적 요구를 충족시키는 제도라 할 수 있다.

오늘날에는 사회적 도움이 필요한 요보호 아동 중에서 입양을 하므로 일련의 조치가 필요하게 되었는데 입양에 대해 긍정적인 사람이 2년 전보다 소폭증가 하였으며 '자녀를 원하지만 출산이 어렵다면 적극 고려해 보겠다'와 '자녀유무에 상관없이 여건이 허락되면 입양을 하고 싶다'는 응답비중이 각각 19.9%, 10.9%로 2년 전보다 소폭 증가하였다. 반면, '입양하고 싶은 생각이 없다'라고 생각하는 사람의 비중은 37.3%로 2년 전보다 2.6%p 감소하였다.

〈표 6-7〉 입양에 대한 견해[1]

(단위: %)

	계	자녀를 원하지만 출산이 어려운 경우는 적극 고려해 보겠다	자녀유무에 상관없이 여건이 허락되면 입양을 하고 싶다	입양하고 싶은 생각이 없다	잘 모르겠다
2018년	100.0	17.5	10.5	39.9	32.1
2020년	100.0	19.9	10.9	37.3	32.0

주: 1) 19세 이상 응답자

입양하고 싶지 않은 이유는 입양의 필요성을 못 느껴서(43.0%), 친자녀처럼 양육할 수 있을지 걱정이 되어서(34.6%), 경제적으로 부담이 되어서(15.1%) 순이다.

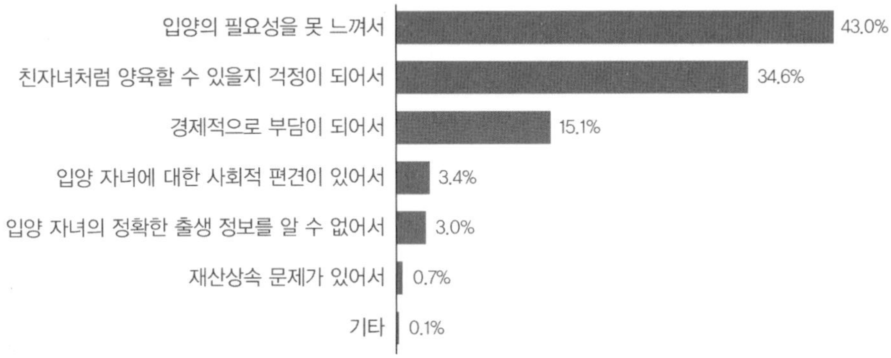

[그림 6-3] 입양을 하고 싶지 않은 이유

2 빈곤아동

아동빈곤은 주로 아동이 있는 가구의 생활수준이 일정수준 이하인 가구로 정의된다. 가구의 생활수준은 주로 소득수준을 기준으로 하며, 소득은 아동 양육에 필요한 재화 및 서비스를 구매할 수 있는가와 관련이 있다. 성장기에 있는 아동에게 심리적, 정서적, 신체적 경제적 불공급으로 인한 빈곤경험은 성장기의 발달을 저해할 뿐 아니라, 성인기의 빈곤과도 연결된다. 지속적인 저성장과 소득의 양극화는 아동기의 빈곤이 성인기의 빈곤으로 이어져 빈곤의 만성화 경향을 가속할 가능성이 높다(정은희 외, 2013).

그렇다면 아동기의 빈곤 경험이 청년 혹은 성년이 되었을 때 어떠한 영향을 미치는지 함께 보여 줌으로써 아동빈곤 문제를 재고찰해 볼 필요성이 있다는 것이다.

아동의 빈곤은 아동의 삶의 질에 여러 가지 부정적인 결과를 초래하는 것으로 파악되고 있다. 빈곤한 아동은 비빈곤한 아동에 비해서 개인적 발달, 가정환경, 학교생활 적응, 지역사회에서의 비행 등에 있어서 모두 불리한 위치를 점하고 있다는 것이다.

개인적으로는 빈곤아동은 비빈곤아동보다 인지발달이 더디고 정서적으로 불안, 우울 등의 증상이 더 많이 나타나는 것으로 추정되며, 가정환경 면에서는 주거의 열악 등으로 어려움을 겪는 것으로 파악하고 있고, 학교생활 면에서는 성적이 비빈곤아동에 비해 낮아 상급학교 진학이나 향후 직업선택에서 불리한 위치에 있다. 지역사회에서는 비행 등의 확률이 높아 이 측면에서도 빈곤아동이 어려운 상황에 처해 있다. 그러나 다른 한편에서는 빈곤아동과 비빈곤아동의 삶의 질에 있어서 별다른 차이를 잘 보이지 않는다는 연구 결과도 있다(김미숙, 2013).

1) 빈곤아동의 개념 및 특성

법정저소득층 자녀란 「국민기초생활보장법」에 따른 기초생활수급자의 자녀 외에도, 「한부모 가족지원법」에 의해 보호대상자로 선정된 저소득층 모자 또는 부자 가정 자녀, 「아동복지법」 제16조에 의해 아동복지시설에 생활 중인 자녀, 여성폭력피해자 보호시설 및 성매매피해자 지원시설에 입소한 여성의 동반 자녀, 모자 보호시설 등에 입소한 여성의 동반 자녀를 포함한다(김진호 · 김지수, 2018).

특히, 아동은 스스로 일을 하고 돈을 벌어 생계를 꾸릴 수 없기 때문에 빈곤 가정의 아동은 빈곤 상태일 수밖에 없다(김수현 · 이현주 · 손병돈, 2009). 빈곤층은 경제적 어려움으로 문화적, 정치적, 사회적으로 소외되는 계층을 일컫는다. 일반적으로 빈곤이란 '인간다운 생활을 하는 데 최소한으로 요구되는 물질적 자원이나 소득의 결핍된 상태'라 정의한다. 결핍이란 물질적 자원이 많고 적음이 아니라 보다 여러 자원을 접할 수 있는 기회에서 소외되는지에 초점을 둔다(김진호 외, 2018).

모든 빈곤 아동들이 문제를 가지고 있는 것은 아니지만, 빈곤 가정의 아동들은 그렇지 않은 가정의 아동들에 비해서 문제 행동을 가지고 있는 경우가 상대적으로 높은 것으로 보고되고 있다(김정민, 2009에서 재인용). 특히, 가정의 경제적 빈곤은 아동이 성장하는 과정에서 아동의 전반적인 발달에 지장을 줄 수 있다(권옥, 2005). 즉, 물리적 환경과 심리적 환경 모두에 결핍을 초래할 수 있다. 물리적인 결핍은 영양 불균형으로 인한 신체적 성장에 지장을 초래하며 부모가 생업에 종사하기 때문에 부모 대신 가사일을 한다든지 방과 후에도 거의 방치되어 보살핌을 받지 못하는 경우가 많다(김지선, 2009). 그뿐만 아니라 가족이 화목하지 못한 경우가 많고 부모의 부부싸움이나 불화 및 부모의 미해결된 갈등으로 가정에 불안과 긴장감이 감돌 경우에는 정서적으로 위축되어 있거나 마음에 분노를 억압하게 된다(권옥, 2005).

빈곤아동이 경험하는 경제적 어려움은 아동에게 필요한 환경구성에 제약을 가져와 아동의 심리적 성장의 가능성을 제한하고 아동의 행동과 태도에 영향을 미친다(김경희 · 황혜정, 1998). 즉, 제대로 먹지 못하고 교육받지 못하고, 정서적인 지지를 받지 못하는 상황에 처한 빈곤 아동은 학업성취, 인지발달, 정서적 성장, 사회적 행동 등에 많은 부적응을 초래할 위험을 안고 있다고 볼 수 있다(신윤희, 2007; 이근매, 2004).

무엇보다도 문제 해결에 가장 큰 영향력을 지닌 것은 부모지만, 빈곤층의 부모들은 자녀들의 문제를 이해하고 해결할 능력과 여유가 없고(김만희, 2015), 자녀들 지원이 어려워 자녀들의 심리사회적 적응에 어려움을 겪으며 사회적 기술 발달에 부정적인 영향을 받아 낮은 사회적 기술 문제를 가지게 된다(이은희, 2012).

또 다른 특성으로는 빈곤 아동은 다른 계층 아동보다 학업성적 부진, 무단결석, 비행, 반항 등의 문제를 가지고 있다. 또한 사회의 윤택한 환경과 가정 사이에서 그들의 욕구를 충족시킬 수 없기 때문에 불만이 많고 상류 계급의 아동들에 비해 도덕적 규율이 낮고 범죄자가 되기 쉽다(김유지, 2006).

2) 아동에게 부정적인 영향을 주는 부모

부모의 경제적 빈곤은 절적 수준의 결핍 외에도 일상생활의 고통과 불행감을 유발하는 용인이 될 수 있다. 특히 빈곤한 환경에서 아동을 키우는 부모는 본인의 신체적 건강을 돌볼 겨를이 없을 뿐만 아니라, 여전히 나아지지 않는 생활 여건은 낮은 자존감과 우울감, 자녀에 대한 죄책감, 그리고 더 나아가 자살 충동과 같은 정신건강 문제로 연결될 수도 있다.

이러한 부모의 심신의 건강 상태는 자연스레 아동에게 공유되고, 심한 경우 아동에게 전이될 수도 있다. 또한, 가족 내에서 부모 아동 간에 적절한 의사소통과 양육이 이루어지지 않는다면, 자녀에 대한 부적절한 양육의 형태로 드러날 위험요소를 내재하기도 한다.

(1) 임산부의 물리적 학대

담배나 약물중독이 임산부에게 결정인 영향을 미친다는 것은 널리 알려진 사실이다.

이러한 임산부의 다수는 소득계층에서 빈번히 나타나는 경향이 있다. 선행연구에 의하면 담배나 약물중독이 아동에게 미치는 부정적인 영향은 뇌신경세포 발육의 저하를 초래하고 종국에는 신경정신 장애로 연결된다(Mayes, 1996).

(2) 부모의 우울증

부모 특히 어머니가 우울증으로 시달리는 아동들은 정신 · 정서적인 안정감을 가지기가 어렵다. 특히 이러한 부모의 우울증이 유아기에 나타날 경우 그 영향은 매우 치명적인 것일 수 있다. 우울증에 시달리는 어머니는 아동에게 필요한 긍정적인 반응과 정서적 욕구에 부응하는 상호작용을 할 수가 없다. 이러한 경향은 결국 아동의 정서적 위축과 비활동성, 주의력 결여 등을 초래하게 된다.

(3) 환경 유해

주거환경을 포함한 주변 환경이 아동에게 위해한 요소로 작용하여 성장과 발달에 치명적인 영향을 미치는 경우가 종종 있다. 유아의 두뇌 손상을 초래하거나 발육을 저해하는 주거환경에의 노출은 장애의 직접적인 원인으로 작용하게 된다.

주거환경의 범주는 주거 및 주변 환경의 열악함이나 물리적 결핍뿐만 아니라, 아동발달이 이루어지는 공간으로서의 주거에 대한 인식, 그리고 나쁘게 변한 주거환경에 대한 아동의 반응으로 열악한 주거환경은 부모에게는 만성적인 스트레스의 원인이 되며, 자녀들을 위한 독립적인 공간이나 공부방을 마련해 주는 것이 어려운 현실, 아동의 성(性) 구분 없이 온 가족이 한방을 쓰는 것을 포함한 공간배치 이슈 역시 아동의 정서적 성장과 발달에 부정적 영향을 미칠 수 있다.

더 나아가 이러한 주거환경에서 아동들은 부모들의 걱정을 비롯해서 어린 나이에 감내하기 어려운 집안의 경제적 어려움과 고민, 부부싸움 등에 그대로 노출될 수도 있다.

또한, 교육 기회의 어려움은 빈곤의 대물림과 관련되어져 빈곤아동은 보다 현실적인 자신의 미래에 대해서 현실적인 환경에 적응하면서 목표와 꿈을 추구할 것이다.

특히 사교육이 곧 좋은 대학교 좋은 학과와 연결된다는 인식을 갖고 있는 살아가는 우리 사회현실 속에서 경제적 이유로 아동에게 사교육 기회를 제공하지 못하는 것이 아동들의 인적자본 형성을 저해하고 꿈의 실현을 어렵게 한다는 것이다. 이러한 점은 부모로서 자녀에게 충분히 투자하지 못했다는 죄책감과 절망감의 원천이 되는 것이기도 하다. 한편 아동들은 어려운 집안 형편이 자신에게도 이어질 것 같아 절망스럽기도 하고 동시에 자신의 교육 때문에 부모가 빚졌다는 죄책감을 갖기도 하다.

또한 경제적 이유를 들어 아예 아동에게 특성화 학교를 선택하게 하거나, 아동 역시 대학 진학보다 취업을 선택하는 경우도 나타났는데, 이러한 경우 물질적 빈곤이 아동들의 꿈의 연기나 심지어 포기로 이어지게 할 수도 있다.

(4) 학대

유년기 시기의 충격이나 학대에 대한 경험은 극도의 불안, 우울 등을 수반하게 되고 다른 사람과의 관계도 건강하지 못하게 형성된다. 물론 물리적 학대가 가장 두드러지는 부분이기도 하지만 정서적 · 정신적 충격 역시 물리적 학대 못지않은 부정적 결과를 초래하게 된다. 유년기 시기의 충격이나 학대가 미치는 다른 영향은 아동이 성장과정에서 충동 · 공격적 성향을 지닐 가능성이 크다는 것이다. 이러한 가능성은 빈곤가족아동에게서 더 두드러지게 나타나는 경향이 있다.

(5) 양육환경의 질

아동양육에 있어서 일상인 상호작용은 아동의 정서발달에 매우 중요한 역할을 한다. 아동의 두뇌가 형성되는 시기에는 일관된 긍정적인 상호작용이 필요하며 이러한 상호작용은 아동의 두뇌활동에 직접적인 영향을 미친다. 열악한 탁아환경에서 아동을 돌보는 것은 아동의 정서 두뇌활동을 감퇴시키고 환경으로부터 비롯되는 건전한 자극이나 호기심을 제한하며 상호작용 능력을 저해하게 된다.

빈곤계층에서 자란 아동들이 성장하여 청년기와 성인기에 접어들면 학교를 자퇴하거나 결혼생활이 순탄하지 않거나 실업자가 될 개연성이 큰 것으로 보고되고 있다. 빈곤문제에 있어서 제도 · 정책 지원이 특히 이들 빈곤 장애아동 가족에게 우선되어야 하는 이유는 장애아동이 출현하는 가족의 다수가 빈곤 계층에 속하고 이러한 환경에서 아동의 건강한 성장 · 발달을 기대하기 어렵다는 점과 가족성원 가운데 장애인을 포함함으로써 일반 빈민과는 다른 차원에서 사회적 고립감을 경험하게 되므로 이들은 사회심리적 측면에서 의욕을 상실하고 경제적 어려움과 더불어 사회적 편견으로 인하여 열악한 현실을 개선하고자 하는 의지가 결여되어 있다. 이처럼 의지가 결여되어 있는 상태에서는 정책결정자들이 경제 지원이나 삶의 질을 향상시키기 위한 방안을 제시해도 이들 가족의 근본적인 문제를 해결하기는 어려운 상황이다.

양육과 부모역할에 있어서 빈곤 아동이나 부모가 경험한 문화적 경험과 관련하여 빈곤가구에서 부모와 아동이 함께할 수 있는 문화생활이 아동에게 중요하게 영향을 미친다고 할 것이다.

가족사진 찍기, 부모님과 함께 한 일들, 소소한 일상과 같은 아동들에게 가족과 함께 평범한 여가를 보낸 것이, 큰 기억으로 남는다는 것은 가족 간의 일상의 기쁨이 크다는 것이며, 이는 그만큼 평범한 일상과 여가 및 문화가 허락되기 쉽지 않았다는 것을 우회적으로 예상해 볼 수 있는 측면이다. 또한 가족 간의 일상은 어려움을 견디게 해 주는 '버팀목'이며 아픔을 치유하는 궁극적으로 '행복'의 근원이 될 수 있는 요건이다.

3) 아동가구의 소득지원방안

빈곤층 아동의 낮은 삶의 질을 제고하기 위해서, 첫째로 빈곤가구에 대한 지원이 필요하다. 빈곤아동에 대한 지원방안은 크게 현금지원과 세제혜택, 현물지원으로 나뉜다. 현금지원에는 공공부조, 아동수당, 한부모수당, 임금보조, 모성보조, 실업보조, 아동지원금이 있고, 세제혜택은 세금 면제, 세금 공제 등이 있다. 현물급여에는 조기 교육서비스, 직업훈련, 평생교육 등이 있다. 우리나라에서는 주로 공공부조 성격으로 아동부양가족에 대한 소득지원을 실시하고 있다. 이러한 상황에서 탈아동빈곤 방안으로 고용이 안정되도록 정책의 우선순위로 책정해야 할 것이다. 한편, 조손가족의 빈곤은 노인빈곤과 맞물린다. 따라서 탈노인빈곤 정책이 동시에 고려되어야 하는데 그 가운데 최대의 복지는 고용이라고 생각한다. 이에 빈곤아동가구를 위한 고용연계지원이 필요하다.

둘째, 차상위 계층과 차 차상위 계층에 대한 지원이 필요하다. 최저생계비 이상의 소득 가구 중 극심한 생계곤란을 겪고 있는 가구들에 대해서는 지원이 필요하다는 것이다. 부양의무자 규정으로 수급자와 같은 소득수준임에도 불구하고 지원을 받지 못하는 경우가 상당수 있기에 이들에 대한 지원책 마련이 시급하다고 본다. 물론, 수급자임에도 극심한 생계곤란을 겪는 사람들이 너무도 많이 존재하고 있다. 그 이유는 주거비, 의료비, 교육비 등의 문제가 아닌가 추측된다. 이 때문에 이러한 복지의 사각지대에 었는 가족을 위한 지원방안 마련이 필요하다. 그리고 빈곤아동과 비빈곤아동 간의 차이가 가장 큰 영역은 일반가정의 아동에 비해 열악한 교육여건이라고 생각한다. 이 때문에 가장 큰 차이를 보이는 것은 학교성적이라 생각한다. 이에 빈곤아동의 성적향상을 위한 지원이 필요하다고 본다. 대부분의 일반아동은 사교육을 통해서 학업성취를 할 수 있겠지만, 빈곤아동은 가족의 형편으로 인해서 교육지원을 제대로 지원받지 못하고 있는 상황이다. 따라서 어떻게 빈곤층과 비빈곤층 간의 학업성취도의 간극을 줄일 수 있을지에 대한 대안 마련어 시급하다. 특히 학업성취와 진학 등을 통해서 빈곤의 대물림의 악순환을 가져올 가능성이 있으므로 이에 대한 적극적인 검토가 필요하다.

4) 아동빈곤의 현황과 정책과제

'아동빈곤정책'은 '아동빈곤'에 비해 그 정의와 범주가 훨씬 모호하고 불명확하다. 포괄적으로 정의할 때 아동빈곤정책은 빈곤아동이 속한 가구를 대상으로 하는 표적화된 빈곤정책은 물론이고, 아동의 다차원적 빈곤에 대응하고 미래 빈곤의 대물림을 방지하기 위한 아동 관련 정책까지를 아우르는 개념이다. 이렇게 볼 때 아동빈곤정책은 빈곤가구 소득보장의 근간이 되는 국민기초생활보장제도, 아동 부모에 대한 취업지원 정책, 취약계층 아동을 대상으로 하는 드림스타트, 지역아동센터, 교육복지우선지원사업, 아동건강지원서비스에 이르기까지 그 영역이 매우 포괄적이다. 실제로 지난 20여 년 동안 우리나라의 아동빈곤정책은 다차원적 빈곤과 박탈에 대응하여 소득, 주거, 보육과 양육, 교육, 건강과 영양, 가족과 문화 등으로 정책적 영역을 확장해 왔다. 아동의 연령과 발달단계에 맞추어 프로그램의 특성과 선정 기준 또한 다변화해 왔다.

교육으로 혹은 교육만으로는 더 이상 아동의 미래 빈곤을 예방하기 어렵다는 것이 오늘날의 대체적인 시각이다. 아동빈곤은 '아동복지'의 하위 영역으로 다루어지면서 통합사례관리, 지역아동센터, 교육복지우선투자사업, 한부모 양육비 지원과 같은 정책들이 실시되고 있지만, 이러한 프로그램들은 '아동빈곤정책'이라는 큰 우산 아래 체계적인 목표와 방향 속에서 움직이기보다는 개별 영역에서 제각기 운용되고 있는 실정이다. 이와 같이 아동빈곤정책이 상대적으로 주목받지 못하는 것은 일차적으로 아동빈곤이 노인빈곤이나 청년빈곤만큼 현안이 될 정도로 심각한 수준이 아니라는 인식에서 기인한다. 이러한 요인과 더불어, 아동빈곤정책의 범위와 영역이 매우 모호하다는 점도 아동빈곤정책이 상대적으로 관심 영역에서 벗어나게 된 요인으로 작용하고 있다. 아동빈곤의 직접적인 원인은 대부분 부모 혹은 보호자의 저소득이기 때문에 이를 경감하거나 해소하기 위한 노동시장 정책이나 소득지원정책을 아동빈곤정책에 포함시킬 수 있느냐의 문제부터 제기된다. 아동빈곤의 다차원적 요소 대부분이 아동보다는 아동가구에 개입해야 할 영역이기도 하다. 또한 아동빈곤정책의 주요한 부분은 교육정책과 중첩되어 있다. '고유한 아동빈곤정책의 영역'이 무엇인지에 대한 정책적 판단이 쉽지 않다는 것은 아동빈곤정책 수립의 어려움 중 하나이다.

3 청년의 빈곤

청년과 빈곤은 어쩐지 어울리지 않는 단어다. 노인빈곤, 여성빈곤, 아동빈곤은 복지 정책의 주요 이슈였지만 청년은 배제된다. '일자리가 곧 복지'인 한국 사회에서 청년에게 인간다운 삶을 누릴 기본권은 오로지 '취업'을 통해서만 허락될 뿐이다. 청년과 관련한 통계들도 '고용'과 연관된 의미로만 집계된다. 청년들이 직면하고 있는 노동 · 주거 · 복지 · 빈곤과 관련한 양적 · 질적 통계는 거의 존재하지 않는다. 그때 청년은 국가가 책임지지 않아도 되는 '소외받지 않은 자'다.

현재의 청년층은 높은 실업률과 그로 인한 소득 획득 능력 감소, 주거비 부담 등으로 힘든 시기를 보내고 있다. 그렇다면 위기를 경험하고 있는 현세대 청년에게 청년 시절의 고생이 앞으로의 생활에 긍정적인 영향을 미치도록 하기 위해서는 미래에 대한 희망이 함께 포함되어야 한다.

하지만 현재 청년층은 지금도 어렵지만 미래에 대한 전망 역시 긍정적으로 보기에 한계가 있다. 지속적으로 발생하는 구조조정, 노동시장 불안정성 확대, 높아지는 주택가격, 결혼생활에서의 자녀 양육에 따른 부담 증가 등 어느 것 하나 긍정적인 요인을 발견하기가 쉽지 않다.

청년은 정규직 또는 아버지 세대에 일자리를 빼앗긴 '약자'의 대명사가 된다. '삼포세대', '제로 세대' 등 청년들의 이름 붙이기가 이어진다. 그렇다고 해서 청년을 주인공으로 등장시키는 제대로 된 정책을 내놓지는 않는다. 단, 고용 정책만 예외다. 청년이란 단어는 그렇게 한국 사회의 모든 논쟁의 중심에 있지만, 청년의 목소리와 청년을 위한 목소리는 어디에도 없다.

현세대 청년들은 과거 청년 세대에 비해 불리한 환경에서 생활하고 있다. 청년 빈곤과 관련해서는 청년 세대를 세분화할 경우 19~24세와 청년으로 혼자 살고 있는 1인 가구의 빈곤 문제가 심각하다는 점을 발견할 수 있다. 특히 청년 1인 가구에는 빈곤과 더불어 주거 빈곤 및 불안정 고용상태도 중요한 생계상의 문제로 다가온다. 정부가 소득보장, 고용 지원 정책을 실시하고 있지만 소득보장의 사각지대 문제와 함께 고용 지원 정책에서도 기존 조건에 부합하지 않으면 지원을 받을 수 없거나 충분한 정보를 얻지 못해 참여하지 못하는 문제들이 나타나고 있다. 빈곤에 처한 청년들을 위해 구직 및 실업 기간 동안 안정적으로 생활할 수 있도록 소득, 주거 및 고용 안정을 위한 정책 등이 마련되어야 한다.

현세대 청년들은 과거 청년 세대에 비해 학력 수준은 높은 것으로 평가되지만 높은 실업률, 학자금 대출로 인한 부채, 불안정한 동거 등으로 인해 매일매일을 힘겹게 생활하고 있다. 청년 시절의 고생이 앞으로의 생활에 긍정적인 영향을 미치도록 하기 위해서는 미래에 대한 희망이 함께 포함되어야 한다. 하지만 현재 청년층은 지금도 어렵지만 미래에 대한 전망 역시 긍정적으로 보기에 한계가 있다.

또 다른 측면에서 청년들은 노인들의 부양부담까지 떠안아야 하는 세대이다. 현재 우리나라의 인구구조는 비교적 젊은 편이다. 노인인구 한 명 당 생산에 참여하는 근로인구가 5.6명으로 OECD 국가 중 4번째로 젊은 나라이다. 만일 출산율이 현재 1.19(2003년 기준)에서 50년 후 1.75로 증가할 것으로 가정하면 노인에 대한 청년들의 부양부담은 OECD 국가 중 가장 낮은 수준에 머무를 것이다. 한편, 65세 노인의 기대수명은 여성 30세 남성 24세 정도로 고령자의 남은 수명은 OECD에서 제일 높은 수준이다. 이 때문에 50년 후에는 노인 1명 당 부양인구가 1.2명으로 OECD국가 중 가장 고령국가가 될 전망이다. 이는 한국의 연금 재원조달에 큰 영향을 미칠 것이며, 노동시장 정책도 노령층 근로자 수용을 위해 변화가 필요할 것이다. 이러한 문제로 인하여 최근에 우리 정부는 기초노령연금의 실시로 노인의 빈곤 문제를 완화하는 한편, 머니마켓에서의 사적연금의 활성화로 개인의 노후에 대한 대비를 활성화하려고 노력하고 있다. 하지만 이와 같은 대책은 결국 시장에서 복지의 문제를 해결하겠다는 것으로 복지국가의 기본적인 정체성에 의문을 던지게 되는 일이다. 아울러 이미 저성장, 저고용의 기저에 들어선 우리나라에서 노인빈곤을 해결할 수 있는 근본대책으로 보기에도 어렵다는 전망이다.

지속적으로 발생하는 구조조정, 노동시장 불안정성 확대, 높아지는 주택 가격, 결혼 생활에서의 자녀양육에 따른 부담 증가 등 어느 것 하나 긍정적인 요인을 발견하기가 쉽지 않다.

1) 청년빈곤 실태

통계청의 가계동향 조사를 통해 청년 빈곤율을 산출해 보면 OECD의 결과와 유사하게 나타난다. 연도별로 차이가 있지만 2009년이 가장 높았고(7.8%) 이후 점진적으로 감소하는 양상을 보인다. 청년의 연령을 세분해 살펴보면 19~24세 청년층의 빈곤율이 가장 높았다. 청년 빈곤율은 2009년 세계 경제위기 시점에 가장 높았으며 19~24세 청년층의 빈곤율이 가장 높았다. 이후 청년 빈곤율은 감소하는 현상을 보인다. 2013년 이후에는 25~29세 청년층의 빈곤율이 증가하고 있다(이태진 외, 2017). 우선 이 연령대는 대학졸업 직후의 연령으로, 높아지고 있는 청년 실업률과 관련이 있을 수 있다. 즉, 학교 졸업 이후 조기에 취업이 되지 않을 경우 부모의 소득에 의존하거나 스스로 생활비를 마련해야 하므로 실업 상황의 지속은 이들 청년 세대의 빈곤율을 높이는 원인이라고 볼 수 있다. 두 번째는 19~24세의 청년층이 연령 증가에 따라 소득이 개선되지 못하고 불안정한 생활 상태가 그대로 유지되면서 나타나는 현상으로도 볼 수 있다.

청년 1인 가구의 빈곤율은 2011년 12%대였지만 이후 늘어나 2014년에는 21.2%까지 높아졌다. 이는 연령을 기준으로 볼 때 노인 빈곤율 다음으로 높은 수준이다. 또한, 청년이 부모 세대와 함께 생활하거나 결혼을 한 경우에는 빈곤율이 낮고, 부모로부터 독립해 혼자 생활하는 청년 1인 가구가 더욱 빈곤 취약계층임을 알 수 있다(이태진·김태완, 2016).

요즘 우리 사회에 청년층을 향해서 '지옥고'라는 표현을 많이 사용하고 있다. 처음에는 이 말 뜻을 알 수가 없었으나 후에 이 뜻을 알게 된 이후 공감하게 되었다. '지옥고'는 지하방·옥탑방·고시원의 앞 글자를 따서 만든 단어로 주거 빈곤 가구의 고충을 표현한 신조어다. 주거 빈곤 가구는 최저 주거기준 미달 가구 등 주택 이외 기타 거처 거주 가구를 말한다.

서울 1인 청년 가구(만 20~34세) 3명 중 1명은 이 '지옥고'에 살고 있다. 2018년 통계청이 발표한 보고서를 보면 서울에서 혼자 사는 청년 가구 중 주거 빈곤 가구 비율은 2000년 31.2%, 2010년 36.3%, 2015년 37.2%로 계속 늘었다. 주거비 부담 문제도 심각하다. 혼자 사는 청년 3명 중 1명 이상은 한 달에 100만 원을 벌면 30만 원 이상을 집세 내는 데 쓴다.

월 소득에서 주택임대료가 차지하는 비율이 20%를 초과하면 주거비 과부담 상태로 본다. 많은 1인 청년 가구가 열악한 환경에서 지내면서 과도한 주거비 부담에 짓눌려 허덕이고 있다.

2) 청년 주거 문제

오늘을 사는 청년층이 경험하는 위기가 소득빈곤만의 문제일까? 소득과 더불어 청년층이 경험하는 생계유지의 위기 중 하나로 주거 문제를 들 수 있다. 소득빈곤 측면에서 청년 1인 가구와 기타 청년 가구의 빈곤율이 높게 유지되는 가운데 과거 고성장 시대 청년이 전월세 임차로 시작해 중년과 노년을 지나면서 자가 주택을 마련하는 희망은 더 이상 기대할 수 없게 된 상황이다.

2017년 12월 17일 한국보건사회연구원의 '청년 빈곤 해소를 위한 맞춤형 주거지원 정책방안'에 따르면 가구주 연령 20~35세 청년가구의 주거 빈곤율은 20.3%로 65세 이상 노인가구(11.2%)의 약 2배 수준으로 집계됐다. 이 조사를 통해 본 결과, 청년층은 주거 안정성이 낮은 월세 형태로 거주하는 가구가 많았다. 청년가구 중 월세 비율은 37.4%로, 전세 비율은 30.4%보다 높다. 특히 주거 빈곤가구 중 청년가구의 월세 비율은 66.0%로, 노인가구(31.2%)나 아동가구(43.9%)에 비해 더 높았다. 특히 서울의 경우 이보다 더 심각한 수준이다.

서울의 전체 가구의 최저주거기준 미달 가구 비율은 1995년부터 2010년까지 42.4%에서 14.4%까지 꾸준히 감소한 반면, 청년가구에 한정하면 1995년 51.4%에서 2005년 16.6%까지는 서울의 전체 가구와 비슷하게 감소하다가 2010년에는 오히려 18.5%로 증가했다.

또한, 청년층 내에서도 빈부격차가 심화되고 있다. 가구 유형별 빈곤한 청년가구주가구와 빈곤하지 않은 청년가구주가구의 임대료 비율은 각각 18.54%와 36.19%로 약 2배 가까운 차이를 나타냈다.

유럽에서 가장 집값이 비싼 도시 런던, 런던의 월세는 런던 노동자 거의 한 달 월급과 맞먹을 정도로 비싸다고 한다. 이에 따라 런던의 젊은 세대들은 주거공간을 여러 명이서 공유하는 '셰어하우스(Share House)'를 택하고 있는 데, 몇 년 전부터 우리나라에서도 여러 명이서 한 집을 공유하는 '셰어하우스'가 인기를 끌고 있다.

이렇게 셰어하우스가 인기를 끌게 된 이유는 무엇일까? 통계청에서 발간한 KOSTAT 통계플러스 2018년 여름호에 의하면, 우리나라는 인구의 증가와 도시 집중 현상으로 인하여 주택의 양적 부족 문제를 겪고 있으며 1995년부터 2015년까지 지난 20년간 인구, 가구, 주택 변화를 보면 주택, 가구, 인구 순으로 증가율이 높았는데, 인구보다 가구 증가율이 높은 것은 1인 가구의 증가 등 가구 분화로 인하여 가구당 평균 가구원 수가 감소한 것을 의미하며, 가구 증가에 비해 주택 공급이 더 빠르게 이루어지고 있다는 것을 뜻한다. 이렇게 놓고 보면 2015년 우리나라 전국 주택 보급률은 102.3%로, 주택의 절대 부족 문제는 해결된 것처럼 보이지만 도시별로 쪼개어 보면 서울의 주택 보급률은 96.0%로 여전히 주택 보급에 문제가 있는 것을 볼 수 있다.

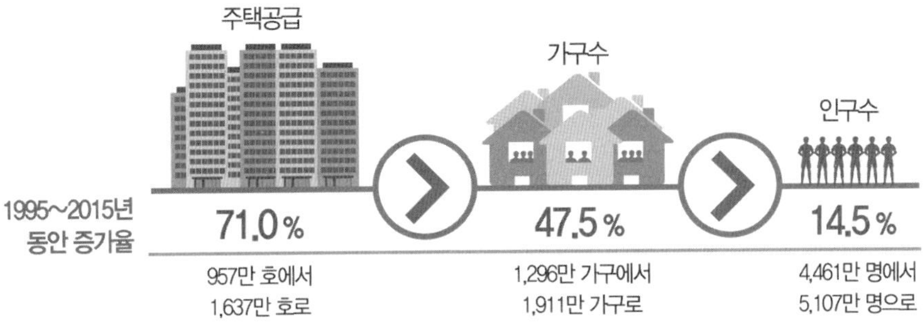

[그림 6-4] 1995~2015년 동안 주택공급 증가율

출처: 통계청(2018).

또한, 전국적으로 자가 점유율은 증가하고 있는 것으로 나타났으나 서울은 자가 점유율이 2005년 이후 감소하였고 월세 비율은 전국의 비율에 비해 높은 것을 볼 수 있다. [그림 6-5]를 통해서 보면, 서울에서 주택의 매매가격이 높은 강남구와 서초구의 자가 점유율이 1995~2015년 사이 급격히 감소하고 있는 것으로 나타났다. 강남구의 자가 점유율 하락폭은 -14.2%p로 가장 컸으며, 다음으로는 서초구(-8.9%p), 마포구(-3.0%p), 관악구(-2.7%p), 송파구(-2.5%p) 순이었다.

강남구와 서초구의 자가 점유율이 크게 하락한 것은 거주 목적의 매매가 아닌 투기 또는 투자 목적으로 거래되는 경우가 많기 때문으로 지난 20년간 매매가격이 높은 지역일수록 살기 위한 목적보다 사고파는 상품으로서의 특성이 강해지고 있어 이에 따라 강남구는 자가 점유율이 감소하고, 월세 점유율이 지속적으로 증가하고 있는 추세이다.

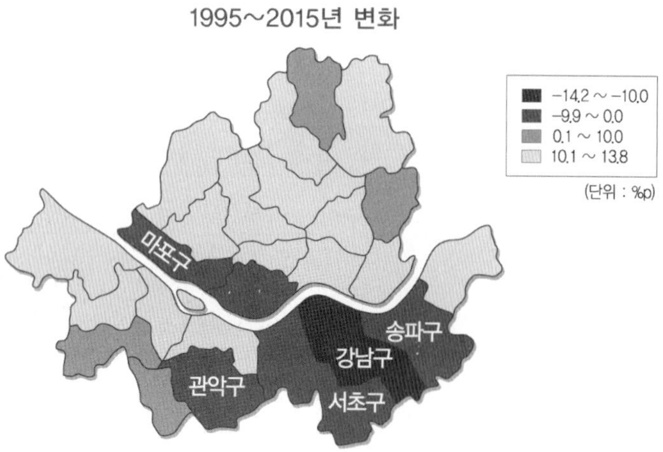

[그림 6-5] 서울시의 자치구별 자가 점유율 변화

출처: 통계청(2018).

다음으로 살펴보면 주거빈곤 문제가 가장 심각한 세대는 바로 청년층으로서, 2015년 인구주택총조사 결과에 따르면 가주주 연령이 20~34세인 청년 가구 중 29만 가구(11.3%)가 최저주거기준 미달 가구인 것으로 나타났다.

최저주거기준 미달 가구란, '주거의 안정성', '주거비의 부담 가능성', '살 만한 집인지 여부' 등을 포괄하는 개념으로 국토교통부에서 국민이 쾌적하고 살기 좋은 생활을 만들기 위해 도입한 기준으로 최저주거기준은 최소 주거면적, 전용 입식 부엌, 전용 수세식 화장실 및 전용 목욕시설 보유, 구조 성능 및 환경기준 등으로 구성되어 있다. 또한, 이런 기준을 채우지 못하는 가구와 지하 또는 옥상 거주 가구, 주택 이외의 기타 거처(오피스텔 제외) 거주 가구를 포함하는 주거 빈곤 상태에 있는 청년 가구는 총 45만 가구(17.6%)에 달하는 것으로 나타났다.

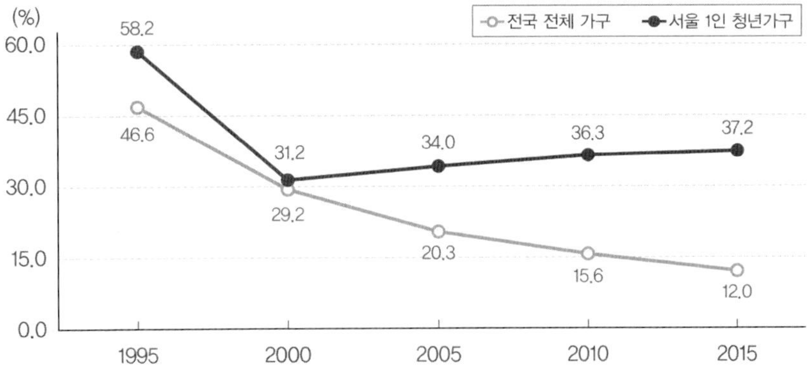

[그림 6-6] 전국 전체 가구와 서울 1인 청년가구의 주거빈곤 가구 비율 변화

출처: 통계청(2018).

이에 국토교통부에서는 대학생과 청년층을 대상으로 주변 시세 절반 수준의 저렴한 임대료로 살 수 있는 '사회적 주택'을 공급하였는데 물론 이 정책 하나만으로 수도권 지역 청년 가구 주택 문제를 해결할 수는 없겠지만 2021년 1월 들어서 정치권에서도 청년주거 문제에 대해 관심을 보이는 것 같다. 국회 국토교통위원회 소속 심상정 정의당 의원(경기 고양갑)이 주거급여 대상 범위를 2배로 확대하고 부모와 떨어져 사는 청년, 영주권을 가진 외국인 · 이민자도 대상에 포함하는 '주거 급여법 일부 개정법률안'을 대표 발의했다.

개정안은 우선 주거급여 선정기준을 현행 중위소득 43%(실적용 45%)에서 60%로 상향해 대상 가구를 확대했다. 19~29세 청년 가운데 취업과 학업 등 이유로 부모와 떨어져 사는 개별가구도 주거급여를 받을 수 있도록 했다. 이어 "특히 취업난에 불완전 노동을 전전하는 청년들은 주거비를 감당할 수 없는 빈곤을 겪고 있다"며 "시급히 주거비 지원을 늘려야 한다"고 강조했다.

3) 청년 고용문제

2018년 어느날 서울 신문에 우리와 가까운 일본의 청년문제를 실은 기사를 읽게 되었다.

기사제목은 '[2018 청년 빈곤 리포트-D급 청춘을 위하여] 日 청년실업률 줄었지만… '넷카페 난민' 10년째 그대로'이었다. 이 기사를 쓴 기자의 글을 인용, 재구성하면 다음과 같다.

'24년 만에 최고 고용율을 달성한 일본에선 여전히 가난한 청년들이 1평도 채 안 되는 넷카페를 옮겨 다니며 하루 방값 1만 6,000원을 내며 살고 있으며, 일자리를 구해도 낮은 임금과 고용 불안정성에 시달리며 2010년 국제통화기금(IMF)의 구제금융을 모범적으로 극복했다는 아일랜드 역시 청년들이 참다못해 거리로 나왔다'라는 것이다.

저자는 2014년 일본을 방문할 기회가 있었다. 오사카에서부터 일본 여러 지역의 사회복지기관 및 시설들을 방문했다. 그런 일본에 청년들이 한 평도 안 되는 공간에 컴퓨터 한 대와 얇은 매트리스 한 장이 놓여 있고, 몸을 뒤척이면 팔과 다리가 벽면에 부딪힐 만큼 좁은 공간에서 하룻밤 이용료 1,600엔(약 1만 6,300원)을 내고 숙식을 해결하고 있다는 것이다. 이곳을 넷카페라고 부른다고 한다. 넷카페가 처음 등장할 때만 해도 우리나라의 PC방 같은 역할을 했으나 2000년대 중후반부터 하나둘씩 집 없는 일본 청년들이 이곳에서 둥지를 틀기 시작했고, '넷카페 난민'이라는 말까지 등장했다고 한다. 2007년 당시 경제 위기의 여파로 기업에서 파견 노동자로 일하던 청년들이 대량 해고되자, 고향에 돌아가지 못한 청년들이 넷카페에 남은 것이다. 한국에는 '지옥고'(반지하 · 옥탑방 · 고시원)가 있다면, 일본에선 넷카페가 있다는 현실에 마음이 너무 무겁다.

문제는 경기가 호전됐다는 일본의 청년들도 넷카페를 전전하고 있다는 점이다. 청년 실업률은 2007년 7.7%에서 지난 8월 4.1%까지 절반 가까이 내려갔지만, 청년의 삶은 나아지지 않고 낮은 임금과 장기간 노동, 높은 고용 불안정성은 그대로이기 때문이다. 도쿄도 집계를 보면, 13.5%만이 실직 상태였고 나머진 86.5%는 직장이 있었다. 파견직

(34.7%)과 아르바이트(35.5%), 계약직(4.4%) 등 비정규직이 74.6%였으며, 자영업자는 5.2%, 정규직은 4.5%였다. 연령대별로 보면, 30대 연령층이 39%로 가장 많았고 50대가 29%, 40대가 17% 순이었다. 39세 이하 청년은 50.8%였다.

세계 곳곳에서 신음하는 가난한 청년들의 현실을 보고 대안을 모색하고자 일본, 아일랜드, 프랑스를 찾았던 기자가 보고한 노동시장 현황은 [그림 6-7]과 같다.

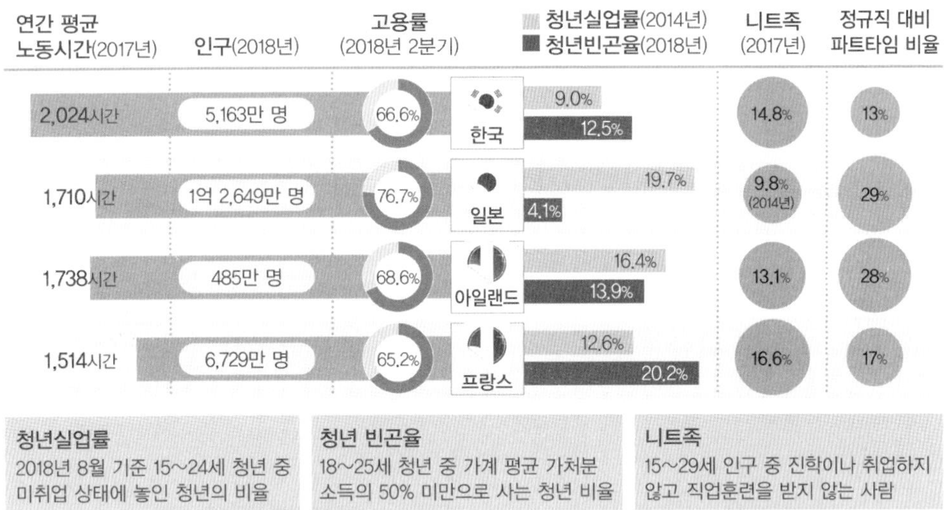

[그림 6-7] 한국, 일본, 아일랜드, 프랑스의 경제 및 노동시장 현황

출처: OECD, 각국 통계청, 국회예산정책처

일본정부 차원에서도 대책을 마련 중이긴 하겠지만 한국도 비정규직에서 일하는 청년들의 비중이 높은 만큼 영세자영업을 운영하는 분들에게는 재정적 어려움이 크게 따르겠지만 최저임금을 올리거나 불안정한 일자리가 개선되지 않는다면 청년 고용 및 주거 문제는 해결되기 어렵다고 판단된다.

결국, 2017년 한국의 현실은 지난해 만 60세 이상 고령층 취업자 수가 15~29세 청년 취업자 수를 사상 처음 앞질렀다. 한국 사회가 청년 실업과 노인 빈곤 문제에 효과적으로 대응하지 못하면서 '백수 청년'이 늘어나고 저소득층 노인들이 저임금 일자리로 내

몰리는 악순환이 반복된 결과다.

2018년 01월 28일 통계청에 따르면 2017년 국내 전체 취업자 가운데 고령층 취업자는 413만 8,000명으로 전체 취업자의 15.6%에 이른 반면 청년 취업자는 397만 3,000명으로 전체의 15.0%에 그쳤다. 1963년 관련 통계가 작성된 이후 고령층의 취업자 수와 취업비율이 청년층을 앞지른 것은 이번이 처음인 것이다.

노인 빈곤이 심해지면서 고령층은 일자리의 질을 가리지 않고 취업하는 추세다. 2016년 국내 고령층의 절반에 가까운 46.5%가 같은 연령대 소득의 절반도 못 버는 빈곤 상태다. 경제협력개발기구(OECD)가 밝힌 한국의 65세 이상 노인 빈곤율은 2012년부터 최근 통계가 나온 2015년까지 매년 OECD 1위였다. 특히 OECD가 지난해 10월 발간한 '불평등한 고령화 방지' 보고서에 따르면 76세 이상 한국 노인의 빈곤율이 OECD 평균의 4배에 달했다.

그렇다고 고령층이 만족한 일자리에서 종사하는가? 그렇지 못한 현실이 더욱 안타까울 뿐이다. 퇴직 후 간신히 구한 일자리는 대체로 임금과 복지 수준이 낮다.

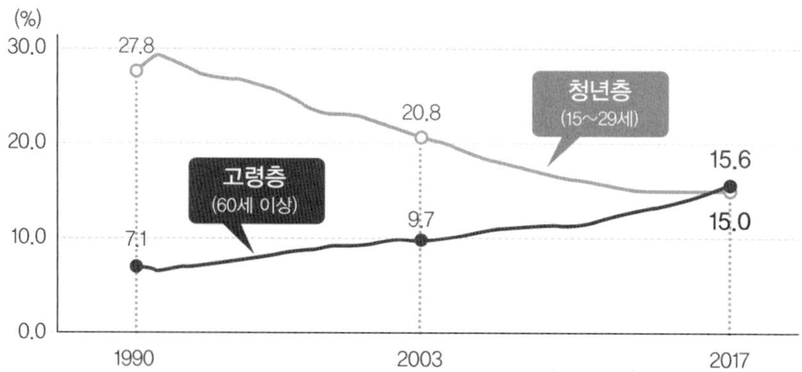

[그림 6-8] 고령층과 청년층 취업자 비율추이(전체 취업자 대비)

출처: 통계청

반면 청년층은 도전할 만한 일자리 자체가 적다. 2000년 이후 8%대를 오가던 국내 청년실업률은 2014년 9.0%로 뛰었고 지난해에는 사상 최악인 9.9%에 이르렀다.

지난해 고령층 취업자 수가 청년층 취업자 수를 넘어선 현상의 이면에는 일하기 싫어도 일할 수밖에 없는 고령층과 일하고 싶어도 자리가 없는 청년층의 고민이 동시에 반영된 셈이다.

고령층 취업자가 늘어나는 것은 한국 경제의 역동성을 떨어뜨리는 요인이 될 수 있다. 상대적으로 활발하게 경제 활동에 나서야 할 청년들이 일자리 시장에서 배제되면서 결혼과 출산에도 부정적인 영향을 주고 있다. 문제는 저출산 고령화 추세를 감안하면 고령층 취업자가 청년층을 넘어서는 역전 현상은 점점 심해질 가능성이 높다는 것이다. 정부가 2008년 청년 인턴제 도입, 2010년 청년 해외취업 활성화, 2013년 고졸취업 강화 등 굵직한 청년실업 대책을 내놨지만 가시적인 성과를 내지 못했다. 젊은이가 장기간 일해야 할 좋은 일자리보다 고령층이 대처하고 있는 질 낮고 열악한 일자리만 늘고 있는 지금의 상황에서 일자리 구조 자체에 대한 개혁에 나서야 할 것이다.

4 장애인 가족

빈곤이란 '기본 욕구를 충족시킬 수 있는 생활수단이 부족한 상태, 생활하는 데 필요한 자원이 결핍되거나 부족한 상태'를 말한다. 그리고 그러한 상태에 처한 사람을 빈민이라고 말한다. 빈민은 기본 욕구를 어떻게 파악하느냐에 따라 범위가 달라질 수 있다. 장애인이 소득빈곤을 겪게 되는 이유는 손상 때문에 자본이 요구하는 형태의 노동 수행에 있어서 비장애인들보다 효율적이지 못하기 때문이다. 그런데 장애인의 손상은 완치가 불가능한 것으로서 평생 짊어지고 살아야 하는 것이므로 이러한 손상의 문제는 장애인의 통제를 벗어나는 것이라고 하겠다. 그러나 장애인의 소득빈곤을 사회적 환경의 측면에서 설명한다면, 장애인에 대한 편견과 낙인 때문에 고용주들이 장애인의 고용을 꺼리곤 하는데, 이것은 장애인의 취업기회에 직접적으로 영향을 미치는 것이고, 이에 따라 장애인들의 노동대가도 낮게 책정될 것이기 때문이다. 이렇게 본다면 장애인들의 손상 그 자체와 이에 따라 당하는 사회적 불리를 노동시장의 고용환경 측면에서 본다면 장애 그 자체가 빈곤의 원인이라고 할 수 있다.

한국보건사회연구원(1995)의 조사에 의하면 극빈층 비율이 비장애인 가족은 28.2%이나 장애인 가족은 2배인 56.1%나 되며, 비교적 경제적으로 안정되어 있는 가구의 비율은 장애인 가족이 4.1%로 비장애인 가족(8.3%)의 반에도 미치지 못하는 상황이다. 극빈층으로 내려갈수록 장애인 가족의 비율이 높아지고 있다는 사실을 통하여 우리 사회에서 장애가족과 빈곤이 매우 심각한 수준임을 알 수 있지만 현재 빈곤 장애아동 가족에 대한 정책 뒷받침은 매우 미흡한 수준이다.

DOE(1997)에 의하면, 빈곤 가족에 속하는 아동의 수가 증가할수록 치료 특수교육이 필요한 장애아동의 수도 증가하고 있다. 이는 빈곤과 장애가 높은 상관관계가 있다는 것을 입증하는 것으로, 소유와 비소유, 평등과 불평등을 비롯하여 빈곤의 특성, 문화요인 등과 같은 사회 요건들이 어떤 방향으로 변화하는가에 따라서 아동이 직면할 수 있는 장애위험의 유형 정도를 바꿀 수 있다는 것을 의미한다(Seelman & Sweency, 1995).

1) 장애인 가구와 빈곤실태

장애아동과 그 가족이 직면한 빈곤실태를 경험 자료를 통해 살펴보면 2000년 2/4분기에 우리나라 장애인 가구의 월 평균 소득은 108.21만 원으로 도시근로자 가구소득 233.1만 원에 비하면 46.4%에 불과하며, 장애인가구 생활보호상자의 비율은 13.7%로서 비장애인가구의 생활보호상자 비율 2.6%에 비해 5배 이상 높은 실정이다. 생활 보호상 장애인가구 구성비 분포가 가장 높은 집단은 거택보호상(6.8%)이며, 그다음이 자활보호이고, 한시적 보호대상자의 비율이 가장 낮은 경향을 보이고 있다.

현재 국제적으로 장애아동과 빈곤의 관계에 대해 중점적으로 연구를 하고 있는 실정이며, 미국의 경우 전반적인 빈곤율은 1993년 이래 감소하고 있으나 가족구조 면에서 자녀가 3세 또는 6세 미만인 가족에게서는 여전히 높은 비율을 나타내고 있다. NCCP(National Center for Children in Poverty; 2003)에 의하면 2001년에 3세 미만인 아동의 빈곤율은 다른 연령층의 아동에 비해 80%나 더 높은 비율을 나타내었다. 그리고 전체적으로 5명의 아동들 중 2명은 빈곤계층에 속하거나 빈곤의 사각지대에 놓여 있는 것으로 파악되고 있다(정영숙, 2004).

2019년 7월, 31년만의 장애인정책의 변화로서 "장애등급제 단계적 폐지"가 시행되었지만 장애인과 가족들의 삶에서 구체적 변화를 느끼기 어려운 현실이다. 장애인서비스 종합 판정도구를 마련하여 2019년 7월 일상생활지원, 2020년 이동지원, 2022년 소득·고용지원에 단계적으로 도입하겠다는 내용이다. 현재 도입된 '서비스 지원 종합조사'는 현재 일상생활지원 영역(활동지원 등 5개 사회서비스)에 적용되고 있다. 정부는 "장애인 서비스의 지원수준을 결정하기 위한 것"이며, "신청인의 일상생활 수행능력, 인지·행동특성, 사회활동, 가구환경 등을 종합적으로 평가"함으로서 "꼭 필요한 대상자를 지원"하겠다고 밝혔다. 하지만 활동 지원제도의 경우 장애인 당사자가 자신의 '무능'을 입증해야 하는 기존 '인정조사'와 크게 다르지 않으며, 여전히 의학적 관점이 유지되고 있다. 종합조사의 피해사례가 계속 발생하고 있으며, 특히 서비스를 필요로 하는 최중증장애인에게서 피해가 발생하고 있다. 또한 종합조사를 기준으로 '거주시설 입소' 기준을 두며 여전히 '시설입소' 중심의 정책이 계속되고 있다.

2) 빈곤이 장애아동에게 미치는 영향

빈곤은 어느 시대 어느 사회를 막론하고 늘 사회 이슈가 되어 왔다. 특히 이러한 빈곤이 장애아동이나 그 가족과 연결되어 있을 경우 문제는 더욱 심각해진다. 왜냐하면 장애아동가족이 빈곤계층으로 편입될 가능성은 다른 어느 집단보다도 크고 실제로 우리나라뿐 아니라 외국의 경우에도 빈곤계층 가운데 장애가족의 비율이 가장 높기 때문이다. 그리고 장애아동 부모는 장애아동을 돌보기 위해 경제활동을 못하는 경향이 있고, 그로 인한 경제 빈곤과 더불어 사회 심리 빈곤문제를 동시에 안고 있다.

빈곤은 정상아동뿐 아니라 장애아동의 성장과 발달에 결정적인 영향을 미치고 있다는 것이 최근 연구결과들에서 증명되고 있다. 퍼거슨(Ferguson, 1991)의 연구에 의하면 학급 수는 8 %, 교사의 자질은 43% 영향을 미치는 데 비해 소득, 부모의 학력 등과 같은 가족요인은 아동의 성취도에 49% 영향을 미치는 것으로 나타났으며, 정상아동은 16 %만이 빈곤계층에 속하는 데 비해 장애아동은 28%가 빈곤계층에 속하는 것으로 파악되었다. 이러한 결과는 아동의 성장과 발달을 저해하는 위험요인들 중 가장 중요하며 시급한 사회문제로 대두되는 요인은 빈곤이며, 이제 빈곤이 교육 서비스나 장애인 복지정책에서 더 이상 이차적인 문제로 다루어질 것이 아니라 가장 시급한 현안 과제로 다루어야 한다는 것을 시사한다(정영숙, 2004).

3) 장애인 가족과 경제문제

장애아동 가족이 직면하고 있는 문제는 매우 다양하나 그중 가장 큰 비율을 차지하는 것이 경제 문제라는 것과 과다한 장애자녀의 추가지출은 타 항목의 소비지출에 영향을 미쳐 가족 내 불평등을 초래한다는 점이 지적되어 왔다. 그리고 소득 수준을 넘어선 과다지출은 장애아동 가족을 빈곤계층으로 전락시키고 상대적 빈곤층을 형성하는 요인으로 작용하므로 이들 가족에 대한 대책방안이 시급히 모색되어야 한다. 또한, 빈곤이 장애아동 가족을 통해 미치는 인적비용(human cost) 이외에 빈곤을 방치할 경우 사회가 치르게 되는 경제 비용은 추정할 수 없을 정도로 많다. 만약 많은 아동이 지속으로 빈곤한 환경에서 성장하게 되면 노동시장에서 막대한 비용을 생산성과 경쟁가격이란 측면에서 치르게 될 것이다. 그리고 빈곤아동의 비율은 소득불균형이란 문제와 서로 얽히게 될 것이며 그로 인해 인적 비용 교육 서비스와 관련하여 긴급한 사회적 이슈로 인식될 것이다.

장애아동 가족의 빈곤문제는 가족성원들 스스로가 해결해야 하는 빈곤의 문제로 지적될 수 있지만, 사회구성원으로서 타인과 비교되어지는 상황에서 경험하는 상대적 빈곤감과 가족이 살아가는 데 필요한 최저생계비로 추정된 주관적 빈곤감이 이들 가족생활에 더 많은 영향을 미치기 때문에 정책적 배려가 요구되는 부분도 상당히 많다.

다시 말해, 가족 내 장애아동의 출현으로 인한 교육 양육불안감과 소득의 파행지출 가능성에 따른 경제적 위기감 등이 가족구성원들에게 파급되면 장애자녀를 둔 단위가족과 사회 전체 구성원들의 복지를 저해하는 요인이 될 수 있기 때문에 결국 이들 빈곤 장애아동 가족의 경제 문제는 단순한 물질 요소의 결핍에서 그치는 것이 아니라 심리적·정서적 요인으로 인한 가족해체의 복합 문제로 확대되어 나타날 수도 있다. 따라서 빈곤 장애아동 가족의 성원들이 경험하는 빈곤뿐 아니라 상대적 빈곤과 주관적 빈곤 수준을 파악하고 그로 인해 파생되는 문제를 해결할 수 있는 실천 방법을 모색하고 빈곤에서 벗어날 수 있는 대안에 대하여 논의하는 것은 당시의 시대적 근거를 지닌 연구 과제라 할 수 있다.

5 모자가족

빈곤층에 편입될 가능성이 큰 경제 취약계층이며, 주요 빈곤 집단의 하나로서 모자가족을 들 수 있다. 모자가족은 여성 혼자서 자녀를 양육하며 동시에 생계를 이끌어가야 한다는 점에서 다른 집단보다 빈곤에 빠지기 쉬우며, 이러한 현상은 실증적 연구자료에 의해 입증되고 있다. 보건복지부(2000) 조사에 의하면, 극빈층이라 할 수 있는 생활보호 가구의 경우 모자가구 가족의 비율이 1990년 45.6%, 1995년 52.8%로 매우 높게 나타나고 있으며, 또한 그 비율은 계속으로 증가하는 추세이다.

더욱 심각한 문제는 장애아동을 가족 구성원으로 포함하고 있을 경우, 여성 가구주 가족은 양모가족에 비해 빈곤층에 속할 개연성이 월등히 더 높다는 것에 있다. 이러한 양상은 우리나라뿐 아니라 세계적 현상이기도 하다. 미국은 확률적으로 장애아동을 포함한 여성가구주 가족이 빈곤층에 편입될 가능성이 양부모가족에 비해 5배나 더 높은 것으로 악화되고 있으며 빈곤과 가족구조라는 측면에서 볼 때 문제는 대부분이 여성가구주 가족이라는 것이다(Dalaker & Naifeh, 1998).

이러한 양상은 우리나라에서도 같은 모습을 보이고 있다. 우리의 상황을 반하는 연구결과를 살펴보면, 이혼, 별거, 사별 등으로 인해 형성된 여성 가구주 가족이 장애아동이 출생한 다음 형성된 것인지 아니면 그 이외에 이미 여성가구주 가족으로 구조화되었는지에 대해서는 알 수 없으나, 이들 가족의 대부분이 재빈곤계층에 편입되어 있다는 점에 주의를 기울여야 할 것이다. 양부모가족에 비해 모자 가족이 경험하는 빈곤감은 전반적인 소득 수준에 의해서 발생하지만 가족 성원 가운데 장애인을 포함함으로 인해 경험하는 부정적인 사회적 환류(fee dback)로 인하여 사소한 자극에도 민감해지는 취약성을 갖고 있으며 준거집단과의 비교에 있어서 지극히 작은 영역일지라도 큰 영향을 받게 되므로 이들이 인지하게 되는 빈곤은 다른 집단보다도 심각한 수준일 수 있다.

모자가족과 장애위험과의 강한 상관관계는 1983년 자료와 1996년 자료에서 일관되게 보여지고 있다. 모자가족일 경우 아동이 장애에 직면할 확률은 일반가족에 비해 1983년에는 55% 더 높았고 1996년에는 88% 더 높았다. 그리고 1996년 자료를 분석한 결과에서는 빈곤가족의 아동이 장애에 직면할 확률은 일반가족에 비해 86% 더 높은 것으로 판명되어 빈곤이 장애위험 장애 유무를 예측하는 중요한 변수라는 것을 시사하고 있다.

한국의 자료를 적용하여 빈곤 가족구조가 아동의 장애 유무와 관계가 있는지를 분석한 결과 두 요인과 아동의 장애 유무와는 유의한 관계를 가지는 것으로 파악되었다.

우리나라와 미국의 자료를 분석한 결과가 제시하는 것은 아동의 장애위험이 빈곤가족과 편부모가족 특히 여성가구주 가족에게서 더 뚜렷하다는 것이다. 그럼에도 불구하고 전통적으로 장애 관련 연구에서 빈곤과 가족 유형은 통제변인(control variable)으로만 간주되었으며 독립된 유의변인으로 고려되지 않았다. 장애정도 패턴을 예측하는 데 있어서 가족 유형이란 변인의 중요성과 동 변인들이 가지는 빈곤과의 관련성은 아동건강 발달과 같은 맥락에서 분석되어야 한다.

우리나라에서 가족구조 소득계층이 아동의 장애 정도에 미치는 영향력을 구체적으로 살펴보면 양부모가족의 경우 단순히 아동의 성장과 발달이 평균에 비해 다소 늦은 경향이 있다고 인지한 비율이 24.0%인 데 비해 여성가구주 가족은 동 비율이 30.3%로 다소 높은 분포를 나타내었다. 그러나 이러한 지체현상을 보이는 아동도 적절한 환경을 조성해 주면 대부분의 아동이 정상적인 성장과정을 거치게 되나 그렇지 못할 경우 지체되는 정도가 더 심화될 수 있다. 가족구조에 따라 장애아동이 출현할 개연성은 분명한 차이를 보이고 있는 데, 양부모 가족의 경우 100명의 아동들 중 3명 정도는 장애로 분류되는 경향이 있는 데 비해 여성가구주 가족은 그 경향성이 6.5%가 넘는 것으로 파악되었다. 소득계층에 따른 차이를 비교해 보면 비빈곤 가족에 비해 빈곤가족의 아동이 단순한 발달지체뿐 아니라 장애아동이 출현할 확률도 더 큰 것으로 나타나 집단 간 차이를 보이고 있다. 이를 표로 나타내면 다음과 같다(정영숙, 2004).

〈표 6-8〉 가족구조 및 소득계층과 아동의 성장 정도: 한국

요인	정상성장	발달지체	장애	전체
가족구조				
양부모가족	73	24	6.5	100
모자가족	60.5	30.3	3.0	100
소득계층				
비빈곤층	74.6	22.5	2.9	100
빈곤층	62.2	32.4	5.4	100

빈곤은 대표적인 사회문제의 하나로서 지속적으로 제기되고 있는 이슈이다. 특별히 공공부조의 수급자, 노인, 근로빈곤과 더불어 여성빈곤 문제는 빈곤 연구에서 빈번하

게 다뤄지고 있는 주제 중 하나이다. 이것은 실제로 1998년 이후 국내 학술지에 게재된 빈곤 연구에서 여성빈곤을 다룬 연구가 전체의 약 17%를 차지하는 것을 통해서도 확인할 수 있다(김교성, 2010).

이와 같이 빈곤연구에서 여성빈곤이 차지하는 비중이 높다는 것은 현실에서 그만큼 여성빈곤 문제가 심각하다는 것을 반영한다. 이러한 여성빈곤의 심각성은 한국 사회에서 전개되고 있는 빈곤의 여성화에 관한 실증분석에서 나아가 연령대(cohort) 혹은 생애 사건들을 중심으로 구체적으로 다뤄지고 있다. 그런데 여성빈곤을 분석한 연구들을 보다 면밀히 살펴보면, 두 개의 흐름이 존재함을 발견할 수 있었다. 첫 번째 흐름은 기존의 주류 빈곤연구와 유사한 맥락에서 여성빈곤 문제를 바라보는 것이다. 이러한 연구에서는 대표적으로 소득을 중심으로 빈곤을 양적으로 측정하여 가시화함으로써 여성빈곤의 심각성을 드러내고 있다(석재은, 2004; 홍백의 · 김혜연, 2007).

우선, 소득이나 소비와 같이 물질적 생활수준으로 빈곤의 범위를 국한한다 하더라도 동일하게 소득을 공유하는 것으로 가정되는 가족 안에서도 성별에 따른 차등적 자원분배가 이루어지고 있기 때문이다. 이혼 이후 여성이 경험하는 소득급락과 빈곤문제가 바로 가족 내 소득 분배가 불평등했음을 반영하는 것이다(Avellar & Smock, 2005; Manting & Bouman, 2004).

이와 같이 가족 내 성별에 따른 불균등한 자원 분배는 핵가족뿐만 아니라 가부장제하에 원가족 안에서부터 발생하며 임금노동시장과 가족관계의 중첩 속에서 끊임없어 재생산된다(Tarkowska, 2002; Fodor, 2006). 또한 단순히 연령대를 중심으로 여성빈곤 문제에 접근하는 것도 젠더 측면을 충분히 고려했다고 볼 수 없다. 연령에 기초하여 여성빈곤을 분석할 경우 노인 이외에 빈곤에 특별히 취약한 여성을 분석하기란 쉽지 않다. 그러나 여성의 경우 연령에 따라 생산과 재생산의 분배를 결정하기보다는 생애단계, 가족을 둘러싼 사건들을 중심으로 결정이 이루어진다.

결국 여성빈곤에 대한 관심은 분배와 같은 폭넓은 차원에 초점을 맞추어야 한다. 실제 사회복지 성취 차원에서의 결핍이나 불평등뿐만 아니라 성취를 위한 자유 측면도 동일하게 중요하다는 것을 의미한다. 결국 여성빈곤의 분석은 생애 단계를 중심으로 소득이라는 실제 성취 혹은 결핍뿐만 아니라 그것을 야기하는 과정으로서의 잠재적 측면도 함께 고려해야 한다. 소득이 있다고 하더라도 그 소득을 고정적인 지출비용으로 일정소득의 주체자인 여성 개인이 사용할 수 있는 저축이나 개인의 복지를 위한 사용선택의 폭이 낮거나 없다면 빈곤을 경험한다고 할 수 있을 것이다.

여성 빈곤 문제의 심각성을 드러내는 가장 대표적인 표현은 아마도 '빈곤의 여성화'일 것이다. 빈곤의 여성화는 빈곤층 가운데 여성이 차지하는 비중이 증가하고 빈곤가구 중에서 여성가구주 가구의 비중이 증가하는 현상을 토대로 빈곤 문제를 다룰 때 젠더는 중요한 측면으로 자리매김하게 되었고, 많은 연구를 통해 빈곤의 여성화가 실증적으로 분석되었다(Brady & Kail, 2008; Pressman, 2003; Northrop, 1990; Peterson, 1987).

또한, 그동안의 여성빈곤 연구들을 고찰해 보면 기존 빈곤 관련 연구들과 같이 빈곤을 정의하고 측정하는 기준으로서 소득을 강조하고 있다. 소득은 빈곤을 측정하는 중요한 척도이기도 하지만, 소득을 가지고 빈곤의 여성화를 볼 때 여성에게 빈곤은 단지 저소득 자체가 아니라 자원 접근에서의 불평등이나 제한된 사회선택의 문제를 총망라하는 것이다(Bessell, 2010; Chant, 2006; Fukuda—Parr, 1999).

그러나 문제점도 없는 것은 아니라 사려된다. 기존의 여성 빈곤 연구에서는 여성가구주의 이슈 중심으로 논의가 전개됨에 따라 가족 내 젠더 관계가 여성 박탈에 미치는 부분이 상대적으로 간과된 측면이 없지 않다고 본다.

그에 따라 탈빈곤 감소 노력을 여성가구주 혹은 여성에게 초점을 맞추어서 여성의 역할과 책임을 과도하게 확대하는 역할을 하여 오히려 여성 삶의 선택을 제한시키는 문제를 낳고 있다. 그러나 여성빈곤의 해결에서 보다 중요하고 근본적인 문제는 젠더 관계의 변화이다.

이에 여성 빈곤연구는 가구 생존을 위하여 남성에 비해 보다 다양화되고 심화되고 있는 여성 노동의 현실을 고찰해 보도록 해야 한다. 실제로 기존 연구에서는 가구 빈곤을 해결해 나가는 과정에서 빈곤 여성들의 총 노동시간이 매우 길기 때문에 사회활동이나 교육 훈련, 여가 시간이 짧으며, 성별(性別) 격차가 더 큰 것으로 보고하고 있다

(Hirway, 2010; Burchardt, 2008).

인구학적 특성을 중심으로 볼 때, 학력이 낮고 연령이 높을수록 여성이 빈곤을 경험할 가능성은 증가한다(홍백의 · 김혜연, 2007). 특히 여성노인의 빈곤문제는 전체 노인집단 안에서뿐만 아니라 빈곤집단에서도 큰 비중을 차지하며, 우리나라의 경우 여성가구주의 빈곤보다 여성노인의 빈곤이 보다 심각하다고 분석되고 있다(김수정, 2008).

또한, 배우자와의 별거, 이혼, 사별 등으로 인해 홀로 여성가구주를 형성할 경우 빈곤의 위험은 더욱 증가할 것이다.

최근의 연구에서는 가구 내 남성 배우자가 존재함에도 불구하고 여성이 실질적인 생계부양자의 역할을 수행할 경우 빈곤 문제가 심각한 것으로 나타났다(노혜진 · 김교성, 2010).

가족의 상호작용은 삶의 정서적 · 경제적 · 비시각적 요소들로 특징지을 수 있다. 가족의 상호작용의 지표로는 가족의 일상인 일, 가족구성원 간의 관계, 역할, 정서적 분위기, 대화, 행동 등이 포함된다. 이러한 지표 영역은 부모 아동 간의 상호작용과 그 외 다른 가족구성원 간의 상호작용에 적용된다.

부모 아동 간에 형성되는 상호작용은 아동에게 신뢰감과 안정성을 심어 준다. 빈곤은 부모로 하여금 아동과 긍정적인 상호작용을 할 수 있는 능력을 제한하는 경향이 있다. 맥리오드(McLod)와 샤나한(Shanahan)에 의하면 빈곤한 부모의 부정적인 정서 상태는 아동양육에 있어서 일관성이 결여된 언행을 사용하게 하고 아동에게 긍정적 사고를 심어 주기보다 부정적 사고를 심어 주게 된다고 한다. 뿐만 아니라 부모는 양육과정에서 아동에게 둔화된 감수성과 낮은 만족도를 보이고 회피적이고 강압적인 양육 방법을 사용하는 경향이 있다. 그럼에도 불구하고 빈곤한 부모의 부정적인 양육 방법에 대해 사회적으로 비난을 할 수 없는데 그 이유는 빈곤한 부모와 아동은 어떻게 보면 경제적 · 사회적 불평등의 희생자들이기 때문이다(정영숙, 2004).

6 노인가족

전통사회에서 우리 사회 노인들은 농경시대의 필수적인 풍부한 경험 지식을 전수하며 자녀와 지역사회의 존경과 공경을 받았었다. 그 이후 한국전쟁과 지극히 가난했던 시절을 견디어 내면서 자녀의 부양과 사회적 존중을 받을 권리가 있는 존재로 인식되었다. 우리 사회에서 노인은 의존할 수밖에 없으며, 또한 의존할 자격이 있는 존재로 인정되었다. 그러나 자본주의의 확산과 가족 해체, 1인 가구의 증가, 가부장제의 쇠퇴는 노인의 존재 자체와 부양에 대해 사회적 부담으로 인식하기 시작하였다.

이와 같은 노인에 대한 부정적인 사회적 인식과는 상반되게 의학의 발전과 평균수명 연장 등으로 인해 노인인구가 차지하는 비중이 급격하게 증가하며 우리나라의 고령화 속도는 빠르게 진행되고 있다.

노인인구의 급격한 증가와 더불어 가부장제의 위축에 따른 가족관계 및 부양의식의 변화, 전통적인 유교주의 대신에 자리 잡은 자본주의와 개인주의적 성향의 강화에 따른 사회적 관계의 약화 등의 복합적인 작용으로 인해 홀로 살아가는 노인가구의 수가 날로 증가하고 있다. 이와 같은 독거노인의 증가는 사회적 소통의 단절, 건강과 사회적 관계 측면의 취약성에 대한 우려와 함께 중요한 사회문제가 되고 있다.

특히, 빈곤한 독거노인들에게 있어 경제적 궁핍과 함께 독거는 그들의 건강에 의미 있는 영향을 미친 삶의 조건이라고 볼 수 있다. 가난하게 혼자 살아가고 있는 노인들이 경험하는 건강 악화는 평생에 걸친 힘든 육체노동의 총체적 결합에 의한 노화에 따른 것에 더해진 지나온 생애 전반의 과정에서 누적된 결과로 인식할 수 있다.

인구의 고령화현상이 지속되면서 늘어나는 노인에 대한 빈곤과 지원의 문제가 사회적인 관심사가 되고 있는 것은 주지의 사실이다. 이미 인구구조의 고령화가 급격히 진행되고 있는 우리나라는, 지난 2000년 전체인구 중 65세 이상의 인구가 7%선을 넘어선 고령화 사회가 되었고 향후 2~3년 안에 고령사회(노인인구 14% 이상)로, 그리고

2020년경이면 초고령사회(노인인구 20% 이상)로 진입할 예정이다. 우리나라의 경우 고령화 현상의 문제가 특별히 심각한 것은 선진국과 달리 저출산 기저(基底)가 장기화되어서 향후 노인을 부양하는 인구, 즉 생산 가능한 인구도 급속도로 줄고 있기 때문이다. 이는 경제활동의 제약과 소득의 불안정, 의료비나 소비의 지출증가로 인한 가계수지의 악화 등으로 인해 노인 스스로 느끼는 어려움과 함께 부양부담을 안게 되는 경제활동기의 청년들의 빈곤 문제와 연결되어 있다는 의미에서, 노인빈곤에 대한 효과적이고 시의성 있는 정책적 대책은 복지국가를 지향하는 우리 사회 모든 세대, 계층의 공통적인 당면과제가 되었다. 우리나라의 노인빈곤율은 OECD 평균이 12.8%인 데 반해 한국은 2000년 대 중반 45%에서 47.2%로 증가하였고 이는 OECD 국가 중 가장 높은 수준이다. 노인 빈곤 수준이 이처럼 높은 이유는 공적연금의 기능이 제대로 작동하지 않은 데 기인한 점이 매우 크다. 우리나라의 경우 공적연금시스템이 1988년에야 도입되었고, 1999년에야 비로소 전 국민으로 확대되었기 때문이다. 향후 공적연금시스템이 제 기능을 발휘하게 되면 빈곤한 노인의 수는 점차 감소하겠지만 지금 노인 연령대의 빈곤 문제에 대한 뾰족한 대책이 없는 것이 문제이다.

자신의 일생에서 함께 한 가난으로 인해 경험한 질곡 많은 삶과 가족 해체, 가슴앓이 등이 빈곤한 독거노인들의 건강과 건강관리행위에 부정적인 영향을 미치고 있는 것이다. 또한 이들은 빈곤의 대물림으로 자신의 자녀들도 경험하고 있는 경제적 어려움, 이혼, 파산 등의 생활여건으로 인해 부양을 기대할 수 없는 삶을 안고 있기도 하다. 경제적 궁핍함은 하루 세끼 걱정과 쇠약해진 신체적 조건으로 인해 이웃과의 왕래하는 사회적 관계 형성 및 유지에 무력하게 한다(박미정, 2010).

그렇지만 노인이 혼자 살며 생활하고 있다는 것 자체가 사회문제가 될 수는 없을 것이다. 개인주의의 강화와 경제발전은 노인세대에게도 영향을 미쳐서 노인세대들의 사회적 · 경제적 지위 향상이 이루어지고 있고, 가족이나 공동체로부터 간섭받지 않고 개인의 사생활을 보장받고 싶어 하는 노인들도 존재하기 때문이다(이가옥 외, 2004; 백학영, 2004).

노인빈곤이라는 것은 본질적으로 특정한 생애 단계에서의 빈곤으로 생애 과정에 따른 변화라는 측면에서도 이 문제를 살펴볼 필요가 있다. 노인의 빈곤 위험은 성별, 연령, 결혼상태, 교육수준, 과거 노동경력 등에 영향을 받는다. 이러한 빈곤 요인들은 세대 간 이전을 통하여 고착화되는 경향이 있으며, 노인의 생애사적인 진행 과정에서 빈곤의 악순환이 반복될 가능성이 높은 것이다. 즉, 한 개인의 빈곤 여부는 개인이 속한 가족적 특성과 능력, 교육수준, 노동시장에서의 위치에 영향을 미치는 과정을 통해 결정되므로, 어느 한 시점이 아니라 전체적인 생애사적 진행구조 내에서 빈곤의 변화 과정을 살펴보아야 할 것이다.

빈곤에 대한 개념이 소득과 고용 등 주로 경제적인 측면에서 사회 문화적 차원을 포함하는 상대적 결핍 개념으로 확장되고 있다. 즉, 다차원 빈곤 접근은 소득 수준뿐만 아니라 다양한 생활영역에 대한 다차원 분석이 필요하다는 개념에서 비롯된 것이다. 한국 노인은 다차원 빈곤 중 소득 차원과 가족관계 차원에서 가장 심각한 빈곤을 경험하고 있다.

1) 노인과 빈곤

빈곤에 대한 가장 기본적인 정의는 개인이 필요로 하는 기초적인 의 · 식 · 주와 관련한 기본욕구를 충족할 경제적 자원이 부족한 상태라고 한정할 수 있다. 최근까지 노인 빈곤문제 해결을 위한 정책적 대안을 찾기 위한 연구들이 주를 이루는 상황이지만 저자는 한국 노인의 빈곤이 OECD 국가 중 세계 1위라는 오명(汚名)을 안고 있는 상황에서 노인빈곤에 대한 연구를 보다 전환적으로 제기해 볼 필요가 있다고 본다. 그 이유는 한국 고령자 집단의 빈곤연구를 보다 구체적으로 하고자 한다면 노동 능력을 상실한 노인층 외에 현재의 소득은 낮지만 기본적으로 과거에서부터 축적된 자산을 활용하여 노후생활을 누리는 상당수의 노인을 고려하여 그것을 구분할 필요가 있기 때문이다. 왜냐하면 노인가구 중 빈곤선 이하의 소득을 획득하더라도 그들이 보유한 자산 차이로 살아가는 생활수준은 상이하기 때문이다. 특히 노인 가구에게 있어서 생애기간 동안

충분하게 소비를 유지할 부(富)를 축적하였다면, 소득으로 측정한 경제적 기준은 노인가구의 경제적 상태를 파악하지 못 할 수 있기 때문이다.

즉, 그럼에도 불구하고 노인의 홀로 살아가는 삶은 상반된 풍경에 담겨 있는 데, 경제적으로 안정되고 신체적으로 건강하여 자녀에 대한 의존 없이 독립적으로 생활할 수 있는 노인들이 존재하는 반면에, 또 한편으로는 극심한 빈곤과 만성 질환을 경험하면서도 자녀 및 배우자, 지역사회로부터 적절한 부양과 보호를 받지 못하는 독거노인들이 동시에 존재하고 있다(백학영, 2004). 그중 주변으로부터 보호와 지원을 받지 못하는 독거노인은 특히 경제적으로 취약한 어려움을 경험하고 있다. 우리 사회 독거노인가구의 경우 국민기초생활수급비율이 노인세대 전체에서 15.1%로 가장 높은 비중을 차지하고 있다. 이는 노인부부 가구에 비해 약 5배가량 높은 수치이며, 자녀와 동거하는 노인에 비해서는 약 7배가 넘는 비율이다(보건복지부, 2017).

경제적으로 취약한 독거노인들의 삶은 신체적 · 정신적 기능의 저하, 사회적 관계의 부재, 취약한 주거환경 등으로 점철되어 있다. 가난하게 혼자 생활하는 노인들은 고단한 생애와 노화로 인한 만성질환으로 약해진 몸과 마음의 건강을 스스로 돌보고자 하는 의욕이 저하되기 쉽다. 또한 이들은 사회 · 심리적인 소외감과 결핍을 경험하면서 자긍심이 낮아지기 쉽고 사회의 부정적인 인식과 낙인감에 직면하며 우울감이 깊어지기도 한다(석재은 외, 2003). 그리고 노년기에 자연스럽게 축소된 사회적 관계에 추가된 빈곤과 신체적 질환은 노인들로 하여금 이웃들과의 왕래, 종교 활동, 지역사회 공동체 모임에 적극적으로 참여하는 것을 어렵게 하는 요인이 되고 있다(석희정, 2014). 이러한 사회적 관계 축소 및 단절은 독거노인들의 외로움, 고립감, 고독감, 비참함, 무력감 등에 쉽게 빠지도록 하여 우울증과 자살에 취약하게 한다(박기남, 2004). 이와 같이 경제적 궁핍, 신체적 · 정신적 건강의 약화, 가족 및 사회적 관계의 단절, 취약한 주거환경 등의 요인들은 상호작용하며 빈곤을 강화시키는 연결고리의 역할을 한다.

노인빈곤이라는 것은 본질적으로 특정한 생애 단계의 빈곤이다. 나이가 듦에 따른 근로소득 중단과 질병 발생, 가족구성 변화 등 삶의 변화에 따라 발생하는 노인기 빈곤 위험은 복지국가가 제어하고자 했던 오래된 사회적 위험이었다. 노인기 이전의 경제

상태는 노인기의 그것과 상당한 연속성을 가질 가능성이 높다(이지인 · 주은선, 2020).

한국의 경우 낮은 은퇴 연령, 은퇴에 대한 준비 부족, 비자발적 은퇴의 증가, 사회보장제도의 미비 등으로 은퇴는 개인에게 매우 스트레스를 주는 사건이다. 이는 한국의 노인빈곤 문제를 나이듦에 따른 사회경제적 지위의 유지, 개선, 악화의 가능성을 모두 고려하여 살펴볼 필요성을 제기한다. 이에 노인기 빈곤문제를 특정 시점에서의 단면뿐만 아니라, 나이 듦의 과정(Ageing)에 따른 변화에 초점을 두고 그 양상이 어떠한지 규명할 필요가 있다. 즉, 노인빈곤은 한편으로는 노인기 진입과 함께 은퇴, 소득하락을 경험하면서 급격하게 발생할 가능성도 있고, 다른 한편으로는 노인기의 빈곤은 이전 시기의 사회경제적 상태에 의해 규정될 가능성도 있다. 문제는 노인기와 이전 시기의 빈곤문제를 생애 과정을 연결시켜서 장기적으로 바라보는 시점의 연장이 필요하다는 것이다.

한국의 노인 빈곤의 원인은 급격한 가족 실태 변화로 인한 사적관계에 의한 노년기 생활 보장의 한계, 이를 보완하기엔 미비한 짧은 공적 노후소득 보장제도의 도입, 노동시장에서의 빠른 은퇴(고령자에게 불리한 노동 환경) 등이 지적되어 왔다(김경아, 2007; 여유진 외, 2012).

2) 노인 빈곤의 양상과 영향

한국 사회의 고령화가 심화되면서 제기되는 다양한 문제들 중 가장 심각하게 나타나고 있는 문제가 '빈곤의 고령화'이다. 한국 사회에서 가구 양극화는 사실상 노인(65세 이상) 가구 양극화의 문제다. 소수의 부유 · 빈곤층과 다수의 중산층이 있는 비노인 가구와 달리, 노인 가구에선 빈곤층이 절대다수다.

현재 우리나라의 노년층의 인구분포는 1970년대 현대화, 산업화, 의료기술의 발달 등으로 인하여 급속히 증가하고 있는 실정이며, 인구의 고령화 속도는 다른 선진국이나 아시아 여러 국가들에 비해 가장 빠르게 진전되고 있는 것으로 나타나고 있다. 이러한 노인 인구의 증가는 빈곤의 노령화라는 사회 문제로 연계되어졌으며, 1997년 외환위기 이전의 연구에 의하면, 노인가구와 모자가구가 빈곤율이 가장 높은 집단으로 드러났으며(박순일, 2000), 외환위기 이후에도 이 두 집단이 지속으로 빈곤층의 주류를 형성하는 것으로 알려져 있다.

1996년 가계소비실태조사 자료를 근거로 한 추정에 의하면, 65세 이상의 노인가구의 빈곤율은 약 31%이며(석재은 · 김태완, 2000), 그중에서 노인가구가 노인빈곤가구의 47%를 차지하는 것으로 드러났다. 우리나라의 노인가구 중 노인 부부만이 사는 1세대 가구 노인단독가구의 비율은 1990년 44.7%에서 1995년 59.0%로 증가하였으며, 통계청의 조사 자료에 의하면 65세 이상인 노인단독가구 수는 2001년 59만여 명, 2002년 64만여 명, 2003년 68만여 명으로 증가하였다(경향신문, 2004).

빈곤율을 언급하면서, 우리나라의 생애주기별 빈곤율을 살펴보고자 한다.

우리나라에서 빈곤율이 높은 연령은 65세 이상 고령층이다. 다음으로는 은퇴 연령인 50세 이상 중 고령층의 빈곤율이 높은 것으로 나타난다. 이에 반해 아동 빈곤율은 상대적으로 낮으며, 65세 이상 고령층에 비해서는 빈곤의 심각성이 낮은 것으로 평가된다.

실제로 중위소득 50% 기준 아동 빈곤율을 보면 시장소득 기준으로 2013년 8.4%, 2014년 7.7%로 같은 기간 65세 이상 노인의 60.6%, 62.1%에 비해 매우 낮은 수준임을 알 수 있다(정은희 · 이주미, 2015: 77, 84). 따라서 현 정부의 주요 정책도 노인빈곤 완화를 위한 기초연금 급여 수준 인상이나 노인 일자리 확대 등과 같이 노인 빈곤 완화를 위한 정책이 제안되고 있다(김태완 · 이주미, 2017).

통계청 도시가계조사와 가구실태소비조사를 근거로 한 연구 분석에 의한 우리나라 노인빈곤 특성을 살펴보면 다음과 같다(최현수 · 류연규, 2003). 먼저, 우리나라의 경우 빈곤의 노령화가 급격히 진행되고 있는 데, 2000년 노인인구의 약 1/3이 빈곤계층에 포함되며, 다른 연령집단에 비해 빈곤위험이 34배 높은 것으로 알려졌다. 둘째, 여성일수록, 학력이 낮을수록 노인의 빈곤율과 빈곤위험도가 높았으며, 노인의 경제활동참여는 노인의 빈곤층 편입을 결정하는 중요한 요인이 되었다. 셋째, 지방 소도시 농어촌 지역 노인의 빈곤율이 도시 수도권지역의 노인에 비해 훨씬 높아서 지역별 노인빈곤

격차가 두드러지며, 경제활동연령의 가구원과 동거하는 노인의 빈곤율과 빈곤위험도는 낮은 반면, 여성노인단독가구와 손자녀 등 경제활동이 불가능한 가구원과 동거하는 노인들의 빈곤율은 매우 높게 나타났다. 마지막으로, 서구 선진국과 달리 우리나라의 경우 고령노인일수록 빈곤율과 빈곤 위험도가 상대적으로 낮았는데, 이는 우리나라의 경우 노인이 고령일수록 혼자 살 가능성이 높아지지 않기 때문이라고 할 수 있다.

〈표 6-9〉 생활보호대상자 노인인구의 비율

	거택보호	시설보호	자활보호	계
총대상자(A)	330,902	76,265	798,020	1,175,187
65세 이상 (B)	124,454	9,673	116,967	251,094
B/A	41.4	12.7	14.7	21.4
B/총노인수	4.2	0.3	3.8	8.2
A/총인구수	0.6	0.2	1.7	2.5

출처: 보건복지부, 「98생활보호상자 현황분석」, 1998. 1. 1998년도 총인구 46,429,817명, 65세 이상 노인수 3,050,637명

노인 인구의 빈곤현황을 살펴보기 위해 우리나라의 공식적인 빈곤인구 파악의 대표적인 지표로 흔히 사용되어지고 있는 생활보호상자 현황 분석 자료를 참고하면 〈표 6-9〉에서 보는 바와 같다. 1998년 전체 인구 중 생활보호상자가 차지하는 빈곤율은 2.5%인 반면, 전체노인인구에 대비 노인의 빈곤율은 8.2%로 높게 나타났으며, 생활보호대상자 노인은 전체생활보호대상자의 21.4%나 되어 빈곤인구의 약 1/5를 차지하고 있다. 위의 조사 자료는 우리나라 노인의 대부분이 자구적인 노후보장책을 대비하지 못한 상황에서 노후를 맞이하는 현실과 공적인 노후보장제도의 미비를 여실히 반영하고 있다. 따라서 대부분의 노인들이 노후의 생활을 자녀에게 주로 의존하고 있으며, 그러한 여건이 여의치 않은 대부분의 노인들은 빈곤계층으로 편입되어 최저생계비에도 미치지 못하는 소득으로 열악하게 생활하고 있음을 추정할 수 있다.

2020년 10월 13일 통계청의 '가계 동향조사' 마이크로데이터(소득부문, 전국 1인 이

상 가구)를 자체 분석한 결과, 지난해 노인(65세 이상) 가구 중 가구주가 비취업 상태인 가구는 68.6%에 달했다. 비노인(64세 이하) 가구에선 비취업 비율이 15.6%에 불과했다. 특히 노인 비취업 가구의 월 평균 총소득은 114만 1,000원으로, 비노인 비취업 가구(236만 1,000원)와 비교해도 절반 수준밖에 안 됐다. 노년층에서 소득 부족은 전체 가구의 3분의 2가 겪는 보편적인 이야기다.

노인 취업 가구에선 2019년 12월 11일 국회 입법조사처가 발간한 '국제통계 동향과 분석 3호' 보고서를 인용해 보면, 우리나라 노인은 생계비 마련을 위해 경제협력개발기구(OECD) 회원국 중 가장 오랜 기간 경제활동에 참가하지만, 소득 빈곤율은 회원국 중에서 가장 높은 것으로 나타났다.

노인 경제활동참가율도 회원국에서 1~2위를 차지했다. 60대 후반에선 OECD 2위를, 70대 들어서면서는 1위로 올라섰다. 70~74세 한국 노인의 경제활동참가율은 35.3%로 OECD 평균(16.2%)의 2배를 웃돌았다. 반면 노인의 빈곤율은 43.8%로, OECD국 중 압도적 1위를 기록했다. OECD 평균 노인 빈곤율은 13.5%이고, 2위를 기록한 에스토니아(35%)도 한국과는 8% 포인트의 차이를 보였다. 노인 빈곤율은 전체 노인 중 중위소득의 50% 미만의 소득으로 생계를 유지하는 비율을 뜻한다. 2016년 기준 1인 가구의 중위소득은 월 평균 162만 4,831원으로, 노인 10명 중 4명은 약 81만 원 미만의 소득으로 한 달을 살아간다는 뜻이다.

입법 조사처는 우리나라 노인의 경제활동참가율이 높은 이유도 이처럼 노인 빈곤율이 높기 때문이라고 분석했다. 공적연금 수급률이 낮아 노인들이 일자리를 찾아 나설 수밖에 없다는 얘기다(매일경제, 2019.12.11.).

1년이 지난 2020년에는 종사상 지위에 따른 양극화가 두드러졌다. 상용근로자(근로계약 1년 이상) 가구의 소득(404만 1,000원)을 100으로 봤을 때, 상대적인 가구 소득이 임시근로자 가구는 36.9%, 일용근로자 가구는 35.9%, 자영자 가구는 43.3%에 불과했다. 소득액이 가장 많았던 고용주 가구(143.4%)와 가장 적었던 일용근로자 가구 간 차이는 4.0배에 달했다. 전체 노인 가구로 범위를 넓히면 고용주 가구와 비취업 가구 간 격차가 5.1배나 됐다(통계청, 2020).

3) 빈곤 독거노인

빈곤한 독거노인들에게 있어 경제적 궁핍과 함께 독거는 그들의 건강에 의미 있는 영향을 미친 삶의 조건이라고 볼 수 있다. 가난하게 혼자 살아가고 있는 노인들이 경험하는 건강 악화는 평생에 걸친 힘든 육체노동의 총체적 결합에 의한 노화에 따른 것에 더해진 지나온 생애 전반의 과정에서 누적된 결과로 인식할 수 있다. 자신의 일생에서 함께한 가난으로 인해 경험한 어려운 많은 삶과 가족 해체, 가슴앓이 등이 빈곤한 독거노인들의 건강과 건강관리행위에 부정적인 영향을 미치고 있는 것이다. 또한 이들은 빈곤의 대물림으로 자신의 자녀들도 경험하고 있는 경제적 어려움, 이혼, 파산 등의 생활여건으로 인해 부양을 기대할 수 없는 삶을 안고 있기도 하다. 또한, 가난은 그들의 열약한 주거환경을 결정짓는데, 노화와 일생의 고단한 육체노동으로 약해지고 상한 관절 등의 육체를 고려하지 않은 취약한 집안 내 외부 환경은 독거노인들을 다치게 하고 운동 욕구를 막고 있다(안기덕, 2012).

노인에게 현재의 주거환경은 얼마 남지 않은 생애 과정에서 이를 마무리하게 되는 중요한 장소이며 자신의 삶과 경험, 그리고 의미가 축적되어 있는 현재의 주거환경에서 자신의 정체성을 발견하기도 하는 의미 있는 장소이다(박정훈 · 유재우, 2011). 노화로 인해 전반적인 신체 기능의 저하와 사회 활동의 축소로 인해 그 생활 반경이 주거 공간 내로 한정되며, 경제적 상황의 제약으로 인해 대부분의 시간을 집에서 보내고 있는 독거노인들에게 일상생활을 안정적으로 유지할 수 있는 윤택한 주거환경이 중요하다(이호영 · 백학영, 2005).

(1) 특징

보건복지부의 노인실태조사에 따르면 독거노인의 경우 영양불균형으로 인해 영양관리가 필요한 경우는 38.4%로 나타났는데, 이는 노인부부가구(11.4%), 자녀동거가구(17.1%)보다 2~3배 높은 수치인 것으로서 독거노인의 영양관리가 우려되는 수준인 것을 알 수 있다(보건복지부, 2017). 이는 홀로 사는 노인들의 경우 이를 공유할 가족이나 동거인 없이 고립된 채 적절한 식습관을 유지하지 못하고 영양을 보충하지 않아서 전반적인 일상생활에서 건강 악화로 이어지는 행위를 할 가능성이 높다(김예성, 2014에서 재인용). 이는 곧 가족이나 동거인이 주는 사회적 결속과 지지가 각 노인에게 삶의 의미와 목적, 책임감 등에 영향을 주어 긍정적인 건강행위를 촉진한다고 보는 것으로, 먹고 자는 일상생활에서의 누군가와 "함께 있음"의 중요성을 강조하는 것이라 볼 수 있다(김진구, 2011).

독거노인들은 혼자 밥 먹고, 혼자 잠자리에 들고, 어디서든 집으로 돌아왔을 때 자신들의 삶을 가득 채운 외로움과 적적함을 경험한다. TV나 라디오마저 가지고 있지 못한 빈곤층의 독거노인들의 경우 더욱 큰 외로움을 경험할 수밖에 없다.

그래서 독거노인들은 자신과 처지가 비슷한 노인이나 이웃 지인들과 함께 시간을 보내기 원하면서도 경제적 어려움으로 인해 이를 스스로 차단해 버리고 이를 필연적·운명적인 것으로 여기기도 한다. 또한 자신의 고단한 상황과 처지가 알려지는 것을 꺼리고 창피하게 여기며 가족, 오랜 지인 등과의 관계를 단절하는 길을 선택하기도 한다(조미경, 2013).

한국 사회의 고령화, 단독가구의 증가, 사적 지지체계의 해체, 사회적 관계의 취약성, 부실한 사회안전망 등으로 인해 증가하는 고독사 문제는 매일 고독 가운데 죽음과 마주하고 있는 독거노인들에게 타인의 개인적 죽음의 문제가 아닌 자신도 직면할 수 있는 심각한 스트레스 요인이 될 수 있다(최인택, 2013). 독거노인들에게 삶의 여생을 홀로 살아간다는 것은 외로움과 소외감, 고립감을 이겨 내야 하는 또 하나의 과제를 부여받은 것이라 할 수 있다. 노년기에 자연스럽게 축소되는 사회적 관계와 빈곤으로 인해 제한적인 활동은 단절과 상실로 인한 우울함과 취약함을 경험하게 한다(백학영, 2004). 특히 가난한 독거노인들은 하루하루 먹고 살기 어려운 경제적 곤란함으로 인해 이웃과 왕래하는 등의 사회적 관계를 유지하는 것에 적극적이기 어렵다(권지성·한가영, 2008).

저소득 독거노인들은 다양한 이유로 가족으로부터 상처를 입었거나 혹은 본인이 가족에게 상처를 준 후로 그 관계가 단절된 상황이 많은데, 그들은 이를 체념적으로 수용하기도 하지만 과거의 가족들과의 고통스러운 관계 단절을 경험하면서 새로운 관계 구성을 회피하며 스스로 고립시키는 경향을 갖게 되기도 한다(이진숙, 2015: 63).

국민기초생활보장제도에 의한 수급자 독거노인들의 사회적 관계에 대한 조사에 따르면 독거노인들 중 약 49.9%가 경로당, 노인복지관, 종교기관 등에 정기적으로 다니지 않으며 사회활동이 거의 없는 것으로 나타났다. 또한 이웃과의 접촉 빈도가 거의 없는 독거노인의 비율은 53.3%로 매우 높은 수준으로 나타났다, 이 중 일년에 2번 정도로만 이웃과 접촉한다는 비율도 12.1%로 나타나 저소득층 독거노인들의 사회적 고립도가 심각한 것을 알 수 있다.

가족과의 왕래 빈도가 거의 없는 독거노인이 약 72%로, 특히 일 년에 2번 이하로 연락하는 노인이 약 20%로 나타나서 가족관계 단절이 매우 높은 수준으로 나타났다(독거노인종합지원센터, 2014). 또한 노인들은 사회적 관계 및 사적 지지체계 단절로 혼자 쓸쓸히 살다가 곁에 아무도 없이 홀로 죽어 가는 비참함을 겪게 되는 것에 두려움을 겪기도 한다. 이는 삶의 의미 상실을 불러와 자살이라는 극단적 선택에 영향을 미치기도 한다(이영자 · 김태현, 1999).

(2) 독거노인을 위한 지원서비스

우리나라에서는 노인 돌봄 기본서비스를 통해 전반적인 독거노인의 복지서비스 욕구 파악 후 연계하고 있다. 독거노인의 소득보장, 고용보장, 권익보호, 건강보장, 영양관리, 주거보장, 사회활동, 여가, 장례지원 등을 중앙정부와 지자체, 민간기업 및 기관 등을 통해 제공하고 있다. 특히 빈곤 독거노인 지원을 위해서 생활관리사가 주민등록상 혹은 발굴된 독거노인을 방문 및 현황 조사하여 생활과 복지욕구에 맞춘 서비스를 연계하도록 하고 있다. 노인 돌봄 기본 서비스를 바탕으로 독거노인들을 위한 다양한 서비스들이 제공되고 있다. 빈곤 독거노인을 대상으로 한 국가의 사회적 서비스 프로그램을 정리하면 다음의 〈표 6-10〉과 같다.

〈표 6-10〉 빈곤 독거노인 대상 국가 서비스

서비스	내용
노인돌봄 종합서비스	1. 대상자가 독거노인뿐만 아니라 일상생활 수행능력에 의한 선정에 따르고 있다. 2. 노인 돌봄 종합서비스는 방문서비스(월 27시간, 36시간), 주간 보호서비스, 치매 환자가족지원서비스, 단기가사서비스(월 24시간)가 제공된다. 3. 독거노인은 이중 본인이 원할 시 방문서비스와 단기가사 서비스를 주로 이용하게 되는데 기본적인 일상생활수행 관련 서비스를 제공받는다. 4. 서비스 내용은 식사, 옷 갈아입히기, 외출동행, 청소, 세탁, 치매노인 보호, 주간 보호서비스 등이다. 5. 바우처를 통해 관리되고 운영되는데 소득수준과 월 서비스 시간량에 따라 책정된다(보건복지부, 2018).
방문건강 관리서비스 사업	1. 혼자 생활하는 노인들에게 발생할 수 있는 심각한 수준의 외상, 우울과 고립감으로 인한 정신적 질환의 발생 등 저소득층 취약계층들의 빈곤, 질병, 고령 등의 요인으로 인한 건강상태를 관리하기 위한 사업이다. 2. 차상위 이하 빈곤층 독거노인들도 지원을 받게 되는데, 간호사 등의 전문인력이 직접방문 혹은 전화방문을 통해 건강을 관리하는 서비스로 스크리닝을 통해 신체적·정신적 건강위험요인을 파악한다(보건복지부, 2018).
응급안전 알림서비스	1. 혼자 생활하는 노인의 각 집에 화재·가스유출 등의 감지센서를 통해 모니터링 하며 응급상황이 발생하면 빠른 대처가 가능하도록 하는 시스템이다. 2. 독거노인 U-care 서비스의 일부인데, 독거노인의 집에 센서를 설치하여 정보를 수집하는 것과 더불어 병원, 소방서, 주민센터 등과 연계하여 응급상황에 대처할 수 있도록 하고 있다. 3. 센서를 통해 이상이 감지되면 U-119센터로 자동신고된다. 이를 통해 재가 독거노인에게 발생할 수 있는 육체적 질환의 응급상황, 고독사 예방 등을 막을 수 있으며, 이는 생활관리사의 서비스와 연계되어 이루어지고 있다.
독거노인 사랑잇기 서비스	1. 독거노인을 보호하기 위한 서비스로서 민간의 자원봉사자가 전화안부 또는 규칙적인 방문을 통해 정기적 안전확인과 정서적 지지를 제공한다. 2. 2016년까지 총 102개소 기업이 참여하고 있다(독거노인종합지원센터, 2017)
노노(老老) 케어	1. 건강한 노인이 독거노인을 포함한 취약노인을 방문하여 안부확인, 말벗, 안전점검 등을 지원하고 있다. 2. 이 사업을 통해 취약노인에게 보호서비스를 지원하고 건강한 노인에게는 일자리를 지원하는 것을 목표로 한다(독거노인종합지원센터, 2017)
무연고 독거노인 장례지원	1. 2012년부터 시행하고 있는 데 독거노인 중 연고자를 알 수 없거나, 없는 경우 그리고 연고자가 시체 인수를 거부한 만 65세 독거노인을 대상으로 독거노인에게 서비스를 제공한 수행기관에서 장례를 진행하며, 장수사진(영정사진)을 지원한다. 2. 독거노인을 대상으로 죽음교육을 실시하고 장수자신(영정사진)을 지원하는 서비스를 제공하지만, 무연고노인과 독거노인의 구분이 명확하지 않고, 예산부족으로 장례지원 중심으로 진행되는 한계가 있다(독거노인종합지원센터, 2017).

서비스	내용
공동생활 지원사업	1. 윤택하지 못한 주거환경으로 인해 독거노인이 경험할 수 있는 위험에 대비해 중앙정부는 지방정부와 함께 지자체별로 실시하고 있다. 2. 취약한 사회적 관계, 자녀 및 친지들과의 분리된 상황에서 기본적인 주거난방비와 식비 등의 경제적인 측면뿐 아니라 사회적지지망 단절과 고립 등으로 인해 우울함, 외로움, 고독사, 영양불균형 등의 독거노인이 경험하는 어려움을 해결하고자 '사회적 가족' 구성을 목표로 공동으로 생활하며 거주하는 생활주택을 지원하여 의료검진과 응급상황대처, 정서적 고립 등을 예방할 수 있도록 하고 있다. 3. 기타 독거노인 지원서비스가 중앙정부, 지자체, 혹은 민간인 자원봉사자나 민간협력 기관 등을 통해 제공되는 데 반해, 이 서비스는 지역사회 내 독거노인들이 스스로 돌봄 제공자가 되어 능동적 · 독립적으로 운영되도록 한다는 특징이 있다. 4. 지원된 주거공간에 인접한 곳에 본인들의 집이 있어서 개인생활과 선택의 자유가 보장된다는 장점과 함께 독거노인들의 사회적 문제인 정서적 고립감 경험과 고독사 문제를 독거노인들 간의 돌봄과 정서적 교류를 주체적으로 해결할 수 있다. 5. 한 지역사회 내 홀로 살아가는 노인들이 서로의 돌봄 및 심리적 지지 제공자가 되어 주면서 동질감과 친밀성 확보와 더불어 복지의존성 위험의 논쟁도 피해 갈 수 있는 이점이 있는 것으로 평가되고 있다.

출처: 전지형(2019).

7

CHAPTER

빈곤정책

7 CHAPTER 빈곤정책

현재 우리 정부의 재정적인 상황에서, 급여의 대상과 폭을 늘리는 방향으로 빈곤층을 줄이는 것은 현실성이 없다. 정부가 지속적으로 복지예산을 확대하고 혜택을 늘리고는 있지만 우리나라의 사회경제구조나 정부재정을 감안하였을 때 단순히 양적인 지출을 통해서 빈곤에 대한 근본적인 해결책을 찾기 힘들다는 의미이다. 그러나 무엇보다 우리가 빈곤을 이해해야 하기 전에 우선되어야 할 것은 사회정책을 이해해야 할 필요성이 있다는 것이다.

사회정책은 사회체제 유지를 위한 선택이지만, 사회성원들이 누구라도 그 이하로 떨어져서는 안 되는 최저한의 생활보장을 국가의 책임으로 행하여야 한다는 사상, 즉 국민최저한의 사상이 그 기본적인 정신이다. 그것은 생존권의 보장과 궁핍으로부터의 자유를 그 기본 정신으로 하고 있다. 그러므로 사회정책의 가장 기본적인 관심은 빈곤문제에 있다.

베버리지(Beveridge)는 인간복지를 저해하는 5대악으로서 빈곤, 질병, 무지, 불결, 태만을 들고, 그 각각에 대응하기 위한 정책과 서비스로서 각각 소득보장정책, 보건의료서비스, 교육서비스, 주택서비스, 그리고 고용서비스가 제공됨으로서 인간의 생활보장이 확보된다고 주장하였다.

그러나 무엇보다 사회적 자원을 배분함으로서 궁극적으로는 빈곤을 해소하거나 예방하는 것을 목적으로 하는 사회정책이 그 목적을 달성하기 위하여 자원을 배분하는 방법이 무엇인지 고찰되어야 할 것이다. 저자는 그중에 두 가지를 언급하고자 하는데 첫째는 규제이며 하나는 급여라고 생각한다.

그러면 규제는 무엇인가? 규제는 어떤 사회적 활동을 할 때 그 주체가 누구인가를 불문하고 모든 행위주체가 지켜야 할 규칙이나 기준으로 시장경제체제하에서 취약한 사회계층이나 사회적인 약자들이 정상적이고 문화적인 생활을 할 수 있도록 특별한 배려를 강제하는 정책적인 수단으로 정의할 수 있다.

그러면 국가는 어떠한 역할을 해야 하는가? 국가는 모든 사회 구성원들이 그 이하의 조건에서 생활하는 것을 예방하기 위하여 일정한 기준을 가지고 있는 데 모든 사회적 활동주체에 대하여 그들의 활동이 모든 사회성원의 기준을 침해하지 못하도록 통제함으로서 사회적 약자를 보호하기 위한 것이 규제이며, 사회정책의 중요한 수단이라는 것이다.

이러한 규제 중에서 가장 우리가 관심을 가져야 할 것이 노동이며, 노동조건의 규제를 이해하는 것이 중요하다고 본다.

부족한 사람이 대학에서 사회복지학을 강의하게 되어서 강의 자료를 수집하다 보니 노동조건의 규제의 성격 중 「사회법」으로서 「공장법」[1]이 이에 해당되지 않은가 생각한다.

---

1) 영국에서 공장 노동자들의 가혹한 노동 조건을 시정하기 위하여 시행된 법률의 총칭이다. 1802년의 도제법(아동 노동자 보호법)을 시작으로 1833년에는 일반 공장법이 성립하였다. 9~13세 어린이의 9시간 노동, 14~18세의 12시간 노동, 18세 미만의 야간 작업 금지, 공장 감독관 설치 등을 규정하였다. 1844년에는 여성 노동자의 보호 규정을 추가하였고, 1847년에는 여성과 연소자의 10시간 노동을 규정하였다.

마르크스((Marx)의 『자본』에서의 공장법에 대한 분석은 잉여가치 생산을 지상목적으로 하는 자본주의 생산하에서의 표준 노동일의 확정에 관한 논리적 분석에 그치지 않고, 공장법의 성립과 전개에 관한 역사적 고찰에 방대한 지면을 할애하고 있다는 점에 특징이 있다. 마르크스는 그 고찰의 무대를 세계에서 선구적으로 산업혁명을 이룬 영국에서 찾았는데, 그것은 기계제 대공업의 출현과 더불어 일반 남성 노동자와 나란히 공장에서 일하는 아동이나 연소자, 여성들 사이에 저임금과 장시간 노동이 확산되고, 그 비참한 노동실태가 사회문제로 대두되었기 때문이다. 그리고 이러한 사태를 배경으로 노동자계급의 '반항'이 시작되어 의회로부터 공장법 제정을 이끌어 내기에 이르렀던 것이다. 19세기에 들어서서 제정된 일련의 공장 입법 중에서 마르크스가 주로 다루고 있는 것은 1833년 이후의 그것이다. 왜냐하면 영국 공장법의 효시로 간주되는 1802년의 「도제의 건강 및 풍기에 관한 법률」 이후 1819년, 25년, 31년에 잇달아 공장법이 제정되었지만, 그것들은 모두 '사문'화되었기 때문이다.

1833년 법은 목면, 양모, 아마, 견직물 공장을 적용대상으로 하여 9세 미만 아동의 고용금지, 13세 미만 아동의 노동시간 1일 8시간으로의 제한, 18세 미만 연소자의 노동시간 1일 12시간으로의 제한, 아동 · 연소자의 야간노동 금지, 공장 아동

저자가 생각하는 노동조건의 규제 중에서 중요한 것은 노동시간에 대한 규제라고 생각한다.

자본주의 초기단계에서 1일 15시간 이상의 장시간 노동이 관행이었으며, 소위 '원생적 노도관계'로 잘 알려진 이 시기 연소 노동자의 가혹한 장시간 노동은 19세기에 들어서는 1일 10~12시간 노동의 원칙이 확립되었고, 1919년 베르사유 조약을 통해 1일 8시간, 주 48시간, 주 1일의 휴일이 규정되었다(부산여자대학교, 1997).

이 베르사유 조약은 제1차 세계대전이 끝난 후 파리 강화 회의에서 승전국들이 패전국 독일을 아주 재기불능으로 만들기 위해 무자비하게 뜯어내려한 조약이다. 그 골자는 엄청난 양의 보상금과 독일의 무장해제(최소한도로 필요한 군사력만 보유 가능)를 골자로 하는 것으로, 1차대전 동안 어마어마한 피해를 입은 영국과 프랑스 등이 주축이

에 대한 교육의 의무화 등을 규정했다. 또한 이 조항들을 준수시키기 위해 공장에 들어가 규칙·명령을 발포할 권한을 지닌 공장 감독관 제도를 창설하여 법 시행의 실효성을 높였다.

그 이후 1844년 법에서 18세 이상의 여성이 보호대상에 첨가되고, 1일 12시간의 제한과 야간노동 금지가 규정되었다. 이어서 1847년 법에 의해 연소자와 여성의 노동시간이 1일 10시간으로 단축되었다. 마르크스는 "그러한 것들의 정식화와 공인 및 국가에 의한 선언은 오랜 기간에 걸친 계급투쟁의 결과였다"[23a: 371]라고 기술하고 있는 데, 이른바 「10시간법」의 제정은 당시 노동자계급 사이에서 격렬히 불타오른 차티스트 운동과 노동시간 단축운동의 활성화를 배경으로 한 것이었다. 그리고 1850년 법에서 연소자와 여성의 표준 노동일이 확정되고, 53년에 아동에 대한 표준 노동일의 적용이 실현되었다.

한편, 공장법의 적용범위도 섬유산업에서 그 밖의 산업부문으로 순차적으로 확장되고 있었다. 1845년에는 날염공장, 60년에는 표백공장과 염색공장, 그다음 61년에는 직물공장과 양말공장, 나아가 64년에는 토기제조, 성냥, 뇌관, 탄약통, 벽지, 면비로드 공장이 규제하에 놓였다. 또 1867년에는 「공장법 확장법」과 「작업장 규제법」이 제정되어 노동자 50명 이상의 공장과 50명 미만의 작업장이 규제하에 놓였다. 덧붙이자면, 1878년에는 그동안의 모든 공장법을 통합한 「공장 및 작업장법」이 성립되었다는 것이 엥겔스에 의해 보충되고 있다.

이와 같이 19세기를 통해 공장법은 점차 발달하고 있었지만, 그 법적 보호는 18세 이상의 남성 노동자에게는 적용되지 않았다. 성인남성은 자유로운 노동계약에 맡겨졌지만, 실제 생산과정에서는 아동이나 연소자, 여성과의 협력이 불가결하기 때문에 노동일의 제한은 간접적으로 성인남성 노동자에게도 영향을 미치게 되었다.

이러한 공장법 실시에 따른 직간접적인 영향을 포함하여 당시 공장노동의 실태는 『공장 감독관 보고서』나 『아동노동조사위원회 보고서』(1863-67) 등에 의해 점차 드러나게 되었다. 공장법의 적용하에 있더라도 여러 방법으로 이를 위반하거나 규칙을 무시하고 그 허점을 이용해 탈법행위를 반복하는 공장주의 실태와, 공장법이 적용되지 않는 산업부문에서 많은 아동, 연소자, 여성이 열악한 직장 환경 하에서 과도한 노동을 강요받고 있는 상황에 대한 풍부한 사례를 인용함으로써 마르크스는 『자본』의 분석에 실증적인 내용을 담았다.

그러나 이러한 공장노동의 실태에 대해서는 단지 마르크스만이 관심을 기울인 것은 아니었다. 보고서에서 폭로된 놀라지 않을 수 없는 사실에 많은 사람들이 관심을 보이는 가운데 자본가의 저항은 점차 약해지고, 여론의 동향도 공장법을 한층 더 촉진하는 방향으로 변화하고 있었다. 공장법은 일단 그것이 실시되자 자본 간의 경쟁조건의 균등화를 요구하여 미규제 산업으로의 확장 적용을 촉진하는 동시에, 기계의 도입과 생산증강으로 나아가는 새로운 자극을 낳았다.

요컨대 공장법은 "대공업의 하나의 필연적인 산물"이라는 것이다. 그와 동시에 마르크스는 공장법의 교육조항의 성과로서 공장 아동에게 실시되는 공장교육을 통해 "전면적으로 발달한 인간"을 육성하기 위한 가능성이 주어졌다는 것을 평가했다[23a: 626-630]. 그리고 『자본』의 마지막 가까이에서 "노동일의 단축"이야말로 "참된 자유의 나라"에 도달하기 위한 "근본조건"이라는 전망을 제시하고 있다[네이버 지식백과].

되어 이뤄졌다. 1919년 6월 28일 베르사유 궁전 거울의 방에서 체결되었다. 이로 인해 변화된 세계질서를 '베르사유 체제'라고 한다.

발단은 1918년 9월 독일 군부가 사실상 패전을 내각에 알리고 11월 11일 휴전이 성립되었는데 연합국은 독일의 휴전요청을 사실상 항복으로 간주하고 독일군을 뒤쫓아 독일 국경을 돌파해서 라인강 지역까지 추격하고 영국 해군은 휴전 후 협상조건을 관철시킨다.

사실 원래 베르사유 조약의 배상금은 전장이 되었던 벨기에와 프랑스의 주민들에 대한 피해 배상이었다. 그러나 프랑스가 '연합국 군대의 군사적 손실에 대해서도 배상할 것'이라고 나서면서 300억 마르크가 2,000억 마르크 대로 치솟게 되었다.

이 조약 내용을 정리하면, 전쟁에 대한 모든 책임은 독일을 비롯한 동맹국에 있으며 황제와 군부핵심인사를 포함한 전범 800명을 인도할 것, 알자스-로렌 지방을 프랑스에 양도할 것, 모든 식민지를 포기할 것, 벨기에에 오이펜-말메디, 폴란드에 포젠 서프로이센을 양도할 것, 덴마크 접경 슐레스비히 북부, 폴란드 접경 상슐레지엔은 즉시 주민 투표로, 프랑스-독일 접경지대 자를란트 지방은 탄광권을 15년 동안 프랑스에 넘긴 후 국민투표를 귀속을 결정할 것, 독일계 주민이 많은 단치히는 국제연맹 자유도시로 정할 것 등이다. 그리고 라인강 이서(以西) 지역 전부와 라인강 동쪽 60킬로미터 지역을 비무장지대로 하고 병력배치를 금지하였으며, 20년 안에 1,320억 마르크를 금 기준으로 배상할 것, 육군의 규모를 10만 명으로 제한하며, 독일은 대포 5,000 문과 비행기 25,000대를 양도한다. 전차, 전투기 등 최신 무기의 보유를 일체 금지한다. 그리고 해군의 병력은 1만 5천, 군함은 경순양함 6척, 구축함 12척, 노후 배수량 1만 톤 이하의 전함 6척으로 제한한다. 잠수함도 금지, 사관학교 폐지 참모본부도 폐지 등의 내용이다.

1,320억 마르크는 전쟁으로 재정이 피폐해진 독일로써는 도저히 갚을 수 없는 금액으로, 영국 재무성을 대표하여 참가한 존 메이너드 케인스(John Maynard Keynes)를 비롯한 협상에 참여했던 경제학자들이 산출한 독일의 지불가능액 20억 달러(= 약 100억 마르크)의 13배에 달하는 금액이었다. 이렇게 무리한 금액을 요구한 이유는 앞서

언급한 독일의 재기불능을 위한 것이 가장 컸지만 전쟁으로 인한 부채상환과도 관련이 있다(네이버 백과사전).

다음으로 사회정책의 목표를 달성하기 위한 또 하나의 중요한 수단은 급여이다. 급여는 사회정책의 목적을 실현하기 위해서 정부에 의하여 제공되는 재화나 서비스를 의미한다. 그 예로 빈곤자에 대한 생활비 지급 등이 그 예라고 할 수 있다. 이 급여는 현금으로 제공되는 현금급여와 현물로 제공되는 현물급여가 있다. 이 급여들은 급여 수급대상자들에게 직접 가시적인 형태로 제공되는 것이기 때문에 직접급여의 성격을 가진다. 그럼 간접급여는 무엇일까? 세제상의 세금공제 등을 통하여 간접적으로 급여가 이루어지지만 결과적으로는 직접적인 급여가 제공되는 것과 마찬가지의 효과를 가지는 형태의 급여가 있는 데 이것이 간접급여이다.

결국 빈곤은 왜 생기는 것일까? 그것은 소득의 중단이나 상실이 곧 빈곤으로 연결되기 때문이다. 이러한 소득의 주안 혹은 상실이라는 빈곤사고를 미리 예방하고 혹은 이미 사고가 발생한 경우에는 사고로 인한 생활상의 곤란을 해소하는 것이 소득보장정책이며 소득보장정책은 사회정책의 중요한 영역이며 빈곤과 직접적으로 관련된 영역이다.

다음으로 우리가 알고 있는 또 다른 하나, 사회보험이 있다. 사회보험은 소득재분배의 기능을 가지고 있으며, 소득의 재분배는 조세와 사회보장제도를 통하여 이루어지는데 사회보장제도하에서는 보험료 징수와 급여 양자에 의해서 재분배가 이루어진다. 보험료 징수는 누진적인 징수체계를 통하여 이루어지고, 급여는 사고에 기초하여 행해지는 것이기 때문에 사회보장 재원에 의한 급여이건 일반재원에 의해서 행해지는 급여이건 사회보험을 통하여 소득의 재분배가 이루어진다.

이러한 사회보험은 여러 측면에서 민간보험, 즉 사보험과 구별된다. 우선 사회보험은 강제보험으로서 일정한 자격을 갖추면 당연히 적용되도록 되어 있다는 점에서 임의가입이 전제된 사보험과 다르다. 사보험은 보험료의 부담이 본인의 전액부담이지만 사회보험은 본인과 사업주, 국가의 3자 부담으로 이루어진다.

1 기초생활보장제도

한국의 공공부조인 기초생활보장제도[2]는 절대빈곤에 입각해서 가구의 소득인정액이 가구별 최저생계비 이하인 경우에 수급권을 부여한다. 최저생계비는 "국민이 건강하고 문화적인 생활을 유지하기 위하여 필요한 최소한의 비용(국민기초생활보장법 제2조 6)"이다.

최저생계비는 중앙생활보장위원회가 결정하는데, 3년에 한 번 전 물량방식에 입각해서 계측조사를 실시한다. 중앙생활보장위원회의는 관료 및 전문가 중심으로 구성되어 위원들의 자의성이 개입될 수밖에 없고, 직접 이해당사자인 빈곤층이 위원회 구성에서 배제되어 있어 이해당사자의 이해가 대변되지 않는다. 또한 전 물량방식의 계측방식으로는 의식주 이외의 문화 및 사회활동에 관한 비용에 대한 합의가 어렵고, 지역별, 가구 특성별 생활수준이 반영되지 않는 획일성의 문제와 예산에 따른 직접적인 영향으로 최저생계비 인상의 구조적인 한계를 갖는다. 최저생계비는 수급대상범위와 급여수준을 결정짓는 요소이다. 그러므로 대상자 확대와 급여인상을 위해서는 최저생계비 산정에 상대빈곤선 도입의 필요성이 줄곧 대두되어 왔다.

최저생계비는 국가가 책임져야만 하는 국민 생활의 최저기준(National Minimum)으로 사회적 책임을 상징해 왔다. 그러므로 최저생계비를 제거하는 방식이 아니라, 기초생활보장 대상자의 소득 인정액이 최저생계비 이하일 경우 가능한 모두에게 수급권을 부여하고, 지역별 격차, 가구별 특성을 반영한 상대빈곤선 기준으로 최저생계비를 결정하는 것이 기초생활보장의 핵심적인 제도는 국민기초생활보장제도이다. 국민기초생활보장법의 목적은 "생활이 어려운 사람에게 필요한 급여를 실시하여 이들의 최저생활을 보장하고 자활을 돕는 것(제1조)"이다.

2) 가족이나 스스로의 힘으로 생계를 유지할 능력이 없는 저소득층에 국가가 생계와 교육 · 의료 · 주거 등의 기본적인 생활을 보장해 주는 제도를 말한다. 연령이나 근로 능력 여부와 상관없이 소득이 최저생계비 이하인 경우 대상자가 된다.[네이버 지식백과] 기초생활보장제도 [基礎生活保障制度] (행정학사전, 2009. 1. 15., 이종수)

우리나라의 빈곤문제는 90년 말 IMF 경제위기를 경험하면서 심각한 빈곤 위기 위험에 직면하였다. 그래서 빈곤층의 최저생활을 보장해 주기 위해 국민기초생활보장제도라는 새로운 형태의 보장 제도를 도입하였다. 국민기초생활보장제도의 도입은 그동안 절대빈곤율[3)]을 감소시켰다는 평가를 받아 왔지만, 빈부격차의 심화에는 큰 도움이 되지 못하고 있는 실정이다.

이를 뒷받침하는 근거는 중산층 가구의 비율이 1996년 68.6%에서 2006년 54.6%로 감소하고, 빈곤계층은 11.2%에서 2006년 20.1%로 거의 두 배 가까이 증가하는 등 빈부격차가 크게 심화된 것을 보면 알 수 있다(노길상, 2008). 이와 같이 빈곤탈출을 돕기 위해 국민기초생활보장제도를 도입하지만, 그 성과는 뚜렷하게 나타나고 있지 않다.

한편 급속한 사회 발전으로 인해 달라진 경제 · 사회적 조건과 인구사회학 조건들의 변화로 신사회적 위험(new social risks)[4)]이라는 새로운 형태의 사회문제가 나타나고 있다. 신사회적 위험은 우리 사회의 높은 이혼율, 저 출산과 고령화 현상, 가치관 변화 등의 문제들에 의해 생겨난 것으로써, 이 문제들은 우리나라의 가족 구조를 빠르게 변화시키고 있으며 빈곤 계층의 특성과 욕구 또한 다변화시키고 있다.

이에 정부는 생활이 어려운 사람에게 필요한 급여를 실시하여 이들의 최저생활을 보장하고 자활을 돕는 것을 목적으로 생계급여, 의료급여, 주거급여, 교육급여, 해산급여, 장제급여를 제공하는 「국민기초생활보장법」을 실시하게 되었다.

구체적으로 설명하면, 급여의 기본원칙은, 첫째, 최저생활보장의 원칙으로 이는 생활이 어려운 자에게 생계 · 의료 · 주거 · 교육 · 자활 등 필요한 급여를 행하여 이들의 최저생활을 보장한다.

둘째, 보충급여의 원칙은 생계급여 수급자에 대한 최저보장수준은 생계급여액과 수

3) 소득과 기초생활비를 비교하는 수치 가운데 하나로, 절대빈곤가구비율이라고도 한다. 한 달 소득이 법으로 정한 최저생계비에도 미치지 못하는 절대빈곤 가구의 비율을 말한다(두산백과).

4) 휘버와 스티븐스(Huber & Stephens)는 사회적 위험을 구사회적 위험(old social risks)과 새로운 사회적 위험(new social risks)으로 나누고 있다. 전자의 경우, 사고, 질병, 장애, 실업 등에 의한 위험인 반면 후자의 경우 경제적, 인구학적, 그리고 사회적 구조의 변화에 의해 처한 사회집단 증가, 일정한 사회집단이 빈곤에 처할 위험성 증가, 정보사회와 관련 경력패턴의 안정성 감소, 높은 기술과 교육요구, 실업증가, 근로연령기의 빈곤위험, 가족의 불안정에 따른 여성 및 아동의 빈곤위험 등으로 설명하고 있다(Huber & Stephens, 2001: 2-4)

급자 가구의 소득 인정액을 합한 수준이 생계급여 선정기준 이상이 되도록 지원한다.

셋째, 자립지원의 원칙은 근로능력이 있는 생계급여 수급자가 근로활동에 종사하지 않는 경우에는 자활사업에 참여할 것을 조건으로 생계급여를 지급한다.

넷째, 개별성의 원칙은 급여수준을 정함에 있어서 수급권자의 개별적 특수 상황을 최대한 반영한다.

다섯째, 가족부양 우선의 원칙은 급여신청자가 부양의무자에 의하여 부양될 수 있는 경우에는 기초생활보장급여에 우선하여 부양의무자에 의한 보호가 먼저 행해져야 한다.

여섯째, 타급여 우선의 원칙은 급여신청자가 다른 법령에 따라 보장을 받을 수 있는 경우에는 기초생활보장급여에 우선하여 다른 법령에 따른 보장이 먼저 행해져야 한다.

일곱째, 보편성의 원칙은 「국민기초생활보장법」에 규정된 요건을 충족시키는 국민에 대하여는 성별 · 직업 · 연령 · 교육수준 · 소득원 기타의 이유로 수급권을 박탈하지 아니한다.

다음으로 급여 개요를 설명하면, 급여의 종류로 기준 중위소득 30%에 해당하는 금액과 가구 소득 인정액의 차액을 지급하는 생계급여, 근로능력 유무에 따라 1종, 2종으로 구분하여 지급하는 의료급여, 국토교통부 장관이 정하는 기준에 따라 지급하는 주거급여, 교육부 장관이 정하는 기준에 따라 입학금, 수업료, 교과서대, 부교재비, 학용품비 지급하는 교육급여, 수급자가 출산 시 1인당 70만 원 지급(단, 교육급여만 받는 수급자는 제외)하는 해산급여, 수급자가 사망 시 80만 원을 장제를 실제 행하는 자에게 지급(단, 교육급여만 받는 수급자는 제외)하는 장제급여가 있다.

이러한 기초생활보장급여 수급자 수는 2007년 약 155만 명에서 2012년 약 139만 명으로 감소했다. 2007년부터 2010년까지 153~157만 명대로 비교적 일정한 규모를 유지하다가 2011년 147만 명, 2012년 139만 명으로 감소했다. 수급률은 2009년 3.2%로 정점을 찍은 이후 꾸준히 감소해서 2013년 2.6%까지 감소했다.

이 제도는 급여가 필요한 본인이나 가구원, 혹은 이들이 거주하는 관할 지역의 담당 공무원에게 신청하여 소득 · 재산조사를 통해 수급자를 선정하게 된다. 선정기준은 소득 인정액 기준과 부양의무자 기준으로 결정되는데, 소득 인정액은 소득평가액과 재산의 소득환산액으로 이루어져 각 급여가 기준에 따라 실시되며, 부양의무자는 수급권자의 1촌의 직계혈족과 그 배우자로 결정되는데, 부양능력 미약의 경우 일정한 기준의 부양비 부과를 조건으로 수급자로 결정되게 된다(보건복지부, 2018).

그러나 현실은 더 이상 국민기생활보장제도만이 빈곤탈출을 돕는 요소라고 불리기에는 한계가 있다. 그 이유는 가구 특성에 따른 지출도 고려하지 않았으며, 각 가구의 다양한 욕구를 충족시켜 주지 못하기 때문에 근본적인 빈곤탈출 기능에는 한계가 있을 수 있다.

실제로 교육수준과 숙련수준이 낮고, 신체 · 정신 건강의 문제가 있을 때, 한부모 가구이거나 가구 내 보호가 필요한 아동, 노인, 장애인 등이 있을 때 그 가구는 빈곤에 처할 위험이 높은 것으로 드러났다(Moffitt & Roff, 2000).

이에 정부는 2000년 「국민기초생활보장법」이 개정됨 따라, 최저생계보장의 국가적 책임을 수행함에 있어 시민의 사회적 권리 인정이라는 획기적인 전환을 맞게 되었다. 이에 「생활보호법」과 「국민기초생활보장법」을 비교해 보면 〈표 7-1〉과 같다.

〈표 7-1〉 생활보호법과 국민기초생활보자법의 비교

구분	생활보호법(1961)	국민기초생활보장법(2000)
법적성격	시혜성 보호	국가의 의무와 시민의 권리
법률용어	〈시혜성 용어〉 피보호자, 보호기관, 보호대상자	〈권리성 용어〉 수급자, 수급권자, 보장기관
선정기준	범주형 선별주의 (부양의무자 · 소득재산 · 인구학적 기준 모두 충족)	일반적 보편주의 (부양의무자, 소득인정액 기준충족)
최저생계비	생활보장위원회 심의, 의결 비계측연도 최저생계비	생활보장위원회 심의/비계측연도 최저생계비 결정방식의 주체화(규칙위임)
대상자 구분	거택, 시설, 자활보호	삭제
급여	6종의 급여 자활보호대상 생계 및 장제보호 없음	주거급여 신설/모든 수급자에 생계급여 기본, 필요에 따라 부가급여 실시

구분	생활보호법(1961)	국민기초생활보장법(2000)
긴급급여	해당조항 없음	급여실시의 긴급한 필요가 인정될 때 급여의 일부 실시
보장비용	언급없음	수급자 근로능력, 가구여건, 자활욕구 감안하여 가구별 자활지원 계획수립
자활지원 계획	언급 없음	수급자 근로능력, 가구여건, 자활욕구 감안하여 가구별 자활지원 계획 수립
전달체계	사회복지전문요원: 별정직 3,000여 명(1987년 최초로 배치) * 공공부조의 통합적 서비스 전달기관 역할	사회복지전담 공무원

출처: 민동기, 김성배(2012) 재인용.

그동안 국민기초생활보장제도는 공공부조의 한 종류로서 생활이 어려운 자라면 누구든 빈곤의 원인이나 근로능력의 존재여부와 관계없이 인간다운 생활을 할 수 있도록 하고자 실시되고 있었지만, 여러 학자들을 통해 지속적으로 「국민기초생활보장법」에서 정하고 있는 부양의무자 기준의 불합리함으로 인한 문제가 제기되어 왔다. 이들의 공통된 논점은 먼저, 국민기초생활보장제도가 수급권자들의 도덕적 해이와 국가의 재정 확대에 대한 우려를 표하며 가족부양우선 원칙을 내세워 공적부양보다는 사적부양을 우선하고 있다는 것, 엄격한 부양의무자기준의 적용으로 인해 간주부양비 산정의 불확실성을 포함하여 적절한 사적부양을 받지 못하는 수급권자들이 탈락하여 공적부양마저도 받지 못해 빈곤이 강화된다는 것, 그리고 이로 인한 제도 내 사각지대의 문제 등으로 정리해 볼 수 있었다. 결국 이 논점들의 기반에는 국가가 노인, 나아가 도움이 필요한 이를 돌보는 일차적 책임자로 혈연관계의 가족구성원을 정하고 있는 것에 대한 비판이었다(여유진, 2004; 한경훈 외, 2017).

그것은 기초생활지원제도의 문제와 쟁점인데 기존의 기초생활지원제도와 긴급지원제도에 대한 근본적인 개혁이 필요하다는 공감대가 사회 전체에 조성되고 있는 것은 어쩌면 다행스러운 일이다. 정부 여당과 야당은 우리나라의 빈곤에 대한 다각적인 고민과 정책적인 제언을 통해 현재의 기초생활지원 제도를 현실적으로 체감할 수 있는 방식으로 제도적인 개선을 하기 위해 여러 가지 법안을 발의하여 국회에서 논의하여 왔다.

우선 복지욕구가 다각화되어서 생계지원과 함께 의료, 교육, 주거지원에 대한 욕구가 커졌다. 따라서 소득기준으로 최저생계비 이하의 가구에서 일괄적이다. 아울러 지나치게 엄격한 부양기준을 완화, 축소하여 소득 인정액이 최저생계비 이하이나 부양의무자 기준 등으로 기초생활보장 혜택을 받지 못하는 비수급 빈곤층에 대해 복지욕구에 맞추어서 차별적으로 지원하여야 했지만 현실적인 지원에 대한 급여체계와 전달체계를 포함한 전체 제도의 문제점과 개선에 대한 공감대는 형성되어 있으나 정작 '어떻게?' 하는 측면에서 서로 다른 가치와 이념을 가진 집단 간의 이견이 많은 것이 현실이었다.

이처럼 기존의 기초생활지원제도와 긴급지원제도에 대한 근본적인 개혁이 필요하다는 공감대가 사회전체에 조성되고 있었던 것은 어쩌면 다행스러운 일이다. 정부 여당과 야당은 우리나라의 빈곤에 대한 다각적인 고민과 정책적인 제언을 통해 현재의 기초생활지원 제도를 현실적으로 체감할 수 있는 방식으로 제도적인 개선을 하기 위해 여러 가지 법안을 발의하여 국회에서 논의하였다.

앞으로의 정책은 우선 복지욕구가 다각화되어서 생계지원과 함께 의료, 교육, 주거지원에 대한 욕구가 커짐에 따라서 소득기준으로 최저생계비 이하의 가구에서 일괄적으로 지원하던 방식을 바꾸어서 소득이 일정 부분 이상이라 하더라도 욕구조사를 기준으로 부분적인 지원이 가능하도록 하여야 했다. 아울러 지나치게 엄격한 부양기준을 완화, 축소하여 소득인정액이 최저생계비 이하이나 부양의무자 기준 등으로 기초생활보장 혜택을 받지 못하는 비수급 빈곤층에 대해 복지욕구에 맞추어서 차별적으로 지원하여야 하는 것이다. 하지만 현실적인 지원에 대한 급여체계와 전달체계를 포함한 전체제도의 문제점과 개선에 대한 공감대는 형성되어 있으나 정작 '어떻게?' 하는 측면에서 서로 다른 가치와 이념을 가진 집단 간의 이견이 많은 것이 현실이었다. 이에 그동안의 우리나라의 기초생활보장제도의 개편과 관련된 쟁점을 간추려 보면 대략 다음과 같다.

첫 번째, 빈곤에 대한 정의에 대한 합의가 이루어지고 있지 않은 현실이다. 원론적으로는 현재 보건복지부의 빈곤선이 절대적인 빈곤의 정의를 기준으로 평가와 급여 산정을 하고 있지만 앞서 언급했다시피 현대 사회에서는 절대적인 빈곤보다는 상대적인 빈곤으로 인해 고통받는 경우가 더 많다.

두 번째, 차상위 계층을 비롯한 잠재적 빈곤층에 대한 예방적인 대책이 부족하다는 것이다. 빈곤층이 차상위계층이나 중산층으로 올라오는 것에는 많은 투자와 시간이 필요한 반면, 중산층이 빈곤층으로 내려가는 것은 가장의 실직이나 질병과 같은 단순간의 사건으로 발생하며 한번 빈곤층에 합류하면 원래의 소득수준으로 회복하는 것이 매우 힘든 것이 현실이다. 우리나라의 제도나 사회적인 관념상 일하고 있는 자나 근로능력이 있는 가구를 수급자에 포함하기는 어렵다. 하지만 자녀 교육비가 건강비용과 같이 가계 부담에 의식주 이외의 수요가 높아가는 선진국형 소비구조에 있는 우리나라로서는 비수급 빈곤층과 차상위 빈곤계층을 대상으로 하는 수급요건이 까다롭지 않은 개별급여(의료급여, 교육급여, 주거급여 등)의 시행이 절실히 필요한 상황이다. 이 때문에 OECD회원국을 포함한 복지선진국 대부분에서는 빈곤에 대한 예방적인 정책에 많은 노력을 하고 있다.

세 번째, 현재의 제도가 가족에 의한 부양의존을 점차적으로 약화시키고 개인별 지원을 강화시키고 있다는 점이다. 부양의무자의 기준은 사회의 가족관계와 부양책임에 대한 규범에 영향을 받게 된다. 이를 테면, 독일은 형제자매를 제외한 부부 및 3촌 이내의 직계혈족 간으로 규정하고 있어 판정에 있어서 소득 · 재산 기준 없이 사회복지사가 제반 상황을 고려하여 부양능력 유무를 판단하고 있다. 따라서 부양의무자 범위는 넓고, 부양능력은 매우 탄력적이라고 볼 수 있다. 일본의 경우는 부부, 직계혈족, 형제자매 간 절대적 부양의무자 관계 설정해 놓고 있어서 독일과 유사하게 부양의무자의 범위가 넓다. 한편, 소득 · 재산 기준 없이 '사회통념상 적절하다고 인정되는 정도의 생활을 훼손하지 않는 정도로 부양액수를 정한다.'고 하고 있으나, 실제 운영에 있어서는 매우 엄격하게 운용하고 있다. 우리나라의 경우 부양의무자를 1촌 이내의 직계혈족으로 좁게 규정하고 있는 반면, 부양능력 판정은 다소 엄격히 운영하고 있는 편이다. 이처럼, 우리나라의 현행 국민기초생활보장제도는 수급자의 범위가 너무 좁다는 특징이 있다. 그동안의 제도에서는 부모와 자녀(및 그 배우자) 간에 부양의무를 설정하고 있어서 부양 능력이 있는 자녀나 며느리, 사위 등이 있으면 국민기초생활보장제도를 적용받을 수 없었다.

이 때문에 노인을 비롯한 빈곤층의 상당수가 국민기초생활보장제도의 적용을 받지 못하고 있는 실정이었다. 이 때문에 국민기초생활보장제도를 통해 빈곤 노인들을 보호하고자 할 때 제일 문제가 되는 부양의무자 기준을 현실적으로 완화시키자는 의견이 대두하였다.

그 일차적인 대안이 부양의무자 기준을 아예 없애 버리자는 것이었다. 하지만 그렇게 되면 또 다른 문제를 고민하여야 하였다. 현재의 부양기준에 의하면 노인들이 자식들과 같이 살면 기초보장 급여를 받지 못하고 따로 살면 기초보장 급여를 받게 된다. 즉, 자식세대가 어느 정도의 소득과 자산을 가지고 있다면 노인세대는 기초생활보장 급여를 받을 수 없었다.

반면, 자식세대와 동거하지 않는 경우, 즉 별도의 가구를 구성하고 있는 경우 노인세대의 자산만을 평가하여 급여를 받을 수 있게 된다. 만일 자식에 대한 경제적 부담을 지고 싶어 하지 않는 노인세대라면 기초생활보장 급여를 받기 위하여 자식과 떨어져 살게 될 동기가 발생하게 되는 것이다. 따라서 국민기초생활보장제도에서 부양의무자 기준을 폐지하면, 노인을 모시고 사는 자녀세대를 배제하고 따로 사는 가족만을 정부가 지원하는 문제가 발생한다. 이는 우리 사회의 전통적인 효의 규범이 급속도로 붕괴될 수 있는 단초를 제공할 수 있는 우려스러운 상황을 의미한다. 사회적 가치와 규범을 흔드는 법, 제도가 시행되게 되면 이로 인한 또 다른 연속적인 문제가 발생될 것이다. 그 하나는 자식세대와 분리하여 홀로 사는 노인 단독세대나 독거노인이 늘어나게 된다. 당연히 기초생활수급대상자의 숫자도 급속도로 늘어날 것이고 기초생활이외 주거나 건강, 사회참여에 대한 복지 욕구에 대응하기 위한 사회적 비용도 늘어나게 된다.

또한, 급여수급자의 결정에 있어서 원칙적인 문제가 제기되어 왔다. 기초생활보장 급여는 생계급여, 주거급여, 의료급여, 교육급여, 자활급여, 장제급여, 해산급여 등으로 구성되어 있다. 현재 이 급여들은 통합급여로서 기초생활보장 수급대상자 선정 여부에 따라 수급자격이 일괄적으로 결정되기 때문이다. 이에 따라, 기초생활보장수급 대상자와 차상위자 사이에 소득역전 현상이 발생할 수 있으며, 수급대상자들이 수급권에서 벗어나 자활코자 하는 의욕이 저하되고, 제공해야 할 급여의 종류가 많기 때문에 기초생활보장 수혜대상자를 확대하기가 곤란하다는 등의 문제가 지적되어 왔다. 이러한 문제에 대한 대안으로, 기초생활보장 급여를 통합급여체계에서 개별급여체계로 전환하자는 주장이 한편으로 설득력이 있게 들렸었다. 즉, 기초생활보장 급여를 구성하는 세부 급여별 수급자격을 별도로 분리하자는 것이었다. 이렇게 되면, 기초생활보장 급여 중 일부 급여, 예컨대 교육급여나 의료급여, 주거급여의 수급권 범위를 기존 차(차)상위계층에까지 확대할 여력이 생기고, 기존 수급권자들이 안심하고 탈수급 노력을 기울일 수 있도록 하는 여건을 조성할 수 있는 효과를 기대할 수 있다. 이외에도 전달체계나 긴급지원에 있어서 현재의 제도는 빈곤층의 복합적인 욕구에 대한 완벽한 대응체계를 구축하지 못하고 있는 실정이었다. 세 모녀 사건에서도 밝혀졌듯이 신규로 급여대상이 되는 사람이나 일자리를 구하거나 해서 상황이 호전되어 수급대상에서 제외되는 사람들의 경우 이행기에 대한 배려가 있어야 한다는 것이었다. 긴급구호의 경우 복지전달체계의 구조적인 문제로 인하여 지원이 지체되는 경우가 있다. 지자체에 평가기준과 심사를 대폭 위임하여 긴급한 도움을 필요로 하는 개인이나 가족의 경우 신속하게 혜택이 돌아갈 수 있는 제도적인 장치를 고안해야 하였다.

이 같은 노력이었을까?

2021년 1월 올해부터 국민기초생활보장제도가 개정되었다.

기초생활보장 수급자는 2013년 135만 명에서 2020년 203만 명으로 50% 이상 증가하였으며, 가구당 평균 생계급여는 2014년 30만 4천 원에서 2020년 42만 7천 원으로 12만 3천 원 늘었다. 생계급여 지원 대상과 금액이 늘었으나 시장소득 기준 빈곤율은 악화되었다. 이에 정부는 앞으로의 3년, "더 많은 국민의, 더 나은 기본생활 보장"을 위해 「제2차 기초생활보장 종합계획(2021~2023년)」을 2020년 8월 10일 정부가 발표하였다. 이 계획은 생계급여의 부양의무자 기준이 폐지되며, 의료급여의 내실화, 주거급여의 인상, 교육급여 통합 지급, 1 · 2인 가구 보장성 강화를 위한 가구 균등화 지수 개편 등 빈곤 사각지대를 해소하고 보장수준을 확대하는 방안을 담고 있다.

주요개선과제를 살펴보면 생계급여 부양의무자 기준이 2022년까지 순차적으로 전면 폐지된다. 2021년 노인, 한부모 가구를 대상으로 우선 폐지되며, 2022년 그 외 가구를 대상으로 부양의무자 기준이 폐지된다. 이에 수급자 본인의 소득 및 재산이 생계급여 대상자 기준에 충족하면 부양의무자의 유무와 상관없이 지원받게 되었다. 부양의무자 기준이 폐지되면 18만 가구(26만 명)가 새롭게 지원을 받을 수 있으며, 부양비가 사라짐으로 4만 8천만 가구(6만 7천 명)의 생계급여 수준도 인상될 것으로 보여 사각지대에 있었던 상당수의 취약계층에게 확대될 것이다. 생계급여의 보장성 강화를 위해 기준중위소득 산출방식을 개편하였다.

기준중위소득은 전국의 가구를 일직선으로 세워 정중앙에 있는 가구의 소득을 의미하는데 2018년 기준가계금융복지조사 중위소득 수준이 그동안의 기준중위소득보다 높았다. 4인 가구 기준중위소득은 452만 원이었으며, 가계금융복지조사의 중위소득은 508만 원으로 12.5%가 많았다. 이에 전년도 기준중위소득에 최근 3년간의 가계금융복지조사 중위소득의 평균 증가율을 반영하여 다음 연도 기준중위소독을 산출하면 선정기준이 높아지고, 생계급여의 수급급여액도 늘어나 대상자가 확대된다. 생계급여 수급자 중 1인 가구가 77.6%, 2인 가구 14.8%로 생활실태 대비 저평가되어 있는 1 · 2인 가구의 지수를 인상하는 등 가구균등화 지수를 변경하면 1인 가구 최대 생계급여액이 2020년 52만 7천 원에서 2023년에는 57만 6천 원, 2026년 62만 9천 원까지 약 19.2% 인상될 전망이다.

한편, 의료급여의 부양의무자 기준은 폐지 대신 개선으로 2022년 1월부터 기초연금 수급 노인이 포함된 부양의무자 가구는 부양의무자 기준 적용 대상에서 제외된다. 또한 비급여의 급여화가 관건으로 건강보험 보장성 확대 계획과 연동하여 심장 · 근골격계 등 MRI · 초음파 단계적 급여화, 면역항암제 등 사회적인 요구가 높은 의약품의 급여기준 확대 및 항암요법 등 선별급여 적용을 검토한다. 의료급여 지원을 통해 저소득층과 위기가구의 보호를 위한 지속적인 방안을 강화할 예정이다.

또한, 2021년부터 고등학교 전 학년 무상교육을 받게 된다. 그동안에는 교육급여 수급자는 입학금과 수업료, 학용품비, 부교재비 등을 받았으나 개별적으로 필요한 교육활동을 위해 자율적으로 지출할 수 있도록 교육활동지원비로 통합하여 지원하며 보장수준을 지속적으로 강화할 계획이다. 취약계층의 최저 주거수준 보장과 주거비 부담의 경감을 위해 주거급여 선정기준도 상향하는 방안을 검토한다. 취약계층의 경우 소득의 상당부분을 월세로 내고 있어 주거급여 선정기준을 상대적 빈곤선 이하 가구까지 상향하고 기준 주거비의 액수를 늘릴 계획으로 취약계층에 대한 주거급여가 확대된다. 요즘 가장 힘든 청년세대에 대한 지원도 있다. 청년층의 높은 주거비의 부담을 고려하여, 주거급여 수급자 가구 내 미혼청년(만 19~30세 미만)이 취업 및 학업 등을 위해 부모와 떨어져 거주하는 경우 2021년부터 부모의 주거급여와 자녀의 주거급여를 분리하여 지급한다. 또한 청년의 발달단계에 맞는 특화된 서비스와 유인 제고 등 청년 맞춤형 자활을 제공한다. 근로빈곤청년(만 15~39세)이 자산형성지원사업 참여 시, 근로소득공제(생계급여), 종합재무설계 서비스 등의 제공을 통해 빈곤의 악순환을 끊기 위한 자립능력을 키울 수 있도록 지원하고자 하는 정부의 노력일 것이다.

그리고 20년 만에 생계급여 부양의무자 기준 폐지, 의료급여 부양의무자 기준의 개선, 의료비의 비급여의 단계별 급여화, 기준중위소득 산출방식 개편 등 기본생활보장수준 제고가 주요내용으로 부양의무자 기준폐지로 생계급여 26만 명 신규 지원, 1인 가구 최대 생계급여액 약 10% 이상 상승, 의료급여 19.9만 명 신규지원, 교육급여 체감도 제고 및 보장성 수준 지속강화, 주거급여 최저주거보장수준 대비 100% 지원 등의 개선 및 확대효과를 기대하고 있다. 결국, 제2차 기초생활보장 종합계획이 잘 시행되어 취약계층뿐 아니라 모든 국민이 "인간다운 생활을 할 권리"를 누릴 수 있길 기대한다.

2 사회보장정책

우리나라 정부의 근로빈곤층 정책은 아직 하나의 정책 패러다임으로 구축되기 이전 상태이며, 각 부처별로 다양한 집단 대상 정책 프로그램이 산재해 있는 상태다. 근로빈곤층 정책은 한편으로 근로연령가구주 가구의 가구빈곤문제를 해결하기 위한 빈곤정책영역과, 다른 한편으로 노동시장 내에 위치한 근로빈곤자를 대상으로 한 정책을 포괄한다. 전자까지 포괄하면 정책범주가 너무 광범위해지며 분석단위를 개인이 아닌 가구단위로 설정해야 하는 문제가 있다. 근로빈곤자 개인을 대상으로 하는 정책영역은 크게 민간영역과 공공영역으로 나눌 수 있으며, 공공영역은 다시 소득보장정책과 일자리정책으로 나눌 수 있다. 민간영역에 적용되는 정책 역시 입법과 정부규제로 작동되지만 직접적인 국가재정투입이나 공적 지원이 이루어지는 영역은 아니다. 이에 해당하는 정책으로 최저임금제와 민간일자리의 고용안정 및 소득보장 정책을 들 수 있다. 최저임금제는 사회양극화와 저소득 불안정 고용상태에 있는 노동 계층이 급증하면서 근로빈곤층 소득보장정책으로 위치가 지워졌다.

소득보장 제도를 포함한 한국 사회보장제도가 가진 중요한 문제는 여전히 사회보장제도에서 배제된 집단이 상당 규모로 존재한다는 점이다.

사회보장제도에서 배제된 집단이 발생하는 이유는 배제되는 인구집단 특성에 따라 사회보장제도의 구체적인 제도영역에 따라, 사회보장제도가 뿌리내린 국가의 경제, 사회, 문화적 배경에 따라 상이하다. 하지만 이러한 다양성에도 불구하고 사회보장제도로부터 배제된 집단은 어느 정도의 유사한 특성을 공유한다.

사회보험에서 적용 배제의 문제가 발생하는 원인은 첫째로 구조적 차원의 원인 때문에 발생할 수 있다. 대부분의 사회보험은 노동시장에서 발생하는 각종의 사회적 위험을 분산시킴으로서 소득의 안정성을 꾀하는 수단으로 설계된 것이다. 이러한 과정에서 사회보험은 '정규직 남성 근로자'를 표적 집단으로 하게 된다. 이것은 이들이 사회적 위험에 노출되어 있는 절대다수이었을 뿐 아니라 타 집단에 비해 안정적인 고용 상태에 있기 때문에 보험료의 지속적인 납입이 가능하며 보험료의 징수와 급여지급이 상대적으로 용이했기 때문이다(신동면, 2007). 두 번째는 개인적 차원의 원인과도 관련된다. 실직과 저소득같이 개인이 경험하는 경제적 불안정에 의한 기여능력의 결여와 사회보험에 대한 불신과 같은 개인적 회피성향, 가족이 제공하는 대체재의 존재 때문이라고 할 수 있다. 다시 설명하면, 한국사회에서 불안정 고용의 증가와 노동시장에서의 성차별이라는 현실, 영세자영업자와 1990년대 이후 증가한 일용직 근로자, 장기실업과 저소득의 문제가 외환위기 이후 심각하게 제기되었고 소득계층의 양극화 현상이 점차 심화되어 개인적 차원의 적용 배제요인이 쉽게 해소되지 않을 것이다.

사회보장제도의 구성원리에 따르면 사회보험으로부터 보호를 받지 못하는 취약계층은 공공부조를 통하여 보호를 받을 수 있어야 한다. 하지만 공공부조의 급여 자격조건이 지나치게 엄격하거나 자격심사의 실행과정이 적절하게 이루어지지 않을 때는 역시 상당 규모의 사각지대를 남기게 된다. 기초생활보장제도는 그 이전의 생활보호제도와는 달리 근로능력이 있는 빈곤계층에게도 생계급여를 지급함으로써 사각지대의 규모를 축소시켰지만 상당 규모의 인구 집단에게는 적절한 보호를 제공하지 못한다는 문제를 가진다.

특히 근로능력을 가진 잠재적 빈곤층은 노동시간 부족과 임금률 감소로 인한 낮은 임금, 실업과 취업의 반복 경험 등 노동시장에서의 불안정한 지위로 인해 빈곤에 빠질 가능성이 높고 사회보험에서도 배제되고 있지만 이들의 대한 사회보험의 적용은 상당히 어렵다는 것이다. 일자리를 제공하면서 자연스럽게 사회보험에 기여할 수 있도록 하는 것이 최선의 방법이지만 한국의 경제상황을 볼 때 고용의 질이 이른 시간 안에 좋아질 가능성은 낮다고 본다.

또 다른 계층 중 하나가 비수급 빈곤층으로 이들의 상당수는 국민기초생활보장제도의 수급자격 기준을 충족하지 못하기 때문에 사각지대에 남겨져 있다. 이들 중에는 급여의 자격기준을 충족하지만 실제로는 급여를 받지 못하는 집단이 존재한다는 것이다. 가령 자격기준을 충족하는 빈곤가구가 실제로 급여를 신청하지 않는다면 그 빈곤

가구는 국민기초생활보장제도의 사각지대에 남겨지게 된다. 또한 자산조사의 부정확성이나 전달체계의 결함도 자격기준을 충족하는 사람을 사각지대에 남기는 결과를 초래한다. 이러한 문제는 공공부조제도의 보편적 특성이기도 하지만, 지속적으로 해결해야 할 과제임에도 틀림없다.

이를 극복하기 위해서는 수급자격 기준을 조정하고, 기초공제액과 환산율을 통해 재산의 소득 환산제를 개선하고, 비수급 빈곤층이 급여 수급을 위한 상담과 신청과정에 좀 더 쉽게 접근할 수 있게 하기 위해 더 노력해야 한다.

마지막으로 저자는 미흡하지만 사회보장정책의 일부에 대한 정책제언을 하면서 이 글을 마무리하고자 한다.

1) 주거정책의 방향에 대해

주거문제의 핵심은 무주택자와 도시 저소득자들이 될 것이다. 그런 의미에서 국가 및 지방정부의 주택정책 목표도 주택의 시장적 기제 속에서는 주택에 접근이 어려운 계층들이 되어야 할 것이다. 도시 빈민의 주거문제 해결을 위한 방향은 우선 이들의 주거문제의 본질을 정확히 파악하는 데서 출발한다. 저소득층의 주거문제는 일시적, 개인적이 아니라 항구적, 구조적이라는 데 있다. 즉, 단지 공급량을 늘리는 것으로만 해결될 수 없다는 것이다. 그러므로 도시빈민 주택에 대한 접근은 수요와 공급의 시장논리가 아닌 인간의 주거권이라는 기본욕구로서 파악하여야 한다.

도시빈민의 주거안정을 위한 정책의 기본방향은, 첫째, 사회복지적 차원에서 주택정책을 펴야 한다는 것이다. 복지정책에 의한다는 것은 스스로의 생활향상이 어려운 자나 시장공급이 비효율적인 계층에게 주택을 공급하는 데 있다. 즉, 현재 우리나라의 주택문제는 주택의 절대적 공급의 부족에 있는 것이 아니라 주택의 실수요자가 주거의 심각한 불안을 경험하고 있다는 데 있다. 이에 생활보호대상자 등 우리 사회의 빈민계층을 위한 주택공급이 주택정책의 최우선 과제가 되어야 한다.

둘째, 도시빈민의 주거안정은 해당 대상자의 현실적 여건과 민주적인 의견수렴과정을 거쳐야 한다. 지금까지의 임대주택제도를 통해 거주하고 있는 해당주민의 직접적 의사수렴과정과 다양한 비영리민간단체가 정책결정에 참가해야 하고, 도시빈민의 노동조건, 생계수단, 생활영역을 고려해야만 실효를 거둘 수 있을 것이다. 이를 수행하기 위해서는 구체적으로 거주자의 소득상태, 인간답게 살기 위한 주거면적과 조건, 임대료, 관리비의 부담능력 산정 등을 포함해야 한다는 것이다.

셋째, 다수의 도시빈민은 세입자이기 때문에 세입자를 보호하는 주택임대차보호제도를 제대로 보완해야만 그들의 주거안정을 기할 수 있다. 왜냐하면, 한국의 경우는 세입자에게 주거에 심한 불안감을 가질 수밖에 없는 상황이다. 이에 「주택임대차보호법」을 대폭 보완, 강화하여야 한다. 즉, 주택보유 위주에서 거주위주로 전환할 수 있도록 유도해 가는 것이 필요하다는 것이다.

2) 보건의료정책에 대해서

우선, 보건의료정책입안자, 의료인 및 전체 국민들에게 의료보호에 대한 기본적 인식을 새롭게 하는 일이 필요하다. 또한, 국민적 인식의 재고와 함께 사회보장과 그 속에서 의료보장이 가지는 역할 및 한 국가 내에서 가지는 이상적인 의료보장의 모형개발을 위한 연구 작업도 필요하다. 또한, 의료소외 계층의 건강권 확보를 위한 국민적 운동을 지속적으로 전개해 나가야 한다. 한국의 현실 속에서 의료보호 대상자들은 너무 가난하고, 노인세대가 다수이며, 경제활동 능력이 현저히 저조한 대상자들이 주류인 것이 사실이다.

그리고 의료인들도 우리나라 의료보장 체계를 재검토하는 작업에 동참하여야 하여, 의료보호대상자들의 인구학적 특성과 질병의 특성에 맞는 다양한 보건의료서비스 프로그램들을 개발, 운영해야 한다.

현실적인 의료보호제도가 자리를 잡기 위해서는 기본적으로 사회보장 정책과의 이념적 통합과 각각의 이론적 결합을 필요로 한다. 이러한 통합과 결합 없이 우리나라 의료보장의 한 단계도약을 기대할 수 있으며 특히 '보호'라는 미명 아래 행해지는 '사회적 낙인화' 형태를 극복해 내야 할 것이다.

3) 여성 빈곤정책에 대해서

통상적으로 요보호대상자라고 할 때, 어린이, 노약자, 장애인, 여성 등을 들고 있다. 어린이나 노약자, 장애인들은 노동력이 부족하거나 없기 때문에 이들이 자립할 수 없으며 그래서 다른 사람의 보호를 받거나 경제적으로 의존되어 있는 것은 쉽게 이해할 수 있는 일이다. 그러나 여성은 노동력이 있음에도 불구하고 여성의 노동시간이 남성보다 훨씬 많음에도 불구하고 여성이 자립할 수 없으며 경제적으로 의존되어 있는 집단이라는 점은 많은 모순을 지닌다. 이렇게 되는 이유는 여성의 노동이 무임금 가사노동이거나 가족 내 종사자들로서 여성의 노동이 돈으로 대가를 지불받지 못하고 있다는 점과 함께 여성이 임금을 받는 노동을 하고 있는 경우에도 대부분의 여성은 저임금 단순노동에 종사하고 있기 때문에 경제적 자립이 불가능하기 때문이다. 여기서 우리가 이제는 인식을 바뀌어야 할 것인데 여성의 가사노동과 가족종사자들의 노동이 왜 무임금으로 처리되어야 하는가이다. 여성이 이렇게 무임금의 가사노동에 종사하는 경우에는 이중으로 제약을 받게 된다. 그것은 아동이나 노약자를 돌보기 위해서는 취업을 할 수 없다는 점과 가사노동에서는 아무런 대가를 지불받을 수 없다는 점이다.

다행히도 세계적으로 복지국가의 발달과 함께 가족의 기능이 축소 내지 변화되고 여성의 사회진출이 늘어남에 따라 지금까지 여성이 수행해 오던 가사노동의 기능을 사회적 서비스로 대치해 나가고 있다. 이미 여러 나라에서 과거에는 여성의 역할로 여겨졌던 많은 부분들이 사회화되어 가고 있으며 나아가 여성의 가사노동에 대한 사회적 비용지불에 대한 요구가 늘어나고 있다.

이와 같이 전통적으로 여성의 역할로 여겨져 오던 일에 대한 사회화 내지 사회적 비용지불에 대한 요구는 여성운동의 발달로 인한 여성의 사회참여의 증가와 사회적으로는 노동의 여성화 현상과 함께 이제는 더 이상 사회적 약자의 양육과 보호를 여성의 무임금 가사노동에만 의존할 수 없게 되었다. 그러나 이러한 서비스가 사회적으로 제공되지 않게 될 때 아동과 노약자에 대한 학대와 유기 및 여성의 가출 등 파행적 현상이 늘어나게 될 것이다. 바로 이런 현상이 우리나라에서 노인학대 내지는 유기 또는 빈곤가정에서의 여성의 가출로 나타나고 있다.

가족종사자의 경우도 가부장제의 억압을 받고 있다. 즉, 여성은 남성에 종속되며 가족 내에서 무임금 가사노동에 의해서 노동력을 착취당하고 있는 것이다. 그렇다면 여성이 사회활동에 참여할 경우에는 어떤 대접을 받는가도 면밀히 살펴볼 필요가 있다. 그것은 여성이 사회에 참여해도 대부분이 저임금 단순노동에 종사하며 가계수입의 보조자적 대우밖에 받고 있지 못하다는 것이 현실이 아닌가 생각되기 때문이다.

이렇게 여성이 노동시장에서 값싼 노동력으로 밖에 활동하지 못하는 데에는, 첫째, 여성노동력이 전문기술직에 진출할 기회가 남성에 비해서 부족하다는 것이다. 노동시장에서도 남성과의 차별은 우리 사회를 지배하고 있는 전통적인 여성관과 여성, 남성의 성역할 논리에 그 뿌리를 두고 있다. 즉, 여성은 가사책임자이고, 여성의 사회적 노동은 생계 보조적이며, 여성에게 적합한 직종을 따로 두고 있는 부정적인 사회구조가 존재하고 있기 때문이다.

「남녀고용평등법」이 제정되었어도 실질적인 성 차별이 없어지는 것은 아니다. 이를 극복하기 위해서는 성별 분리구조가 근본적으로 변화되어야 가능하며 이를 위해서는 우선 성을 차별적으로 분리하는 교육에서의 변화가 필요하다. 여성노동력은 여성의 생리적 특성을 무시하고 남성과 똑같을 수는 없다. 그렇게 되면 노동력을 재생산하는 데 문제가 생기게 되며 이것은 더 큰 사회문제를 가져올 수 있다고 본다. 이에 국가적 차원에서 여성의 성역할과 자녀양육에 힘쓰는 모성보호 비용을 어떻게 처리할 것인가에 대한 대책이 요구된다. 그런데 여기서 한 가지 깊이 생각해 보아야 할 점은 지금 우리가 처해 있는 인력 부족난을 어떻게 타계해 나갈 것인가 하는 점이다. 지금처럼 외국인 노동자들을 활용하는 데는 한계가 있기에 남은 것은 여성인력뿐이다. 또한, 21

세기에 요구되는 감성적 산업은 여성인력의 활용 없이는 불가능할 것이다. 그러므로 새로이 펼쳐질 21세기를 바라보며 지금부터라도 여성인력을 키우고 여성인력의 노동의 질을 높혀 나가지 않으면 안 될 것이다. 그래서 모성보호 비용에 대해서는 국가적 차원에서의 보호가 요구되며 성 평등적 시각에서 여성인력을 길러 나가지 않는다면 심각한 문제에 직면하게 될 것은 자명하다.

여성을 위한 사회정책적 접근은 우선 사회의 기본구조와 제도가 남성위주로 되어 있다는 것을 인정하고 성평등을 위한 근본적인 제도적 보완책 내지 구조변경을 위한 장기적 대책 수립이 요구된다는 것을 인식하는 것에서 출발해야 할 것이다.

4) 소년소녀가장과 빈곤에 대해서

대부분의 소년소녀가장은 부모가 가난과 질병으로 또는 사고로 고생고생 하다가 세상을 떠난다든가 가출을 해 버려서 남아 있는 어린 자녀에게는 가난과 시름만 남겨줬으니 이러한 빈곤을 개인의 책임으로 돌리기에는 너무도 안타까운 일이다. 부모가 안 계시는 것도 서러운데 가족의 생계마저 책임져야 하는 고통은 실로 감당하기 어려운 시련인 것이다. 그리고 성장기의 빈곤은 어른의 빈곤과 달리, 신체발육상태를 저해하고 성격 및 인격형성에도 좋지 않은 영향을 미치므로 성인이 되어 경제적인 문제가 해결된다 해도 대인관계 등 정서적인 문제는 여전히 남아 있으며 사회의 원만한 구성원으로서 자리 잡기에는 상당한 시간이 걸리는 것이다. 그래서 지역사회와 국가가 적극적인 책임을 지고 대책을 세워 지원해 주어야 한다. 그것은 이제 더 이상 빈곤이 세습되지 않도록 악순환의 고리를 끊기 위해서도 기술교육 및 능력에 따른 상급학교 진학의 여건을 조성해 주어야 하며 빈곤문화에 젖지 않도록 환경적 변화를 가져다주며, 무엇보다 정부의 적극적인 대책과 실질적인 공적부조가 선행되어야 할 것이다. 또한 전문사회복지기관의 사회복지사, 사회복지전문요원, 지역사회 주민들의 사랑과 관심이 요망된다.

5) 일자리 문제와 고용정책에 대해

고용과 노동시장의 문제가 핵심적인 역할을 해야 할 것이다. 인적자원 개발을 통한 성장 잠재력의 확충과 고요을 통한 복지는 향후 우리나라 경제사회 발전전략의 핵심이 될 것이다. 이때 고용정책은 단순히 실업자의 취업능력을 높이는 정도의 협의적 고용정책에 머물지 않고 성장과 복지의 문제를 고려한 고용전략이 되어야 한다.

저성장, 저출산, 세계화 등 환경변화에 대응하여 지속가능한 성장과 복지를 달성하기 위해서는 고용확대와 고용의 질 재고를 국가발전의 우선적 목표로 설정하고 이를 달성하기 위해서 국가 고용정책 역량을 강화해야 할 것이다.

이를 위해서는 일자리 질의 향상, 부문 간 노동이동 가능성의 향상, 경직성과 불안정한 노동 환경의 개선, 비정규직, 저임금문제에 대해서 우리나라 실정에 맞는 유연하고 안전한 노동시장 모델의 구축, 실업급여 확충을 축으로 하는 고용안정망의 확립, 고용지원 서비스와 직업능력 개발에서 양질의 국가지원 서비스가 가능하도록 하는 도약투자, 노동시장에서의 부문 간 원활하게 상향이동이 가능하도록 하는 능동화 정책과 자영업 정책 개선을 위한 노력이 진행되어야 할 것이다.

6) 맺음 글

빈곤계층에 대한 보호는 결국 국민을 대표하는 정부에 의하여 제도화되고 국민의 부담으로 조성된 국가예산에 의해서 일차적으로 집행되어야 할 것이다. 따라서 무엇보다도 빈곤문제의 완화를 위해서 대규모의 예산이 필요하다. 사회복지 예산은 지방자치제하에서 지방정부의 중요한 기능 중 하나가 주민들의 복지욕구 충족이라는 점을 감안할 때, 전체 예산에서 사회복지 예산이 차지하는 비중이 커져야 할 것이다. 특히, 중앙정부의 예산이건, 지방정부의 예산이건 할 것 없이 빈곤문제를 해결하기 위한 정부의 예산은 턱없이 부족하다고 할 수 있다. 문제는 아직까지도 절대빈곤층이라 할 수 있는 생활보호 대상자들을 신청주의에 입가하기보다는 할당주의 방식으로 일정수로 정해 두고 있거나 생활보호 수준이 현실과는 거리가 멀게 설정된 최저생계비에도 미치지 못하는 점을 들 수 있다. 경제 선진국들이 모임인 OECD에 정회원 국가로 가입한 세월도 오래된 우리나라 현실은, 아직까지도 사회복지 예산이 국민총생산의 지극히 빈약한 비율을 차지하고 있어 다른 회원 국가들과는 비교조차 할 수 없는 실정이다. 앞으로 빈곤문제를 해결하기 위해서 훨씬 더 많은 예산이 사회복지 부문에 할당되어져야 할 것이다.

참고문헌

강신욱, 김안나, 박능후, 김은희, 유진영(2005). 사회적 배제의 지표개발 및 적용방안 연구. 한국보건사회연구원.

강혜규(2008). 지난 정부 10년의 사회복지서비스 부문 개혁전략: 특성과 쟁점. 비판과 대안을 위한 사회복지학회, 1, 109-130.

곽금주, 김정미(2007). 취학 전 빈곤아동에 대한 부모, 가정환경 자극, 사회적 지원의 영향력 탐색. 한국아동학회지, 28(4), 305-317.

권옥(2005). 저소득층 학령 전 아동의 사회성 연구: 집단 사회성 증진 프로그램 및 개인 놀이활동을 중심으로. 동국대학교 대학원 석사학위논문.

공태수(1998). 초등학생의 자아존중감에 따른 창의성과 학업성취와의 관계. 한국교원대학교 교육대학원 석사학위논문.

구인회(2003). 가족배경이 청소년의 교육성취에 미치는 영향: 가족구조와 가족소득, 빈곤의 영향을 중심으로. 사회복지연구, 22, 5-32.

구종진(2019). 주관적 빈곤 추이와 결정요인. 중앙대학교 대학원 석사학위논문.

국회입법조사처(2019). '국제통계 동향과 분석 3호' 보고서.

권지성, 한가영(2008). 쪽방 거주 노인의 생활경험에 대한 질적 연구. 한국 사회복지 질적연구, 2(1), 63-84.

김경화(2011). 빈곤 가구의 삶의 질에 관한 연구. 서울시립대학교 석사학위논문.

김경희, 황혜정(1998). 저소득층 아동의 정서 · 행동 문제와 부모의 자녀양육 태도에 관한 연구. 한국심리학회지 발달, 11(1), 12-26.

김광혁(2010). 아동 · 청소년의 학업성취도에 의한 가족 소득의 수준별 영향의 차이 아동 발달단계별 비교를 중심으로. 한국청소년연구, 21(2), 35-65.

김경아(2007). 현 노년층의 소득현황 및 소득불평등 실태. 국민연금포럼, 27(3), 76-86.

김교성(2010). 사회정책 빈곤연구의 동향과 과제. 한국 사회복지학회 추계 학술대회 발표자료.

김교성, 김성욱, 이정면, 노혜진(2008). 빈곤의 측정과 규모에 관한 연구. 한국사회복지조사연구, 19, 297-319.

김교성, 노혜진(2011). 한국의 빈곤: 다차원적 접근과 재생산 메커니즘. 서울: 나눔의 집.

김경옥(2002). 중 · 고등학생의 사회복지의식과 태도에 관한 연구. 한남대학교 석사학위논문.

김동기, 이웅(2012). 장애인의 사회적 배제 개념화 연구. 장애인복지학, 17, 129-147.

김명림(2000). 불교신자들의 사회복지 태도에 관한 연구. 동국대학교 석사학위논문.

김미곤 외(2003). 소득 인정액 시범사업(제2차연도) II -재산의 소득환산에 관한 연구-한국보건사회연구원.

김미숙(2013). 빈곤아동 삶의 질과 소득지원방안. **한국보건사회연구원**, 206, 35-47.

김남현(2010). 사회복지서비스전달체계 개선방안에 관한 연구, 광주대학교대학원 행정학과 석사학위논문.

김만희(2015). 집단모래상자놀이가 저소득층 아동의 사회적 기술에 미치는 효과. 대구대학교대학원 석사학위논문.

김수정(2008). 비교 국가적 관점에서 본 한국 여성가구주의 빈곤. **보건사회연구**, 28(2), 33—52.

김수현, 이현주, 손병돈(2009). **한국의 가난: 새로운 빈곤, 오래된 과제**. 서울: 한울.

김성천(1997). 빈곤문제 해결을 한 사회사업 실천방법에 한 탐색 연구. **한국사회복지학**, 33, 29-54.

김수현(2008). **주택정책의 원칙과 쟁점: 시장주의를 넘어**. 서울: 한울.

김신영(1999). 유아교사들의 빈곤에 대한 태도 연구, 이화여자대학교 사회복지학과 석사학위논문.

김영모(2010). **빈곤이론 빈곤정책**. 서울: 고헌출판부.

김영화, 공정원(2002). 권리로서의 주거와 사회복지적 의의. **복지행정논총**, 12(2), 1-19.

김예성(2014). 노인의 독거여부에 따른 건강증진행위와 신체적 정신적 건강에 관한 연구. **보건사회연구**, 34(3), 400-429.

김유지(2006). 집단치료놀이 프로그램이 저소득층 아동의 자아존중감과 사회성에 미치는 영향. 서울여자대학교 대학원 석사학위논문.

김윤태, 서재욱(2013). **빈곤: 어떻게 싸울 것인가**. 경기: 한울.

김정민(2009). 경제적 소외계층 아동이 지각하는 심리적 가정환경과 사회적 지지가 탄력성에 미치는 영향. 성균관대학교 일반대학원 석사학위논문.

김지선(2009). 저소득가정 어머니의 양육태도와 유아의 사회 행동발달과의 관계. 총신대학교 교육대학원 석사학위논문.

김지현(2015). 빈곤의 정의: 다면성과 측정의 한계, Journal of international development cooperation, 2015년 제1호, 한국국제협력단.

김진구(2011). 가족형태가 노인의 건강행위에 미치는 영향. **노인복지연구**, 51, 35-56.

김진아(2012). 빈곤의 원인에 대한 청소년들의 태도 연구. 가톨릭대학교 사회복지대학원 석사학위논문.

김진호, 김지수(2018). 경제적 소외계층 유아 관련 국내 연구동향 분석. **미래유아 교육학회지**, 25(2), 261-289.

김태성, 손병돈(2009). **빈곤과 사회복지정책**. 서울: 청목출판사.

김태성, 손병돈(2016). **빈곤론**. 서울: 형지사.

김태완, 이주미(2017). 아동빈곤의 특성과 청년기의 영향. **보건복지포럼**, 254, 95-110.

김태완, 최준영(2017). 청년의 빈곤 실태: 청년, 누가 가난한가. **보건복지포럼**, 244, 6-19.

김현미(2003). 해결중심 집단상담이 저소득층 여성가장의 자기효능과 우울에 미치는 효과. **정신간호학**

회지, 12(4), 5-12.

김혜경, 현성민, 권은주, 김희철(2008). 취약지역 빈곤아동의 인구사회학적 특성별 건강행동 변화단계의 분포. **보건교육건강증진학회지**, 25(3), 59-76.

김혜승, 김태환(2008). 최저주거기준과 최저주거비부담을 고려한 주거복지정책 소요추정. **국토연구**, 59, 223-245.

김혜연(2010). 우리나라 중고령 여성의 생애 노동과정 유형에 영향을 미치는 요인에 관한 연구: 출산코호트별 변화를 중심으로. **사회복지정책**, 37(3), 14-169.

남기철(2006). 사회양극화와 사회복지실천. **비판사회정책**, 22, 71-116.

남원석(2004). 도시빈민 주거지의 공간적 재편과 함의. **문화과학**. 39, 85-101.

남원석(2007). 주거복지 개념 정립을 위한 시론. **도시와 빈곤**, 84, 93-108.

노길상(2008). 이명박 정부 사회복지정책 방향과 과제. 2008년 한국사회복지정책학회 춘계학술회 자료집, 9-34.

노대명(2006). 사회서비스 부문 고용창출을 위한 정책과제, 일자리 창출을 위한 국가고용 전략과 비전. 국제심포지엄자료집.

노혜진, 김교성(2008). 결혼해체를 경험한 여성가구주의 빈곤과 사회적 배제에 관한 종단연구. **사회보장연구**, 24(4), 167-196.

노혜진, 김교성(2010). 시간과 소득의 이중 빈곤. **사회복지연구**, 41(2), 159-188.

뉴시스(2017. 02. 17.). 쓰러진 '주거사다리'...월세 전전하는 청년층, 주거빈곤 심각.

대한주택공사(2000). 주거 빈곤가구의 실태와 최저주거기준 달성방안.

대한주택공사(2005). 비닐하우스촌 주민의 주거실태 및 주거안정대책에 관한 연구.

대한주택공사(2005). 지하주거공간의 주거환경과 거주민 실태에 관한 연구.

독거노인종합지원센터(2014). 독거노인현황조사 분석 및 안전망 구축을 위한 과제. 서울: 보건복지부.

매일경제(2019. 12. 11.). 한국 노인, 가장 오랜 기간 일하고도 가장 가난하게 산다.

모상현, 김영지, 김희진, 정익중, 김미영(2009). 경제위기에서 빈곤 아동 · 청소년의 생활실태 연구(연구보고서 09-R20). 한국청소년정책연구원.

모선영, 홍백의, 이자영, 최은성(2007). 빈곤아동의 생활실태 및 복지욕구에 관한 조사 연구. **동광**, 103, 1-92.

문진영(2010). 한국의 사회석 배제 성격에 대한 연구. **한국사회복지학**, 62(2), 87-107.

미디어오늘(2014. 05. 14.). '세 모녀 자살사건' 막으려면 이렇게 하라.

민동기, 김성배(2012). **사회복지서비스 전달체계 개선을 위한 법제적 방안**. 서울: 한국전문가 컨설팅그룹.

박기남(2004). 생애구술을 통해 본 독거 여성노인의 삶. **페미니즘연구**, 4(1), 149-194.

박능후(2014). 공정한 소득분배, 어렵지만 가야 할 길. **보건복지포럼**, 215, 2-4.

박미정(2010). 국민기초생활수급 여성독거노인의 일상생활연구. **보건사회연구**, 30(1), 62-91.

박성복(2011). 노인의 주거관련 요인과 삶의 만족도. **한국행정논집**, 23(3), 731-758.

박순일(1994). 한국의 빈곤현실과 사회보장. 서울: 일신사.

박정훈, 유재우(2011). '자아정체성' 개념으로 본 독거노인의 주의식과 주거행태에 관한 연구. 대한건축학회 논문집, 27(1), 111-120.

박현선(1998). 빈곤청소년의 위험 및 보호요소가 학교 적응 유연성에 미치는 영향. 사회복지연구, 11, 23-52.

박형선(2008). 빈곤지위가 아동의 사회 · 정서발달에 미치는 영향 빈곤 대리변수와 빈곤동반 위험요소와의 비교를 중심으로. 한국아동복지학, 26, 114-137.

박현채(1985). 민중의 계급적 성격, 한국사회계급연구. 서울: 한울.

박현채(1986). 한국 자본주의와 도시빈민의 문제, 한국경제구조론. 서울: 일월서각.

박혜영(2012). 빈곤이 일상 스트레스를 통해 청소년의 비행에 미치는 영향. 숙명여자대학교 석사학위논문.

박형근(2020). 자살생각자와 자살시도자 코호트 연구 자료를 이용한 한국 자살 고위험군의 다면적 특성 분석. 서울대학교 대학원 박사학위논문.

백종만(1994). 사회복지서비스에서 국가와 민간간의 역할분담유형 개발과 적용에 관한 연구. 서울대학교 박사학위논문.

백정재(1996). 빈곤아동이 지각한 가정의 심리적 환경과 부적응행동. 숙명여자대학교 석사학위논문.

백학영(2004). 저소득 독거노인의 빈곤경험에 관한 질적 연구. 사회복지연구, 31, 5-39.

보건복지부(2006). 보건복지백서.

보건복지부(2009). 보건복지백서.

보건복지부(2012). 보건복지백서.

보건복지부(2013). 2013년 주요업무참고자료.

보건복지부(2017). 2017년도 노인실태조사.

보건복지부(2018). 제2차 독거노인 종합지원대책('18~'22).

부산여자대학교 사회과학 발전연구소(1997). 빈곤문제와 사회발전. 서울: 세종출판사.

부자학연구학회(2011). 빈부소통. 서울: 미래를 소유한 사람들.

서울신문(2018. 10. 31.). [2018 청년 빈곤 리포트-D급 청춘을 위하여] 日 청년실업률 줄었지만… '넷카페 난민' 10년째 그대로.

서홍란, 김희년(2014). 농촌지역 고령 홀몸노인의 심리 안녕감에 미치는 요인. 노인복지연구, 64, 137-163.

석재은(2004). 한국의 빈곤의 여성화에 대한 실증분석. 한국사회복지학, 56(2), 167-194.

석재은, 김태완(2000). 노인의 소득실태 분석과 소득보장체계 개선방안 연구. 한국보건사회연구원 연구보고서.

석재은, 구본미, 권종희, 장은진(2010). 성공적 노화를 위한 선택 · 적정화 · 보완(SOC) 모델의 이론적 고찰과 실천적 적용가능성에 관한 연구. 노인복지연구, 48, 251-278.

석희정(2014). 남성독거노인의 홀로 살아가는 경험에 관한 연구. **한국사회복지학**, 66(3), 29-53.

성열관, 김정숙(2015). 빈곤에 책임에 대한 고등학생들의 윤리적 추론방식. **교육사회학연구**, 75, 69-95.

신동면(2007). **사회양극화 극복을 위한 사회정책 구상**. 서울: 풀빛.

신인순(2010). 빈곤가구 아동 신체건강의 위험요인과 보호요인. **사회복지리뷰**, 15, 5-33.

안기덕(2012). 국민기초생활수급 여성독거노인의 생애사 연구: 사회적 배제와 행위주체성(agency)을 중심으로. **한국노년학**, 32(2), 447-465.

안유경(2004). 사회복지사 빈곤에 대한 태도와 개입방법과의 관계 연구. 카톨릭대학교 석사학위논문.

양정하, 임광수, 황인옥, 신현석, 박미정, 윤성호(2008). **사회복지정책론**. 서울: 양서원.

여유진(2004). 국민기초생활보장제도 부양의무자기준과 빈곤사각지대: 공적부양과 사적부양과 관계를 중심으로. **보건사회연구**, 24(1), 3-29.

여유진(2013). 노인의 가구유형별 빈곤과 공적 이전의 빈곤감소 효과분석: 정책적 함의를 중심으로. **비판사회정책**, 40, 185-219.

여유진, 김미곤, 권문일, 최옥금, 최준영(2012). 현세대 노인의 빈곤실태 및 소득보장방안 연구. 보건사회연구원 연구보고서.

이가옥, 우국희, 최성재(2004). 노인독립 담론에 대한 비판적 성찰: 독립과 의존의 재개념화. **한국사회복지학**, 56(1), 5-22.

이상은(2004). 우리나라 도시근로자 가구의 남녀 가구주 간 빈곤 격차 요인 분해. **한국사회복지학**, 61(4), 333-354.

이상훈(2011). 사회복지서비스 이용이 빈곤탈출에 미치는 영향. 경기대학교 대학원 석사학위논문.

이성민, 이수철(2010). 빈곤의 대안적 개념화에 관한 연구. **지역발전연구**, 19(2), 153-178.

이소원, 왕영민(2019). 장애인 사회적 배제의 지수화 및 작동기제 연구. 서울: 한국장애인개발원 사회과학자료실(208호).

이소희 외(2001). **현대가족복지론**. 서울: 양서원.

이영자, 김태현(1999). 단독가구 노인의 스트레스와 우울감 - 사회적 지지의 완충효과를 중심으로. **한국노년학**, 19(3), 79-93.

이윤정(2017). 노인 빈곤선 적정측정방안 연구. **인문사회 21**, 8(5), 983-1000.

이은정(2011). 주거 빈곤지역 거주민의 사회적 배제 경험: 송파구 비닐하우스촌을 중심으로. 중앙대학교 대학원 석사학위논문.

이은희(2012). 어머니의 양육행동과 아동의 학교생활적응의 관계에서 아동의 놀이성의 매개효과. 숙명여자대학교 대학원 석사학위논문.

이지인, 주은선(2020). 노인되기와 빈곤: 빈곤 궤적의 연령집단 차이를 중심으로. **한국융합학회논문지**, 11(5), 261-273.

이진숙(2015). 대안적 가족으로서의 독거노인들의 공동생활에 대한 질적 연구. **아세아연구**, 58(3), 42-71.

이태진(2009). 경제위기에 따른 주거 빈곤 개선방안. **보건복지포럼**, 148, 43-55.

이태진, 김태완(2016). 청년 빈곤 해소를 위한 맞춤형 주거지원 정책방안. 한국보건사회연구원.

이태진, 김태완, 정의철, 최은영, 임덕영, 윤여선, 최준영, 우선희(2017). 청년 빈곤 해소를 위한 맞춤형 주거지원 정책방안. 한국보건사회연구원 연구보고서, 2016, 1-227.

이현주, 강혜규, 서문희, 정경희, 유동철, 정재훈, 이승경, 노언정, 현명이(2003). 공공부조와 사회복지서비스의 체계분석 재편방안. 한국보건사회연구원 연구보고서.

이현주, 정은희, 이병희, 주영선(2012). 빈곤에 대한 대안적 접근: 욕구범주를 고려한 다차원성에 대한 분석. 한국보건사회 연구원.

이호영, 백학영(2003). 홀로 사는 가난한 노인들: 서울시 독거노인 실태보고. 서울시 정책개발연구원.

전병주, 최은영(2015). 노인의 사회 배제 특성, 주거 점유형태가 생활만족도에 미치는 영향 및 사회적 관계망의 완충효과: 배우자 유무를 중심으로. **사회과학연구**, 26(1), 77-107.

전지형(2019). 빈곤 독거노인의 삶의 경험에 대한 연구. 서강대학교 신학대학원 박사학위논문.

정영숙(2004). 빈곤선 설정과 최저생계비 측정에 관한 연구: 노인가구, 모자가구, 장애인가구에 대한 비교적 접근, 한국 학술 진흥재단.

정은희, 최새은, 이상균, 하태정(2013). 우러나라 아동빈곤의 특성. 한국보건사회연구원.

정지운(2013). 자산 정보를 이용한 빈곤 연구. 성균관대학교 대학원 박사학위논문.

조명래(1996). 신빈곤의 이해. 현대사회연구소, 지방자치 6월호.

조미경(2013). 저소득 남성노인의 홀로 삶의 경험에 관한 질적 연구. **노인복지연구**, 61, 7-34.

진명숙(2005). 주거 빈곤층의 사회적 배제에 관한 연구: 전주시 평화동 영구임대아파트를 중심으로. **지역사회연구**. 13(3), 87-112.

채명진(2007). 도심부 불량주택지구 거주실태 분석 및 주거지원방안에 관한 연구: 서울시 돈의동 쪽방촌을 중심으로. 중앙대학교 석사학위논문.

최균, 류진석(2000). 복지의식의 경향과 특징: 이중성. **사회복지연구**. 16(1), 223-254.

최민섭, 남영우, 최은영, 강민석, 천현숙, 김태섭(2010). **주거 신분사회: 타워팰리스에서 공공임대주택까지**. 경기: 창비.

최선화, 박광준, 황성철, 안홍순, 홍봉선(2009). **사회문제와 사회복지**. 서울: 양서원.

최성재, 남기민(2008). **사회복지행정론**. 서울: 나남출판사.

최승아(2009). 사회복지서비스 이용에 영향을 미치는 요인, 일반계층과 소득층의 비교 연구. **사회복지연구**, 40(3), 213-242.

최현수, 류연규(2003). 우리나라 노인빈곤 동향 빈곤구성에 대한 연구. **한국노년학**, 23(3), 143-160.

최인택(2013). 현대일본의 무연사회와 장례문화의 변용: 多死시대의 도래. **일어일문학**, 59, 445-460.

통계청(2018). KOSTAT 통계플러스 2018년 여름호.

통계청(2019). 2019 일 · 가정양립지표.

통계청(2020). 가계동향조사.

통계청(2020). 통계로 보는 1인 가구.

통계청(2020). 2019년 중 · 장년층 행정통계 결과

통계청(2020). 2019년 초중고사교육비조사 결과.

통계청(2020). 2020년 사회조사결과(가족 · 교육과 훈련 · 건강 · 범죄와 안전 · 생활환경)

통계청(2021). 2019년 공공부문일자리통계.

통계청, 금융감독원, 한국은행(2020). 가계금융복지조사.

하성규(2003). 신자유주의시대 주거복지에 대한 이론적 논의. **한국지역개발학회**. 15(4), 71-96.

하성규(2007). **한국인의 주거 빈곤과 공공주택**. 서울: 집문당.

하현선(2016). 북한이탈주민 보호 및 정착지원사업평가. 서울: 국회예산정책처.

한경훈, 손병돈, 노법래(2017). 국민기초생활보장제도 부양의무자 기준에 의한 사각지대 시기별 추이 분석. 2017 한국사회보장학회 춘계학술대회 자료집.

한국보건사회연구원(2006). 캐나다의 아동빈곤 감소를 위한 아동복지수당 제도, **국제사회보장동향**, 3(1), 40-45.

한국은행(2020). 가계신용동향.

한상복(2003). **한국의 부자들**. 서울: 위즈덤하우스.

한완상(1979). **민중사회학**. 서울: 종로서적.

한형원(1987). 아동의 경제적 개념에 관한 연구: 돈과 빈부의 개념을 중심으로. 이화여자대학교 석사학위논문.

헤럴드경제(2019. 01. 27). 韓 복지지출 OECD 최하위…GDP대비 11.1% 그쳐.

현외성, 김용환, 문정란, 박선애, 이은정(2017). **현대사회문제론**. 서울: 창지사.

현장언론 민플러스 http://www.minplusnews.com

홍석표(2009). **유럽의 능동적 복지정책 비교연구**. 서울: 한국보건사회연구원(편).

홍백의, 김혜연(2007). 빈곤의 여성화. **한국사회복지학**, 59(3), 125-146.

황청일(1997). 빈곤(선) 개념규정의 다양성과 사회지표로서의 유용성. **Social Science Review**, 16, 24-41.

Alderson A. S. (1999). Explaining De-industrialization: Globalization, Failure, or Success?. ***American Sociological Review, 64***: 701-72

Alston, J. P. & Dean, K. L. (1972). Socioeconomic factors associated with attitudes toward welfare recipients and the causes of poverty. ***Social Service Review, 46***(1): 13-23.

Arthurson, K., & Jacobs, K. (2009). Discourses about Australian Social Housing, Social Exclusion and Employment: Indications of the Post-Welfare State?. ***Housing, Theory and Society, 26***(3), 179-192.

Avellar, S., & Smock. P. (2005). The economic consequences of the dissolution of cohabiting union.

Journal of Marriage and Family, 67: 315-327.

Baumeister, Roy F., & Tice, Dianne M. (1990). Point-Counterpoints: Anxiety and Social Exclusion. *Journal of Social and Clinical Psychology, 9*(2): 165-195.

Baumol W. J., Blackman S. A. B., & Wolff E. N. (1985). Unbalanced Growth Revisited: Asymptotic and New Evidence. *American Economic Review, 75*: 806-817.

Bessell, S. (2010). Methodologies for gender—sensitive and pro-poor poverty measures. Chant(ed). International Handbook of Gender and Poverty, Edward Elgar, 59-64.

Blackhart, G. C., Nelson, B. C., Knowles, M. L., & Baumeister, R. F. (2009). Rejection Elicits Emotional Reactions but Neither Causes Immediate Distress nor Lowers Self-Esteem: A Meta-Analytic Review of 192 Studies on Social Exclusion. *Personality and Social Psychology Review, 13*(4), 269-309.

Blau, D. M., & Robins, P. K. (1989). Fertility, employment, and child-care costs. *Demography, 26*(2): 287-300.

Brady, D. (2006). Structural theory and relative poverty in rich Western democracies, 1969-2000. *Research in Social Stratification and Mobility, 24*(2): 153-175.

Brady D., & Kali, D. (2008). Nearly universal, but somewhat distinct: the feminization of poverty in affluent Western democracies, 1969-2000. *Social Science Research, 37*: 976-1007.

Burchardt, T. (2008). Time and Income Poverty. *CASE report, 57*: 1-109.

Chapman, A. L., Walters, K. N., & Gordon, K. L. D. (2014). Emotional reactivity to social rejection and negative evaluation among persons with borderline personality features. *Journal of Personality Disorders, 28*(5), 720-733.

Cancian, M., & Reed D. (2001). Changes in Family Structure: Implications for Poverty and Related Policy. In S. H. Danziger and R. H. Haveman (eds.) *Understanding Poverty*. New York: Russell Sage Foundation.

Chant. S. (2006). Re-thinking the feminization of poverty in relation to aggregate gender indices. *Journal of Human Development, 7*(2): 201-220.

Dalaker, J., & Naifeh, M. (1998). U.S. Bureau of the Census, Current population reports, Series P, 60–201, Poverty in the United States: 1997. Washington, DC: U. S. Government Printing Office.

Danziger S. H., & Gottschalk P. (1995). *American Unequal.* New York: Russell Sage Foundation.

De Bec, P., & Swanepoel, H. (2000). *Introduction to development Studies.* Pretoria: J. L. van Schaik.

Denzin, Norman K. (1984). Toward a Phenomenology of Domestic Family Violence. *American Journal of Sociology, 90*(3): 483–513.

Dutton, M. A. (1992). *Empowering and Healing the Battered Women.* New York: Springer.

Fukuda-Parr, S. (1999). What does feminization of poverty mean? it isn't just lack of income. *Feminist*

Economics, 5(2): 99—103.

Germani, G. (1980). *Marginality.* New Brunswick, N. J.: Transaction Books.

Ghez, G., & Becker, G. S. (1975). *The Allocation of Time and Goods over the Life Cycle.* New York: National Bureau of Economic Research.

Goedhart, T., van Praag, B. M. S., & Kapteyn, A. J. (1980). The poverty line: A pilot survey in Europe. *The Review of Economics and Statistics, 62:* 461-465.

Grimm, J. W., & Orten, J. D. (1973). Student attitudes toward the poor. *Social Work, 18*(1): 94-100.

Gustafsson, B., Shi, L., & Sato, H. (2004). Can a subjective poverty line be applied to China? Assessing poverty among urban residents in 1999. *International Journal of Development, 16*: 1089-1107.

Haralambos, M., Holborn, M., & Heald, R. (1991). *Sociology: Themes and Perspectives.* London: Collins Educational.

Hirway, I. (2010). Understanding poverty: Insights emerging from the time use of the poor. In Antonopoulos, R., Hirway, I. (Eds.), *Unpaid work and the economy: Gender, time use and poverty in the Global South* (pp. 22–57). London, UK: Palgrave.

Huber, E., & Stephens, J. D. (2001). *Development and Crisis of the Welfare State: Parties and Policies in Global Markets.* Chicago, IL: University of Chicago.

Iceland, J. (2005). Measuring poverty: Theoretical and empirical considerations. *Measurement: Interdisciplinary Research and Perspectives, 3*(4): 199-235.

Kingdon, G. G., & Knight, J. (2006). Subjective well-being poverty vs. Income poverty and capabilities poverty?. *The Journal of Development Studies, 42*(7): 1199-1224.

Klugman, J. (2002). *A Source book for Poverty Reduction Strategies.* Washington DC: World Bank.

Krugman P. (1996). *Pop Internationalism.* Cambridge: MIT Press.

Lauer, R. (1998). *Social Problems and the Quality of Life.* Boston: Me Graw-Hill.

Lau, G., Moulds, M. L., & Richardson, R. (2009). Ostracism: How much it hurts depends on how you remember it. *Emotion, 9*(3): 430-434.

Leary, M. R., Twenge, J. M., & Quinlivan, E. (2006). Interpersonal Rejection as a Determinant of Anger and Aggression. *Personality and Social Psychology Review, 10*(2): 111-132.

Lichter, D. T. (1997). Poverty and inequality among children. *Annual Review of Sociology, 23:* 121 -145.

Lipietz A. (1986). Behind the Crisis: The Exhaustion of a Regime of Accumulation. A Regulation School "Perspective on Some French Empirical Works". *Review of Radical Political Economics 18*(1-2): 13–32.

Lipietz A. (1987). *Mirages and Miracles: The Crisis of Global Fordism.* London: Verso.

Lomnitz, L. A. (1977). *Networks and Marginality: Life in a Mexican Shantytown.* New York: Academic Press.

MacDonald, G., Kingsbury, R., & Shaw, S. (2005). Adding insult to injury. *The socia l outcast: Ostracism, social exclusion, rejection, and bulying,* 77-90.

Malat, J., Oh, H. J., & Hamilton, M. A., (2005). Poverty experience, race and child health. Public Health Reports, 120(4): 442-447.

Manting, D., & Bouman. A. (2004). Short and long term economic consequences of union dissolution: the case of Netherlands, 3rd European. Conference. Research Network on Divorce.

Marcus, D., & Nazneen H. Askari (1999). Dysphoria and Interpersonal Rejection: A Social Relations Analysis. *Journal of Social and Clinical Psychology, 18*(3): 370-384.

Medeiros, M., & Costa, J. (2008). Is There a feminization of poverty in Latin America?. *World Development, 36*(1): 115-127.

Meyer, J. W., & Scott, W. R. (1983). *Organizational Environments: Ritual and Rationality.* London: Sage.

Mill J. S. (1963). *Utilitarianism.* Toronto: University of Toronto Press.

Mishra, R. (2002). 세계화와 복지국가의 위기: 지구적 사회정책을 향하여. [Globaliazation and the welfare state] (이혁구, 박시종 역). 서울: 성균관대학교 출판부(원저출판: 1999).

Moffitt, R., & Roff, J. (2000). *The diversity of welfare leavers.* Welfare, children, and families - a three city study, Policy Brief 00-2. Baltimore, MD: Johns Hopkins University.

Moller S., Bradley D., Huber E., Nielsen F., & Stephens J. D. (2001). The State and Poverty Alleviation in Advanced Capitalist Democracies. Working Paper No. 278, Maxwell School of Citizenship and Public Affairs, Syracuse University.

Murie, A. (1996). Social exclusion and its application to housing issues. Plenary papter at housing Studies Association Conference on Housing and Social Exclusion, Birmingham.

Myles J., & Pierson P. (2001). The Comparative Political Economy of Pension Reform. In Pierson P.(eds). *The New Politics of the Welfare State.* Oxford: Oxford University Press.

Northrop, E. M. (1990). The feminization of poverty: the demographic factor and the composition of economic growth. *Journal of Economic Issues, 24*(1), 145-160.

Notermans, T. (1995). Social Democracy and External Constrains. ARENA Working Paper No. 15.

Orshansky, M. (1965). Counting the Poor: Another Look at the Poverty Profile. *Social Security Bulletin, 28*(1): 3-29.

Peterson, J. (1987). The feminization of poverty. *Journal of Economic Issues, 21*(1): 329-337.

Pierson P. (2001a). "Post-Industrial Pressures on the Mature Welfare State". In Polanyi K. 1969. The New Politics of the Welfare State. Our Obsolete Market Mentality. In Dalton G.(ed). *Primitive,*

Archaic, and Modern Economies. Boston: Beacon Press.

Ravallion, M. (2012). Poor, or just feeling poor? On using subjective data in measuring poverty. Policy Research Working Paper, WPS 5968.

Rodrik D. (1997). ***Has Globalization Gone too Far?.*** Washington DC: Institute for International Economics.

Rodrik D. (2000). How Far Will International Economic Integration Go?. ***Journal of Economic Perspective, 14***(1): 177-186.

Rodriguez, E., Lasch, K. E,, Chamira, R., & Lee, J. (2001). Family Violence, Employment Status, Welfare Benefits, and Alcohol Drinking in the United States: What Is the Relation?, ***Journal of Epidemiology and Community Health, 55***(3): 172-178.

Rowthorn R., & Ramaswamy J. W. (1997). Deindustrialization: Causes and I mplications. IMF Working Paper 42.

Rowthorn R., & Ramaswamy J. W. (1998). Growth, Trade and Deindustrialization. IMF Working Paper 60.

Park. S. H. (2011). The Effect of Subjective Perception on the Change of Status of Retired Men on Family Relationships. Master's Thesis. Pusan National University.

Shiffman, R. (1995). The global phenomenon of poverty and social marginalization in our cities. papers of Salzburg Congress on Urban Planning and Strategies.

Sullivan T. J. (2003). ***Introduction to Social Problems***(6th). Boston: Allyn and Bacon.

Townsend, P. (1962). ***The last refuge: a survey of residential institutions and homes for the aged in England and Wales.*** London : Routledge and Kegan Paul.

Townsend, P. (1979). ***Poverty in the United Kingdom.*** London: Allen Lane and Penguin Books.

Townsend, P. (1993). ***The International Analysis of Poverty.*** Kernel Hempstead: Harvester Wheatsheaf.

Van Praag, B. M. S., & Ferrer-i-Carbonell A. (2008). "The Subjective approach to multidimensional poverty measurement", In Kakwani, N., & Silber, J., (eds.). ***Quantitative Approaches to Multidimensional Poverty Measurement.*** New York: Palgrave Macmillan.

Williams, K. D., Forgas, J. P., & Hippel, W. (2005). ***The social out cast: Ostracism, social exclusion, rejection, and bullying.*** New York, US: Psychology Press.

World Health Organization(2019). Mental health: Suicide data [Internet]. Geneva: World Health Organization; 2019 [cited 2019 Oct 13]. Available from: https://www.who.int/mental_health/prevention/suicide/suicideprevent/en/.

찾아보기

ㄱ

ㄴ

ㅇ

ㅈ

저 / 자 / 소 / 개

■ 윤명길

- 서울 신학대학교 사회복지학과 졸업
- 숭실 대학교 일반대학원 사회복지학과 졸업
- 서울 신학대학교 일반대학원 사회복지학과 졸업 및 사회복지학박사
- America Evangelical University a doctor of counseling 상담학박사

[약력]

前 서부재가노인복지센터 시설장 역임
前 한국가출청소년쉼터협의회 사무국장 역임
前 한국요양보호사중앙회 기획본부장 역임
現 행복을 만드는 아카데미 연구소장
現 행복한 쉴터선교회 대표
現 열린 사이버대학교 사회복지학과 겸임교수
現 글로벌 사이버대학교 사회복지학과 겸임교수
現 나사렛대학교 사회복지학과 출강
現 동원대학교 사회복지학과 출강
現 KC대학교 사회복지학과 출강
現 극동대학교 사회복지학과 출강
現 명지전문대학교 사회복지학과 출강
現 인천대학교 기초교양학과 출강
現 경기과학기술대학교 기초교양학과 출강
現 열린 사이버대학교 평생교육원 사회복지학과 운영교수
現 남서울대학교 평생교육원 사회복지학과 운영교수

[주요저서]

신용불량자가 사회복지학박사가 되다(2020)
학대와 방임(2020)
사회복지기초(2018)
백세시대 부모교육(2017)
인성아이(2017)
사회복지사 1급수기출문제집(2017)
사회복지사 1급수험서(2016)

빈곤이해의 기초

1판 1쇄 인쇄 – 2021년 4월 12일
1판 1쇄 발행 – 2021년 4월 16일

저 자 - 윤명길
발 행 인 - 강철원
발 행 처 - 양성원
주 소 - 경기도 파주시 검산로 173번길 29-20
전 화 - 031-946-3861(代)
팩 스 - 031-946-3864
이 메 일 - tnwpub@naver.com
홈페이지 - tnwpub.co.kr
출판등록 - 2015년 8월 31일 제 2015-000211 호

ISBN 979-11-6126-369-4

정가 19,000원